统　计　学

——统计数据分析理论与方法

陈建成　庞新生　李川　主编

中国林业出版社

图书在版编目（CIP）数据

统计学：统计数据分析理论与方法／陈建成，庞新生，李川主编. —北京：中国林业出版社，2013. 1
ISBN 978-7-5038-6960-0

Ⅰ. ①统… Ⅱ. ①陈… ②庞… ③李… Ⅲ. ①统计学－高等学校－教材 Ⅳ. ①C8

中国版本图书馆 CIP 数据核字（2013）第 028048 号

出版 中国林业出版社（100009 北京西城区刘海胡同 7 号）
网址 http://lycb. forestry. gov. cn
E-mail forestbook@163. com **电话：（010）** 83228427
发行 中国林业出版社
印刷 北京中科印刷有限公司
版次 2012 年 12 月第 1 版
印次 2012 年 12 月第 1 次
开本 787mm×1092mm 1/16
印张 13. 5
字数 337 千字
印数 1～3000 册
定价 35. 00 元

《统计学》

编　者　名　单

主　编　陈建成　庞新生　李　川

副主编　胡永宏　胡明彤　翟　祥

编　者　陈建成　庞新生　胡永宏

　　　　　胡明彤　翟　祥　李　川

　　　　　陈文汇　王兰会　侯　鹏

前　　言

《统计学——统计数据分析理论与方法》是在《统计数据分析理论与方法》基础上重新修订编写的。《统计数据分析理论与方法》编写的初衷主要是针对已具备一些基本统计知识的高年级本科生和非统计类的研究生，为他们学习掌握比较高级的统计数据分析方法提供参考，在教学使用过程中，受到了学生与有关专家的好评。随着统计思想不断深入人心，社会大众对于统计方法的要求越来越高，特别是进入大数据时代，传统的统计学基础无法满足各个层面的需要，同时考虑到原教材对统计理论和方法的数学原理介绍略显单薄，故编者对原书进行了重新编写修订。其变化主要体现在以下几个方面：

第一，全书内容由原来的十章增加到十三章，增加了参数估计、假设检验、方差分析和面板数据分析，在内容上涵盖描述统计、推断统计、多元统计以经济管理中常用的一些统计方法，使得书中内容前后衔接，便于读者比较全面系统了解统计学的发展历程和理论成果。

第二，考虑到教材使用的广泛性以及读者的不同教育背景，编写力求简单明了，突出统计方法的实际应用，尽可能简化统计方法的数学推导，满足不同层次读者的需要。

第三，全书以通用统计软件为支撑，从数据出发，注重统计知识的应用。在原书基础上每章都增加了思考题，便于读者巩固提高。

本书修订过程中，编者本着重统计思想的阐述，轻数学证明的推导，深入浅出、通俗易懂的原则，在总结长期教学实践经验的基础上，广泛借鉴了国外优秀统计学教材的成果。修订后的教材可作为高等院校经济管理类本科生统计学课程的教材，也可作为 MBA 的教材或参考书，对广大实际工作者也具有一定参考价值。

本书的修订与出版得到北京林业大学教务处的鼎力支持，在此深表感谢！

本书由主编组织北京林业大学和中央财经大学有关专家共同修订编写，由于时间仓促，书中错误在所难免，请读者批评指正。

编　者

2012 年 10 月 18 日

目　录

第一章

统计数据的来源

按照是否可以控制有关因素，数据可以分为试验数据和观测数据；也可以根据获得的途径分为原始数据和二手数据。数据可以从总体中获取，但更多时候是从样本中抽取出来的，样本是总体的一个代表，样本有简单随机样本，也有方便样本，依抽样时采取的方法而定。

第一节　统计数据的来源

从统计数据本身的来源看，最初都是来源于直接的调查或试验。但是从使用者的角度看，数据则主要来源于两种渠道：一是来源于直接的调查和科学试验，这是数据的直接来源，我们称之为第一手数据或直接数据；二是来源于其他人的调查或试验的数据，这是数据的间接来源，我们称之为第二手数据或间接数据。本章主要从使用者的角度来讲述统计数据的搜集方法。

一、统计数据的直接来源

数据的直接来源主要有两个渠道：一是调查或观察，二是试验。调查是取得社会经济数据的重要手段，其中包括政府统计部门进行的调查，如人口普查，也有其他部门或机构为特定目的而进行的调查，如市场调查等；试验则是取得自然科学数据的主要手段。这里我们将集中讨论取得社会经济数据的主要方法。

1. 普查(census)

普查是为某一特定目的而专门组织的一次性全面调查，如我国定期进行的人口普查、农业普查、工业普查、第三产业普查、统计基本单位普查等。世界各国一般都定期进行各种普查，以便掌握有关国情、国力的基本统计数据。普查是适用于特定目的、特定对象的一种调查方式，它主要用于搜集处于某一时点状态上的、不能够或者不适宜定期用全面统计报表搜集的社会经济现象的数据，目的是掌握特定社会经济现象的基本全貌，为国家制定有关政策或措施提供依据。

2. 抽样调查(sampling survey)

抽样调查是从调查对象的总体(population)中抽取一部分单位作为样本(sample)进行调查，并根据样本调查结果来推断总体数量特征的一种非全面调查方式。根据是否按照随机性原则进行抽样，又可以分为概率抽样调查与非概率抽样调查，抽样调查是实际中应用最广泛的一种调查方式和方法。

3. 统计报表(statistical report forms)

统计报表是按照国家有关法规的规定，自上而下地统一布置、自下而上地逐级提供基本统计数据的调查方式。统计报表是搜集统计数据的一种重要方式，在我国几十年的政府统计工作中，已形成了一套比较完备的统计报表制度，它已成为国家和地方政府部门统计数据的主要来源。

二、数据的间接来源

对于大多数使用者来说，亲自去做调查往往是不可能或不必要的。他们大多使用其他人调查或者试验得到的数据，这就是我们前面提到的数据的间接来源或者称为二手数据。

二手数据主要是公开出版或公开通报的数据，当然也有些是尚未公开出版的数据。在我国，公开出版或者报道的社会经济统计数据主要有来自国家和地方的统计部门以及各种报刊媒体，如《中国统计年鉴》《中国社会统计年鉴》《中国人口统计年鉴》《世界经济年鉴》及《国外经济统计资料》等。

除了公开出版的统计数据外，还可以通过其他渠道使用一些尚未公开的统计数据；各种报刊、杂志、图书、广播、电视媒体也是我们搜集数据的主要途径。现在，随着互联网的发展，大量的电子版数据公布在各国政府部门和企业的网站上，充分利用搜索引擎，例如百度、谷歌等，我们可以获取需要的各种数据，不仅可以节省大量的时间，而且还省去了录入的麻烦。但是，在使用从网络获取的数据时，一定要格外注意考察数据的真实性和完整性，以免造成分析结果的偏差和错误。

第二节 常用的抽样方法

抽样调查是社会经济生活中应用最广泛的获取数据的方法，样本抽取是否具有代表性直接关系到统计推断的优劣，如何抽取样本，大有讲究。

一、与抽样调查有关的基本概念

1. 总体与个体

我们将所研究的所有个体的集合称为总体。总体有大小之分，我们常常用总体容量去衡量总体的大小，该指标是指一个总体所包含的个体数目，总体容量越大，这个总体就越大。

2. 样　本

样本是按照某种原则（如随机原则、方便原则等）从总体中抽取的一部分个体所构成的集合，随机原则可理解为概率原则，即样本中的每一个个体都以一定的概率入样，当然有等概率和不等概率之分，等概率是指总体中每个个体被抽中的概率都相等，例如，从我们研究的儿童总体中随机地抽取 30 名，测量他们的体重、身高等；不等概率是指总体中每个个体被抽中的概率都不相等，例如在研究全国钢铁生产情况时，由于钢铁企业的规模差异很大，因此，应该按照不等概原则抽选样本，大企业入样的概率比小企业要大。除此之外，还有方便原则，例如我们在研究一列货车运输的焦炭的质量时，只能通过容易取到的部分去判断整车的质量。

3. 统计量

在进行统计分析过程中，我们的最终目的是要把握总体在某一个或几个变量上的数字特征，例如，某地区全体儿童的平均体重、平均身高，或者在某个体重或身高范围内的人数比重等，上述这种就给定的变量由总体所计算得来的数，称作总体参数。显然，为获得总体参数的具体值，我们应该做的第一件事就是面向总体所包含的个体搜集有关方面的数据，接下来再将搜集得到的数据进行加工计算得到想要的结果。

理想的情况是，就总体所包含的全部个体来搜集数据，进而经过加工计算得到反映总体数字特征的精确的参数值。但由于数据搜集成本的限制，通常情况下很难甚至无法做到这一点。现实的做法是，就总体中的一个样本来进行数据搜集，得到样本数据，由样本数据计算与总体参数对应的统计量，再由统计量的值来推断对应的总体参数。统计量是关于样本的函数，由于样本本身是随机的，从同一个总体抽出来的不同样本也不一样。因此，对于不同数据或样本，统计量的取值也不一样；也就是说样本的随机性决定了统计量的随机性。

二、常用的抽样方法

抽样方法很多，归根结底可以分成两类：随机抽样和非随机抽样。

(一)随机抽样

随机抽样又称为概率抽样，是根据一个已知的概率选取被调查者，无需在抽取样本时进行判断或抽选。

随机抽样是一种科学的抽样方法，抽样误差可以估计，因此能够控制抽样误差。只要可能，就应该尽量采用。随机抽样的基本方法有：

1. 简单随机抽样

简单随机抽样是最基本的形式，它是所有其他抽样方法的基础。在理论上最易于处理，但在实际实施时通常会有很大的困难。主要原因是它需要一个对全部基本单元的完整抽样框且所得的样本单元相当分散，调查不便。因此在大规模抽样调查中很少单独采用简单随机抽样。

2. 分层抽样

将总体小的单元按某种原则进行划分成为若干个子总体，每个子总体称为层。在每层中独立进行简单随机抽样或其他抽样，这样的抽样就称为分层抽样。分层抽样的估计先对各层进行，然后再综合对总体参数进行估计。

分层抽样适用于调查本身既需要对总体进行估计也需要对局部(层)进行估计的情况。分层抽样实施和组织都比较方便。当层内单元指标差异较小，而层间单元指标差异较大时采用分层抽样可以大大提高估计的精度。例如在家庭调查中，将住户家庭按城市、农村以及不同职业分层，由于不同层家庭的收支水平和生活习惯相差较大，因而这样的分层抽样精度较高。

3. 整群抽样

若总体中的每个抽样单元可以分成若干次级单元，抽样仅对初级单元抽取，若某个初级单元被抽中，则调查这个单元中所有次级单元，这种抽样方法称为整群抽样。这里的群就是指初级单元。整群抽样的缺点是效率不够高。由于一个群内的(次级)单元多少有点相似，故对每个次级单元都进行调查会造成浪费，故若按总样本量(按小单元)计算，整群抽样的精度比直接对总体中所有次级单元进行简单随机抽样低，但这可以通过适当地多抽样来得到弥补，从而完全有可能在总费用相同的条件下获得更高的精度。

4. 多阶抽样

多阶抽样也称多级抽样。若初级单元内的次级单元相似程度较大，如前面所说的那样，调查所有次级单元会造成很大的浪费。此时一个自然的想法是在被抽中的初级单元中再对次级单元进行抽样，这就是二阶抽样。类似的，可用三阶抽样、四阶抽样等。例如在全国抽省、省中抽市、县，市、县中抽区、乡或镇等。多阶抽样既保持了样本相对集中，又避免了不必要的浪费，而且实施也比较方便。它也不需要对每个初级(或二级)单元都有一个完整的抽样框，但多阶抽样的估计比较困难。

5. 系统抽样

若总体中的抽样单元按某种次序排列，在规定的范围内随机抽取一个(或一组)初始单元然后按一套事先确定的规则确定其他样本单元的抽样方法称为系统抽样。与其他几种抽样不同的是：这里只有初始单元是随机抽取的，其他样本单元都随着初始单元的确定而确定。最简单的系统抽样是在取得一个初始单元后，按相等的间隔抽取其他样本单元，这就是所谓的等距抽样。系统抽样的主要优点是实施方便，不需对所有样本单元进行随机抽取，也不一定需要一个完整的抽样框。如果对总体单元的指标按其排列次序的变化规律有所了解，并加以合理利用的话，系统抽样的效果也很好。它的主要缺点是在多数情形得不到估计量的简单的精度估计。事实上，许多实用而行之有效的系统抽样并不属于严格的概率抽样。

上面对几种常用的抽样方法作了简单的介绍，在实际运用中会有许多变化。例如在某些方法中，入样单元既可不放回也可放回；可以进行等概率抽样也可进行不等概率抽样。在具体设计抽样方案时，还要考虑多种复杂的因素。

(二)非随机抽样

非随机抽样不是完全按随机原则选取样本的，常用的非随机抽样方法主要有以下几种：

1. 方便抽样

方便抽样就是按抽样者的方便，随意地抽取样本。例如，调查员在大街上，商店里随意地寻找行人或顾客进行调查。这种抽样方法的优点是简便易行，但是，它受抽样者主观意志支配，很难保证样本的代表性。

2. 定额抽样

定额抽样就是依据一定的标志将总体分成若干层(若干部分)，确定各层在总体中所占的比例。并按这些比例分配样本总量在各层的数额，让调查员抽到每一层所需的“定额”为止。这种方法在民意测验和市场调查中用得较多，例如，盖洛普在美国总统竞选的预测中采用的就是定额抽样法。

3. 经验抽样

经验抽样就是抽样者根据自己的经验抽取具有平均水平的、典型的单元作为样本。这种方法可以利用抽样者所掌握的信息，避免发生极端的偏误。如果总体的变异程度较大，又不希望样本量太大，而抽样者是富有经验的，经验抽样可能获得较高的精度。但是，这种方法受主管因素的影响，不但由于评价标准不同，意见难以统一，而且无法避免因抽样者的主观爱好和认识水平所造成的严重差错。

4. 滚雪球抽样

抽样者先找出少数个体，通过这些个体了解其他个体。再由已了解到的个体去发现更多的个体，以此类推，这就像滚雪球一样，了解到的个体越来越多，越接近总体。例如，对吸毒者的调查就可以采用这种方法。容易看出，只有当个体之间能够并且愿意联系时，这种方法才能实行。

与随机抽样方法相比，非随机抽样方法的缺点在于无法估计抽样误差，因此不能控制抽样误差。

第三节　常用的调查方式

在实施一项科学的调查之前，除了要确定调查范围、样本数量等调查要素外，更重要的是要选择合理的调查方式。目前使用较多的调查方式主要包括邮寄调查、面访调查、电话调查和网络调查四种。不同的调查方式在调查能力、时间、成本、所适用的对象和获得的调查效果方面有明显的差异。

一、邮寄调查

邮寄调查是指将设计好的问卷寄给选定的调查对象，并附上回邮信封和邮票，要求被调查者按规定的要求和时间填写问卷，然后将问卷寄回给调查机构。

邮寄调查的问卷是通过邮寄或其他方式传送给被调查者，具体来说，主要有三种形式：

(1)通过邮局邮寄问卷。这种方式适用于对企业、机关团体的调查，因为企业、机关团体的通讯地址很容易通过有关名录册查到，比如，企业黄页。

(2)利用宣传媒介传送。如报纸、杂志等，这种方式一般适合对个人的调查，因报道、杂志等媒介的覆盖面较广。

(3)在专门场所发放问卷。如可在商场门口调查顾客对电冰箱的反映，在电影院门口调查观众对电影营销手段的评价等。这种方式的针对性较强，因为这些特定场所的调查对象也是特定的群体，他们对调查内容较熟悉，调查容易收到满意的效果。

(一)邮寄调查的程序

邮寄调查一般包括以下几个步骤：

1. 设计问卷

由于邮寄调查的特殊性，问卷是邮寄调查的关键，它直接关系到调查质量的高低和调查的成败。设计问卷时，最关键的是如何将抽象、笼统的调查问题转化成简单、易懂的表述问题。

2. 确定调查对象

根据研究的目的确定调查的总体，收集调查对象的名单、通信地址或电话，抽样确定调查对象。这一步常常是最困难的，需要通过多种直接或间接的渠道，才有可能获得一份有效的邮寄名单。在一些西方国家中，邮寄调查的名单往往可以从电话簿、各种组织和协会名录、顾客花名册、出版物征订名单、或从商业性的出售邮寄名单的公司或专门性的抽样公司中购买得到。

3. 邮寄问卷

向调查对象寄出调查邮件。典型的调查邮件一般包括5个方面的内容：贴足邮资、写清调查对象地址的信封、致调查对象的信(说明调查组织的单位、调查目的、恳请合作、如有疑问怎样寻求解答等)、调查问卷、贴足邮资写清调查机构地址的回邮信封、谢礼或有关谢礼的许诺。调查邮件的质量对回收率有直接的影响。措辞恳切的信、印刷正规和排版美观的问卷、质量良好的信封和精美的小礼品，都有可能引起调查对象的重视，促使他们填写和寄回问卷。

4. 催　复

邮件寄出后，所要做的事就是等待被调查者的回复。被调查者接到邮件后，通常愿意回答者会马上作答，并且在近期内寄出，也有愿意填但工作繁忙而遗忘者，所以邮件寄出去一段时间之后，就要考虑是否对没有寄回问卷者给予催复。

5. 登　记

对回收的问卷及时登记编码，包括问卷的编号、问卷寄回的日期、寄回的地区，按回收的日期统计回收的数量。如果回收率还没达到理想的水平，可进行再次催复。但如果条件不允许，则可以考虑采取一定的措施来修正低回收率所造成的误差，比如抽样。

(二)邮寄调查的应用

作为一种资料采集方法，邮寄调查很早就被人们所使用，目前仍是西方市场调研的重要方法之一，主要在于邮寄调查的费用相对来说比较少，并且由于地区通融性，每个样本的费用相同，而且其调查区域不受被调查者所在地的限制，只要邮政所达的地区，均可列为调查区域，即使是国外、境外也可以用此方法。对于被调查者而言，其不一定要在特定的时间内完成所有问题，而且还能按照个人情况先易后难的回答问题，对于疑难问题还有充足的时间思考。对于那些对调查的时效性要求不高，调查对象的名单地址都比较清楚，调查经费比较紧缺，而调查内容又比较多、比较敏感的情况下，采用邮寄调查是比较合适的。

二、面访调查

面访调查是一种双向传导过程，整个调查过程都存在着访问者与被访问者的互相影响、互相作用。调查对象都是有思想、有感情、有心理活动的人，因此，访谈过程中调查者只有在人际交往中，与被调查者建立基本的信任和一定的感情，并根据对方的具体情况采取恰当的方式进行访谈，才能使被调查者积极提供他所掌握的市场信息。根据不同的调查对象，面访调查通常可以分为居民入户调查和个别采访。

(1)居民入户调查。是指调查人员直接深入到事先抽中的家庭或用适当的方法选定的居民户，再依据问卷或调查提纲进行面对面的调查。

(2)个别访问。是指调查人员就某一个专门的问题，有目的地选择一些在这方面有特殊经历或特殊经验的人进行访问，以获取比较详尽和丰富的资料。

(一)面访调查的程序

(1)设计访问提纲。访问提纲主要应该包括：调查目的和要求；调查的题目及具体反映调查内容的访谈问题；确定访问方法；如果调查结果主要进行定量分析，应采用标准式面访。如果主要进行定性分析，应采用非标准式面访，但需要列出粗略的调查问题，以保证收到较好的调查效果。

(2)了解调查对象，选择被调查者。了解调查对象主要是了解调查对象的文化背景、生活方式和生活环境，以便调查活动的顺利开展。然后确定具体的被调查者，可以是概率抽样，也可以是非概率抽样。

(3)进行访问。进入面访是面访调查的开始，包括自我介绍、表明来意、请求合作等内容。

(二)面访调查的应用

在面访调查中，调查人员可以直接了解被调查者对调查问题的态度、观点、数据，而且可以观察到被调查者的表情、举止和调查现场的环境，这就为判断调查结果的准确程度提供了一定的依据。在市场调查中，面访调查用的比较广泛，大多数市场调查内容都可以采用面访调查。

三、电话调查

电话调查是指调查员通过电话对受访者加以访问的民意调查方式。目前主要有传统电话调查和计算机辅助电话调查(Computer-Assisted Telephone Inter-viewing，简称 CATI)两种调查方式。

(1)传统电话调查。使用的工具是普通的电话，普通的印刷问卷和普通的书写用笔。经过培训的调查员在电话室内，按照规定拨打电话号码，并进行记录。

(2)计算机辅助电话调查(CATI)。该调查方法通常是在一个装备有 CATI 设备的场所进行，CATI 系统可将抽样方案、问卷内容、受访者的回答全部录入计算机，可以当场提供初步的调查结果，还可以提供进一步的统计分析资料。调查员只需要按照计算机所提供的问卷模式，逐题逐字询问受访者即可。

(一)传统电话调查的应用

在我国进行的市场调查中，电话调查主要应用于以下几方面：

(1)对特定群体的调查。这儿的“特定群体”是指电话拥有较多的群体，在进行电话调查时要充分评估调查对象的电话拥有率是否能达到要求。

(2)作为其他调查方法的补充。在使用其他方法进行市场调查时，往往需要在正式调查之前进行预调查，为节约人力、物力，以及时发现问题，完善方案设计，保证正式调查的质量。另外其他调查方法调查完之后，有时没有达到设计要求，需要进行补救，这时也可以用电话调查进行，比如邮寄调查，使用电话调查催复。

(3)在市场调查中，电话调查可广泛用来进行一些特定问题的消费者调查。如对某些新产品的广告到达率调查，或对新产品的购买意向的调查等。

(4)特殊群体的调查。例如新闻记者对塑造企业形象的看法、政府官员对扶植国内名牌的态度，投资者对近期投资意向的打算，企业高层对人民币利率变动的看法等等。

(5)热点问题或突发性问题的快速调查。例如，对超级女声节目的反应，对世界杯的评价，对朝鲜核试验的看法等。

(二)计算机辅助电话调查

计算机辅助电话调查(CATI)技术最早于 20 世纪 70 年代出现在美国的市场调查领域，70 年代中期，美国的一些大学和研究机构也开始采用 CATI 技术，80 年代该项技术在欧美得到了比较迅速的发展。目前北美和欧洲的所有专业调查研究机构，无论是商业性的还是学术性的，都以此项技术作为最主要的数据搜集方法。

CATI 系统主要由计算机网络硬件系统和 CATI 软件系统组成，硬件系统与电话连接，可以进行随机拨号。软件系统一般包括调查问卷设计生成系统，用来产生某项特定调查的问卷；统计分析系统，用来对已经输入的数据进行比较简单的统计分析，随时掌握样本构成情况，以便对配额进行控制；访谈监控系统，用来对访谈员的访问情况进行实时监控。CATI系统一般是一个相对集中的系统，很多访问员同时工作，每位访问员坐在一个计算机网络终端前，根据屏幕上出现的问题对被访者进行提问，并将答案通过键盘或鼠标输入计算机。调查监控人员可以通过监控系统对调查进行质量控制，并协助处理可能出现的各种问题。

四、网络调查

随着计算机和互联网的普及，利用因特网(Internet)进行网上统计调查随之发展起来。网络调查是指在网络环境下，以互联网为信息传递工具，进行调查设计，资料收集、分析咨询等活动。网络调查既基于传统的统计调查理论，又注入了现代计算机和通讯技术的新鲜血液，既具有传统调查的一般性，又具有现代网络的特殊性。目前，网络调查主要有以下几种形式：

1. 电子邮件调查

以被调查者的电子邮件(E-mail)地址作为样本框，把设计好的问卷以文件的形式随机抽样发到被调查者的电子邮件信箱里，被调查者在方便时填好问卷内容，再通过E-mail反馈给调查机构。同时调查机构通过专门的程序对答卷进行自动检查和编辑，再进行数据收集、整理、分析。在样本框相对全面的情况下，这种调查结果可获取调查对象总体多方面的统计资料。

2. Web站点法调查

Web站点法是将调查问卷设置在访问率较高的一个或多个站点上，由浏览这些站点并对该项调查感兴趣的网上用户按照个人意愿完成问卷的调查方法。调查网站可以对众多的访问者设置一些过滤问题，在问卷填写前来确认其是否符合调查对象的要求，对不符合的，程序将自动判断并拒绝其填写问卷，这样就可以防止大量的无效问卷的产生。这种调查只能反映对该项调查感兴趣的网民群体的态度，这也是目前网络调查的主要方法。

3. 视讯会议法调查

视讯会议法，是基于Web的计算机辅助访问(Computer Assisted Web Interviewing，简称CAWI)。是将分散在不同地域的被调查者通过互联网视讯会议功能虚拟地组织起来，在主持人的引导下讨论调查问题的调查方法。这种调查方法属于主动调查法，其原理与传统调查法中的专家调查法相似，不同之处是参与调查的专家不必实际地聚集在一起，而是分散在任何可以连通国际互联网的地方，如家中、办公室等，因此，网上视讯调查会议的组织比传统的专家调查法简单得多。视讯会议法适合于对关键问题的定性调查研究。

4. 网络论坛调查

网站的论坛系统一般都具备发起调查帖子的功能，因为论坛是网上聚集相同兴趣者的地方，调查的针对性较强，因此使得这类调查具有一定的价值。一般基于论坛的调查，每次只能对一个选择类型的问题进行调查，回答者提交调查结果后，可以直接看到统计结果。另外，回答者还可以在调查帖的下面跟贴来询问或者解释自己的观点。

5. 在线深度访谈法

这种形式的研究类似传统的深度访谈，由研究者对一人或者多人进行网络访谈，可以采用电子邮件或是利用实时音视频软件(Real-time Software)的方式进行访问。

对于全国性的普查，网络调查的应用是不可能的，网民只是公民的一部分，因而统计普查只能用传统调查方法。农民是占我国人口比例最大的人群，而农村地区网络普及率较低，农民中的网民比例也很低，所以绝大部分关于农民、农产品等的调查在很长一段时间内不能使用网络调查方法，只能用传统调查方法。根据网民特征和网络使用的地域性，网络调查比较适合用于一些特定人群，如文化程度较高、收入较高的中青年人群的消费者研究，对一些特定产品或服务，如电子产品、电信、金融、保险、汽车、房产、电子商务、互联网、娱乐等的消费研究也可采用网络调查。

五、各种调查方式的比较与综合使用

(一)各种调查方式的比较

决策者在选择调查方式时，要根据经费预算、需要了解民意的深浅程度、对样本代表性需求高低、调查时效、调查数据质量等各因素来考虑，表 1-1 就对以上所提到的几种调查方式进行了一个简单的比较。

表 1-1　各种调查方法的比较

	邮寄调查	面访调查	电话调查	网络调查
成本费用	节省了人力成本，有关调查员的一切经费都可以省下，调查成本较低	需大量调查员，因此需访问费、交通费及给予被调查者的礼物费用，成本较高	只需支付访问员的访问费，成本较低	只需一次性的问卷设计，其他问卷的变动成本为零。仅需支付较少的答谢礼品费用
时效性	有的被调查者不愿马上回复邮件，需要多次催复，问卷回收时间较长	访问前抽样，实地访问，需较长的调查时间	不需要调查员四处奔波，调查时间短	不受时间和地域限制，时效性较强
调查范围	只要有地址，邮局能到的地方都可以进行邮寄调查。	只能在某一选定的区域内进行调查，调查范围较窄	只要有电话的地区就可以调查，调查范围较广	网络自身无空间限制，决定了调查范围可以是全国乃至全世界
调查样本的代表性	样本代表性差，问卷回收率低，且很难确定寄回问卷和不寄回问卷的受访者之间的差异	被调查者都是经过抽样所得，样本代表性强	样本的代表性不高，仅能代表有电话的和在调查时间段有时间接听调查的人群	由于网络调查的对象只能是网民，所以对一些调查项目来说其样本代表较差
调查数据的质量	问卷完全由受访者自己填答，没有任何协助与监督，很容易出现跳题、漏答情况，调查质量难以控制	调查者和被调查者可以面对面地交流和沟通。被调查者能更好地理解问题和作答，得到的数据质量较高	调查时间较短，没有任何物质回报，在一定程度上影响调查数据的质量	虽然有技术优势，但在实际应用中受各方面的局限使其数据质量可能较低

(二)各种调查方式的综合使用

众所周知，邮寄调查为了得到更高的问卷回收率一般会配以电话调查进行催复等工作，而网络调查与邮寄调查、面访调查、电话调查相结合，也会有非常好的效果。

(1)网络调查与邮寄调查的结合。邮寄调查与网络调查在地域广泛性上、在对敏感隐私问题方面都具有相同优势。在信息反馈方面网络调查比邮寄调查具有更多优势。首先，网络调查更加简便，节省了被调查者像邮寄方式一样去买信封、贴邮票、邮寄等复杂手续，它只需要被调查者在网上作答，作答完毕点提交按钮，也不用担心像邮件一样可能会被遗失。在这一点上网络调查就很好地克服了邮寄调查回收率低的缺陷。因此在网络技术和安全保证下，网络调查中的 e-mail 问卷调查方法对邮寄调查有较高的替代性。而对于互联网尚未开通的被访者所在地则只能使用邮寄调查。

(2)网络调查与面访调查的结合。网络调查在很大意义上是将面访调查这种面对面的调查方式，改变为了间接的调查方式，这种改变是根本性的。但是面访调查是应用最为广泛的一种调查方法，不可否认其自身的优势：直接性(面对面的交流)使其可以进行有深度的调查研究。它可以作为网络调查的一种网下辅助调查方式，对网上调查资料进行很好的补充和修正，特别是补充调查一些有深度的、价值性高的主观问题。

(3)网络调查与电话调查的结合。网络调查具有电话调查所没有的很多优点：成本低、时效性高、覆盖面广，并且克服了电话调查的一些缺点，如受被访者的时间限制、无法出示具体的调查说明或展示图片等背景材料。但是电话调查也可以作为网上调查的一种网下辅助调查方式。在网上调查前，可通过电话调查确定抽样单位；在网上调查之后，电话调查可以对网上调查的资料进行确认。

总之，无论在方法技术上还是应用领域上，网络调查与邮寄调查、面访调查、电话调查方法的结合和互补对提高统计调查质量大有好处。

第四节 抽样调查的基本程序

对抽样调查，不同的项目所包含的步骤也不尽相同，但大致上都包含以下几个重要的步骤：

(1)明确调查的目的，确定调查方式和所需估计的目标量。通过一次调查要达到什么目的？调查哪些指标？需要估计哪些目标量？都是首先需要明确的。因为调查的具体形式和组织，抽样方案的制订以及调查数据的处理都取决于调查的目的和调查的目标量。抽样方案确定后，调查目标量的任何改动，往往会使已制订的方案不再适用。因此在此阶段，主持单位必须会同有关专家进行反复讨论和审定。在这一步骤中，首先要确定总体范围及抽样单元。这个问题有时并不简单，例如对残疾人的调查，首先要明确残疾人的划分标准。在确定需要估计的目标量也即总体参数时，要注意防止列入过多的调查项目(指标)。项目过多，不仅会增加调查和以后数据处理的费用和时间，还可能使不回答率增加，并影响原始数据的质量，因而是得不偿失的。在这一阶段还必须同时确定调查的方式是采用当面询问还是通过调查表或者是两者结合？对于需要技术测试的调查，还要确定测试或分析的方法。对调查的目标量应提出具体的精度要求，作出调查的经费预算，确定调查的标准时刻等。对调查表，应在认真设计的基础上征求有关专家的意见反复修改力求完善。许多情况下，在正式调查前往往还需进行一次试调查。

(2)抽样设计，给出相应的数据处理公式。这是一个抽样调查中总体设计的最重要部分，包括选择抽样方案的类型，确定样本的抽取方法及样本单元。在制定具体的抽样方案时，既要考虑方法的科学性又要照顾到实际的可行性。例如设计一个全国性抽样调查，需要考虑一个多阶抽样，此时前一、两阶抽样是关键的，必须采用一些效率高的抽样方法，复杂一些也无妨，因为前一两阶的抽样可以由设计者自己来实施。与此相反对最后一、两阶抽样则由于涉及基层就必须采用尽可能简单的抽样方法。在制定抽样方案时，还必须同时考虑到调查以后的数据处理问题，给出与抽样设计相匹配的总体参数的估计公式以及估计量的精度公式。

在抽样方案确定以后，就要实施抽样，即确定需要调查的样本单元。为此，事先要准备好相应的抽样框及其他有关资料。

(3) 调查的实施，即取得样本数据的过程。为保证调查的质量，确保原始数据尽可能正确，应建立相应的职能机构，事先进行调查员的培训，制定并采取各种质量控制措施等。

(4) 数据处理。现代大规模的抽样调查所获得的数据，一般都在电脑上进行处理。首先是编码并录入数据，建立数据库。在正式处理前，要对已录入的数据进行编辑加工按一定规则检出并处理原始数据中存在的或在录入过程中混入的异常数据，检查方法应同时采用统计及逻辑检查。经过反复检查的数据即可做进一步的处理，其中最重要的是按在抽样设计时给出的总体参数的估计公式与估计量精度公式，计算每个目标量的估计值及其相应精度，特别是方差与变异系数的估计值，有时还需要结合分析目的进行其他统计处理，例如列联表分析与多元分析等。

(5) 分析调查结果，提出最终报告。根据数据处理的结果以及调查目的，对调查结果进行综合分析，提出最终的调查报告。

除上述的步骤外，实行一项抽样调查还有相当多的行政组织与部门的协调工作。例如，根据我国的统计法，任何一项统计调查如果在本系统内进行，要在相应的统计部门备案；如果调查对象涉及本系统以外的部门或人员，要向相应的统计部门申请，在得到批准后，方可以进行，否则，调查对象有权不予回答。因此，在进行抽样调查之前要履行必要的手续，使调查合法并使调查结果受到法律保护。

思考题

1. 简要说明统计数据的来源。
2. 简要描述抽样基本方法并举例说明。
3. 现在利用网络调查的项目很多，举例说明哪些类型的调查属于概率抽样，哪些类型的调查不属于概率抽样。
4. 简要介绍主要的调查方式，并比较其优缺点。
5. 简要说明抽样调查的步骤，如果你准备进行一项抽样调查，应怎样进行。
6. 某大学 10000 名本科生，为了了解在暑假期间参加社会实践的学生所占的比例，随机抽取了 200 名学生进行调查。要求：(1) 描述总体；(2) 描述样本。

第二章

统计数据的描述

完成了对统计数据的收集，接下来的任务就要对这些数据进行加工整理，使其条理化、系统化；进一步地，还可以为这些数据绘制图表。通过这样的描述就可以大大简化数据，使我们可以比较容易地发现数据中所包含的信息，为统计分析提供思路。

第一节　数据的计量和类型

一、数据的计量尺度

统计数据是对客观现象进行计量的结果，因此，在搜集数据时必然要对现象进行计量或测度。根据计量学的一般分类方法，按照对事物计量的精确程度，可将所采用的计量尺度从低级到高级、从粗略到精确划分为定类尺度、定序尺度、定距尺度和定比尺度四个层次。采用不同的计量尺度可以得到不同类型的统计数据，而不同类型的统计数据又适用于不同的统计分析方法。

1. 定类尺度(nominal scale)

定类尺度也称类别尺度或者列名尺度，它是按照事物的某种属性对其进行平行分类或分组的一种测度，主要用于非参数的统计推断。生活中，用这样的计量尺度来测度的事物很多，例如性别、民族、国籍、商品的品牌等；该计量尺度是最粗略、计量层次最低的计量尺度，是其他计量尺度的基础，主要特征体现为：

(1)只能区分事物的类别，但无法比较类别间的大小，也就是说定类尺度只具有“ = ”或“ ≠ ”的数学特征。

(2)对事物的区分必须符合穷尽和互斥的要求。类别穷尽是指在所做的全部分类中，必须保证每一个元素或者个体都能归属于某一类别，不能有所遗漏；类别互斥则是指每一个元素或者个体只能归属于一个类别，而不能在其他类别中重复出现。

(3)对定类尺度数据进行分析的统计量主要是频数或者频率。虽然定类尺度计量的结果只能表现为某种类别，但是为了在统计处理中的方便，特别是便于计算机识别，通常都用数字对不同的类别进行编码。

2. 定序尺度(ordinal scale)

定序尺度又称顺序尺度或有序水平，是对事物之间等级差或顺序差别的一种测度。受教育水平、职称、商品的质量等级、人们对某一事物的态度等都是用这种计量尺度来测度的；其计量精度要优于定类尺度，主要特征体现为：

(1)不仅能区分事物的类型，而且能够比较各类型间的优劣和顺序，不仅具有“ = ”或者

"≠"的数学特征，而且有了">"和"<"的数学特征。

(2)对事物的区分同样要求穷尽和互斥。

(3)对定序尺度的数据进行分析的统计量主要是频数和累积频数(cumulated frequency)，或频率和累积频率。同样，我们需要对定序尺度计量的结果进行编码以方便计算机的读取和统计运算。但与定类尺度不同的是，在分析中，我们不仅可以计算得到不同受教育水平的人数，而且还可以计算在某一水平之下或者之上的人数。

3. 定距尺度(interval scale)

定距尺度也称为间隔尺度或间隔水平，是对事物类别或者次序之间间距进行的一种测度。常见的用定距尺度来测度的如考试成绩、各种心理测试的得分、某个地区的温度等；它是一种较定类尺度和定序尺度更为高级、更为精确的计量尺度，其主要特征体现为：

(1)不仅能区分事物的类别、进行排序、比较大小，而且还可以精确地计量大小的差异。定距尺度的计量结果为数值，并且可以计算差值，因而它的计算也就超越了只能比较相等或者大小的运算范畴，进而可以进行加、减运算了

(2)没有绝对零点，即可以以任意一个0为起点。这里的"0"表示一个数值，即"0"水平，而不表示"没有"和"不存在"。例如，一个被访者的统计学考试成绩为0分，并不表示说他没有考试或者没有任何统计学知识；同样，一个被访者的IQ得分为0，也不能说他是没有智商的。

4. 定比尺度(ratio scale)

定比尺度又称比例尺度或者比较水平，是对事物之间比值的一种测度，可用于参数和非参数统计推断。我们在日常生活中，大多数情况下使用的都是定比尺度。例如，年龄、收入、某地区每年的失业人数、犯罪人数等。它是与定距尺度属于同一层次的一种计量尺度，但其功能要比定距尺度更强一些，其主要特征体现为：

(1)除了能区分类别、排序、比较大小、求出大小差异外，还可以计算两个测度值之间的比值。和定距数据一样，定比尺度得到的结果也表示为数值，所不同的是，它不仅可以进行定距尺度所能够进行的所有运算，而且在此基础上还增加了乘、除的数学运算功能。

(2)具有绝对零点，即"0"表示"没有"或"不存在"，是一个没有意义的数值。

上述四种计量尺度对事物的测量层次是由低级到高级、由粗略到精确逐步递进的。高层次计量尺度具有低层次计量尺度的全部特征，但反之则不是。显然，我们可以很容易地将高层次计量尺度的测量结果转化为低层次计量尺度的计量结果，例如，将考试成绩分为优、良、中、差四个等级。表2-1给出了上述四种计量尺度的测量层次和数学特征。

表2-1　四种计量尺度的比较

数学特性 \ 计量尺度	定类尺度	定序尺度	定距尺度	定比尺度
分类(=，≠)	√	√	√	√
排序(<，>)		√	√	√
间距(+，-)			√	√
比值(×，÷)				√

在统计分析中，一般要求测量的层次越高越好，因为高层次的计量尺度包含更多的数学特性，可运用的统计分析方法就越多，分析时也就越方便。因此，在实际工作中，应该尽可能地使用高层次的计量尺度来对事物进行测度。

二、数据的类型

1. 数据的类型和分析方法

统计数据是采用某种计量尺度对事物进行计量的结果，采用不同的计量尺度会得到不同类型的统计数据。因此根据上述四种计量尺度的结果可以将统计数据分成以下三种类型：

定类数据(categorical data)是只能归于某一类别的非数字型数据，是由定类尺度计量形成的；定序数据(rank data)是只能归于某一有序类别的非数字型数据，是由定序尺度计量形成的；数值型数据(numerical data)是按定距和定比计量尺度测量的观察值。定类数据和定序数据说明的是事物的品质特征，通常用文字来表述，其结果均表现为类别，因而也可统称为定性数据或者品质数据(qualitative data)；数值型数据说明的是现象的数量特征，通常使用数值来表示，因此也可称为定量数据或数量数据(quantitative data)。区分测量的层次和数据的类型是十分重要的，因为对不同类型的数据，需要采用不同的统计方法来处理和分析。这里需要特别指出的是，适用于低层次测量数据的统计方法，同样也适用于较高层次的测量数据。

2. 变量及其类型

在统计学中，把说明现象某种特征的概念称为变量(variable)，变量与标志、计量尺度的本质涵义是一致的。变量的具体表现称为变量值，也称标志值。统计数据就是统计变量的具体表现。变量可以分为以下几种类型：

定类变量(categorical variable)，是用于记录事物类别的变量，其取值就是定类数据。如“性别”就是定类变量，其变量值为“男”或“女”。

定序变量(rank variable)，是用于记录事物有序类别的变量，其取值就是定序数据。如“商品质量等级”就是个定序变量，其变量值可以为“一等品”“二等品”“三等品”“次品”等。

数值型变量(numerical variable)，是用于记录事物数字特征的变量，其取值就是数值型数据。如“收入”“温度”“年龄”“失业人口”等，这些变量可以取不同的数值；数值型变量根据其取值的不同，又可以分为离散变量和连续变量。离散变量(discrete variable)只能取有限个值，而且其取值都可以用整位数断开，可以一一列举，如“商品的数量”“受教育年限”等。连续变量(continuous variable)可以取无穷多个值，其取值是连续不断的，不能一一列举，如“收入”“温度”等。在对社会和经济问题的研究中，当离散变量的数值很多时，也可以将离散变量当做连续变量来处理。

需要指出的是，在大多数的情况下我们所说的变量主要是指数值型变量，大多数统计方法处理的也都是数值型变量，因此通常把数值型变量简称为变量。

第二节 品质数据的描述

品质数据是对事物的一种分类或排序，因此，在整理该类数据时就是要列出所分的类别或顺序，同时计算相应的频数、频率或比例、比率，并选择合适的图形进行显示，以便对数据及其特征有一个初步的了解。

一、品质数据的描述

(1)频数(frequency)是落在某一特定类别(或组)中的数据个数。把各个类别及其相应的频数全部列出来则形成频数分布(frequency distribution),将频数分布用表格的形式表示就成为频数分布表。如果把各组的频数与全部频数之和求比值,就可以得到频率。例如,表2-2就是某市人口按性别分组形成的频数分布表。

表2-2 某市人口按性别分组表

按性别分组	频数(人)	频率	用百分比表示的频率(%)
男	7 074 518	0.521	52.1
女	6 494 676	0.479	47.9
总计	13 569 194	1	100

(2)比例(proportion)是一个总体(或样本)中各个部分的数据与全部数据之比,通常用于反映总体(或样本)的构成结构。假定总体的 N 个数据被分成 K 个部分,每一部分的数据分别为 N_1, N_2, …, N_K,则比例定义为N_i/N。显然,各部分的比例之和等于1,即

$$\frac{N_1}{N}+\frac{N_2}{N}+\cdots+\frac{N_K}{N}=1 \tag{2-1}$$

比例是将总体中各个部分的数值都变成同一基数,也就是以1为基础。这样就可以在不同类别之间进行数值的比较了。例如,表2-2中,北京市人口中,男性的比例(0.521)高于女性(0.479)。

(3)百分比或百分数(percentage)是将比例乘以100%得到的数值。它是将对比的基数化为100而计算得到的,它表示每100个分母中拥有多少个分子。百分比是一个更为标准化的数值,很多相对数都是用百分比表示的。例如,在表2-2中,男性的百分比为52.1%,女性为47.9%。当分子的数值很小而分母很大时,我们可以使用千分数(‰)来表示比例,例如人口出生率。

(4)比率(ratio)是总体中不同类别数值之间的比值。它可以是一个总体(或样本)中各不同部分的数量对比,例如表2-2中男性和女性的人数比率为1.089:1。为方便起见,比率可以不用1作基数,而用100或其他更容易理解的数作基数。例如,上述的男女比率又可以表示为109:100。

(5)累积频数(cumulative frequency)是将各类别的频数逐级累加起来得到的频数。累积的方法有两种,一是从类别顺序的开始一方,向类别顺序的最后一方累加频数(对于数值型数据则是从变量值小的一方,向变量值大的一方累加频数),称为向上累积;二是从类别顺序的最后一方,向类别顺序的开始一方累加频数(数值型数据则是从变量值大的一方,向变量值小的一方累加频数),称为向下累积;通过累积频数,可以很容易地看出某一类别(或数值)以下或某一类别(或数值)以上的频数之和。

例如:在一项调查中得到关于被访者受教育水平的数据,对其进行整理后见表2-3所示。

表 2-3 被访者的受教育水平分布情况

回答类别	人数(人)	百分比(%)	向上累积		向下累积	
			人数(人)	百分比(%)	人数(人)	百分比(%)
小学及以下	24	8	24	8.0	300	100.0
初中	108	36	132	44.0	276	92.0
高中	123	41	255	85.0	168	56.0
大学及以上	45	15	300	100.0	45	15.0
总计	300	100	—	—	—	—

二、品质数据的图示

一张好的统计图表，往往胜过冗长的文字表述。因此，在对品质数据进行上述的整理之后，可以用图表来使得这些结果更加直观、形象一些。统计图的类型有很多，而且多数既可以绘制成二维的平面图，也可以绘制成三维的立体图。对于定类数据，通常采用的都是基于频数分布表的条形图和饼图，对于定序数据，除可以采用上述介绍的图示外，一般采用累积分布图。

(1)条形图(bar chart)，是用宽度相同的条形的高度或长短来表示数据变动的图形。条形图可以横置或纵置，前者称为带形图，后者又称为柱形图。在表示类别数据的分布时，条形图的高或者长表示的就是各定类数据的频数或频率。例如，表 2-2 某市人口性别分组表可以如图 2-1 所示。

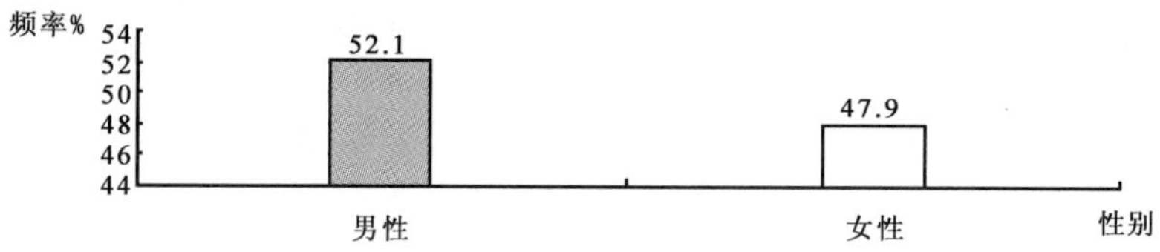

图 2-1 某市人口按性别分布图

(2)饼图(pie chart)又称圆图，是以圆的整体面积代表被研究现象的总体，按各构成部分占总体比重的大小把原面积分割成若干扇形，用以表示现象的部分对总体的比例关系统计图，对于研究结构性问题十分有用。例如，将表 2-2 绘制成饼图，如图 2-2 所示。

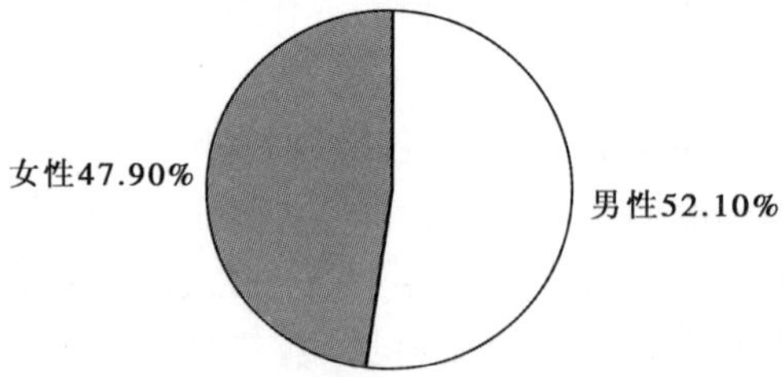

图 2-2 某市人口的性别构成

(3)累积分布图。用于定类数据的条形图和饼图也都适用于定序数据。另外，对于定顺数据我们还可以绘制基于累积频数(频率)的累积频数分布图。例如，表 2-3 中的数据就可以如图 2-3 所示。

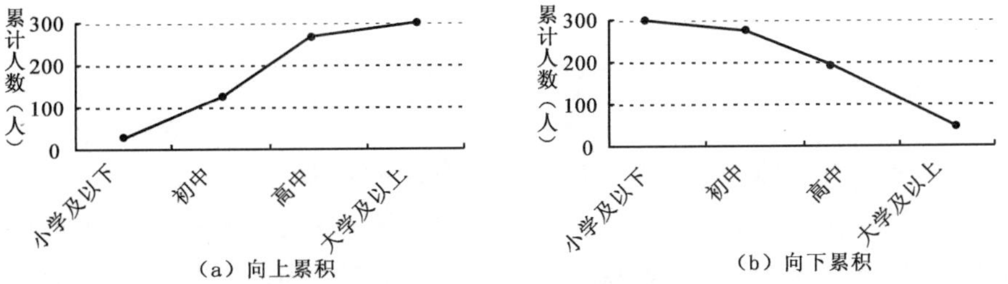

图 2-3　被访者受教育水平累积分布图

三、品质数据的分布特征描述

1. 集中趋势测度值

(1)众数。一个变量的众数(mode)是该变量出现次数最多的取值，例如：成年女性的鞋码多集中在 36、37 码，因此鞋厂生产的女鞋，其鞋码的众数一般在 36 ~ 37 之间。一般情况下，可以根据定类变量和定序变量的不同取值，得到频数分布，则频数最大的变量值即众数。

【例 2.1】　对报名参加全国奥林匹克数学竞赛的 47 名学生的出生省份进行调查，调查结果见表 2-4。

表 2-4　47 名学生的出生省份分布

出生省份	人数
辽宁	1
北京	7
湖北	10
江苏	8
浙江	5
安徽	2
上海	8
广东	6
合计	47

例 2.1 中所列出生省份是定类变量，它的取值是各个不同的省份。从频数分布表可以看出，出生省份为湖北的学生人数最多，因此，在被调查的这部分学生中，出生省份的众数为湖北。

众数是一种位置平均数，它不受极端值的影响，比较容易计算，适用于任何类型的数据，对于定类数据，它是描述集中趋势的最好方法。但是它也有一定的缺陷：众数可以表明这个值出现的次数比其他值出现的次数多，但无法表明它较别的数值多的程度。因此，众数往往掩盖了一些有用的信息，只能传递数据集中趋势的很小一部分信息。

(2)中位数。一个变量的中位数(median)是这样一个数，它把该变量的所有观测值分成相同数目的两组，一半观测值小于等于这个数，而另一半大于等于这个数，因此，中位数也被称为第 50 个百分位数。

中位数是一种位置平均数，适用于定序数据和定量数据，但不适用于定类数据。中位数对极端值不敏感，在某些情况下，这是一种优点，但除了中间值，中位数并未利用其他观测值，这将导致一部分信息的丢失。另外，中位数对极端值的不敏感，在某些情况下也是一种缺点。在实践中，中位数具有与众数相似的作用。

2. 离散程度测度值

(1)异众比率(variation ratio)，是非众数组的频数占总频数的比例。异众比率的计算公式为：

$$V_r = \frac{\sum f_i - f_m}{\sum f_i} = 1 - \frac{f_m}{\sum f_i} \tag{2-2}$$

其中，$\sum f_i$ 表示变量值的总频数，f_m 表示众数组的频数。

异众比率主要用来衡量众数对一组数据的代表程度。异众比率越大，说明非众数组的频数占总频数的比重越大，众数的代表性就越差；异众比率越小，说明非众数组的频数占总频数的比重越小，众数的代表性越好。

异众比率主要用来测度定类数据的离散程度，当然，对于定序数据和数值数据也可以计算异众比率。

(2)极差(range)，是变量观测值中最大值与最小值之差。极差的计算公式为：

$$R = \max(x_i) - \min(x_i) \tag{2-3}$$

其中，$\max(x_i)$ 和 $\min(x_i)$分别表示变量观测值的最大值和最小值。

极差很容易计算，但它容易受极端值的影响。由于极差只利用了一组数据两端极值的信息，不能反映中间数据的分散状况，因而不能准确描述出数据的离散程度。

(3)四分位差(quartile deviation)，是上四分位数与下四分位数的差值，也称为内距或四分间距(inter-quartile range)。从位置层面考虑，中位数是第 50 个百分位数，有 50% 的观测值小于这个数，那么，第 25 个百分位数是使 25% 的观测值小于这个数的观测值，为下四分位数。第 75 个百分位数是使 75% 的观测值小于这个数的观测值，为上四分位数。四分位差的计算公式为：

$$Q_d = Q_U - Q_L \tag{2-4}$$

其中，Q_U表示上四分位数，Q_L表示下四分位数。

四分位差反映了中间 50% 的数据的离散程度。其数值越小，说明中间的数据越集中；反之数值越大，说明中间的数据越分散。四分位差不受极值的影响。由于中位数处于数据的中间位置，因此四分位差的大小在一定程度上反映了中位数对一组数据的代表程度。四分位差主要用于测度定序数据的离散程度，当然对于数值数据也可以计算四分位差，但不适用于定类数据。

第三节 数值数据的描述

前面所介绍的关于品质数据的整理方法都适用于数值型数据，但是对于数值型数据还有一些特殊的整理和图示方法，下面将进行具体介绍。

一、数值数据的分组

数值型数据都是用数字表示的，因此在整理的时候通常要进行数据分组，即根据统计分析的需要，将数据按照某种标准划分成不同的组别，然后再计算出各组的频数、累积频数等。分组的方法有单变量值分组和组距分组两种。

单变量值分组是把每一个变量值作为一组的分组方法，这种方法只适合于离散变量且变量值较少的情况。例如，表 2-5 为某电脑公司 50 名销售代表的某季度电脑销售量。

表 2-5　某电脑公司 50 名销售代表的某季度电脑销售量　　单位：台

117	122	124	129	139	107	117	130	122	125
108	131	125	117	122	133	126	122	118	108
110	118	123	126	133	134	127	123	118	112
112	134	127	123	119	113	120	123	127	135
137	114	120	128	124	115	139	128	124	121

为了便于分组，我们先对数据由小到大进行排序，结果见表 2-6。

表 2-6　50 名销售代表的某季度电脑销售量排序表　　单位：台

107	108	108	110	112	112	113	114	115	117
117	117	118	118	118	119	120	120	121	122
122	122	122	123	123	123	123	124	124	124
125	125	126	126	127	127	127	128	128	129
130	131	133	133	134	134	135	139	139	139

采用单变量分组形成的频数分布表见表 2-7。

表 2-7　50 名销售代表的某季度电脑销售量分组表

销售量	频数(人)	销售量	频数(人)	销售量	频数(人)
107	1	119	1	128	2
108	2	120	2	129	1
110	1	121	1	130	1
112	2	122	4	131	1
113	1	123	4	133	2
114	1	124	3	134	2
115	1	125	2	135	1
117	3	126	2	137	1
118	3	127	3	139	2

从表 2-7 可以看出，在数据较多的情况下，单变量值分组会使组数较多，不利于观察数据分布的特征和规律，并且对于连续型变量实际也无法采用这种分组方法。

组距分组是将全部变量依次划分为若干小区间，并将这一区间的变量值作为一组的分组方法。在连续变量或变量值较多的情况下，通常多采用这种分组方法。采用组距分组需要经过以下几个步骤的处理(如图 2-4 所示)：

第一步：确定组数。将全部数据分为多少组比较合适呢？一般这与数据本身的特点及数据的多少有关。由于分组的目的之一就是为了观察数据分布的特征，因此组数的多少应该适中。若组数太少，数据的分组就会过于集中，而组数太多，数据的分布又会过于分散，这些都不利于观察数据分布的特征和规律。在实际分组时，可以按照 Sturges 提出的经验公式来确定组数 K。

$$K = 1 + \frac{\lg n}{\lg 2} \tag{2-5}$$

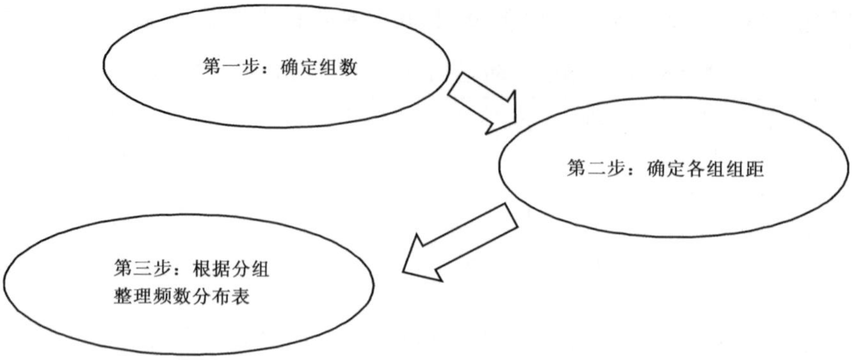

图 2-4 组距分组的步骤

其中，n 为数据的个数，对结果用四舍五入的办法取整即为所需的分组数。例如，对表 2-4 中的数据确定组数有：$K=1+\lg 50/\lg 2=7$，即应分为 7 组。当然，这只是一个经验公式，实际应用中，我们可以根据数据的多少和特点以及分析的要求，参考这一标准灵活地确定组数。

第二步：确定各组的组距。组距(class width)是一个组的上限与下限之差，可根据全部数据的最大值和最小值及所分的组数来确定，即组距 =（最大值 - 最小值）÷ 组数。例如，表 2-6 中的数据，最大值为 139，最小值为 107，则组距 =（139 - 107）÷7 =4.6。为了便于计算，组距一般取 5 或者 10 的倍数，而且第一组的下限应低于最小变量值，最后一组的上限应高于最大变量值，因此在这个例子中，我们可取组距为 5。

第三步：根据分组整理成频数分布表。对表 2-5 中的数据按照上述两个步骤中确定的组数和组距进行分组，得到如表 2-8 所示的频数分布表。

表 2-8 某电脑公司 50 名销售代表的某季度电脑销售量分组表

按电脑销售量分组(个)	频数(人)	频率(%)
105 ~ 110	3	6
110 ~ 115	5	10
115 ~ 120	8	16
120 ~ 125	14	28
125 ~ 130	10	20
130 ~ 135	6	12
135 ~ 140	4	8
合 计	50	100

采用组距分组时，一定要遵循“不重不漏”的原则。“不重”是指一个数据只能分在表中的某一组，不能在其他组中重复出现；“不漏”是指在所分的全部组别使每个数据都能被分在其中的某一组，不会出现遗漏。

为解决“不重”的问题，统计分组时习惯上规定“上组限不在内”，即当相邻两组上下限重叠时，恰好等于某一组上限的变量值不算在本组内，而算在下一组内。例如，表 2-7 的分组中，110 这个值不算在“105～110”这一组，而是计算在“110～115”组中，其他的依次类推。对于离散变量还可以采用相邻两组组限间断的办法来解决“不重”的问题。例如，表 2-5 中数据还可以做如下的分组，见表 2-9。

表 2-9　某电脑公司 50 名销售代表的某季度电脑销售量分组表

按电脑销售量分组(个)	频数(人)	频率(%)
105～109	3	6
110～114	5	10
115～119	8	16
120～124	14	28
125～129	10	20
130～134	6	12
135～139	4	8
合　计	50	100

对于连续变量，也可以采用组限间断的方法，即对一个组的上限采用小数点的形式，小数点的位数根据所需要的精度具体确定。但是，通常情况下，我们都采用相邻两组限重叠的方法，根据“上组限不在内”的规定解决“不重”的问题。

在组距分组中，如果全部数据中的最大值和最小值与其他数据相差悬殊，为避免出现空白组(即没有变量值的组)或个别极端值被漏掉，第一组和最后一组可以采取“××以下”及“××以上”这样的开口组。开口组通常以相邻的组距作为其组距。例如，将表 2-5 中的数据中的最小值改为 94，最大值改为 160，采用上面的分组就会出现“空白组”，这时可采用开口组(见表 2-10)。

表 2-10　某电脑公司 50 名销售代表的某季度电脑销售量分组表

按电脑销售量分组(个)	频数(人)	频率(%)
110 以下	3	6
110～115	5	10
115～120	8	16
120～125	14	28
125～130	10	20
130～135	6	12
135 以上	4	8
合　计	50	100

组距分组中如果各组的组距相等，就称为等距分组，如上面的几种分组都是等距分组；如果各组的组距不相等，则称为不等距分组。例如，对人口年龄的分组，可根据人口成长的生理特点分成 0～6 岁(婴幼儿组)、7～17 岁(少年儿童组)、18～59 岁(中青年组)、60 岁以上(老年组)等。

等距分组由于各组的组距相等，各组频数的分布不受组距大小的影响，同消除组距因素影响的频数密度（即单位组距内分布的频数，也称次数密度，frequency density）的分布是一致的，因此可以直接根据绝对频数来观察频数分布的特征和规律。而不等距组因各组组距不同，各组频数的分布受组距大小不同的影响，因此各组绝对频数的多少不能反映频数分布的实际状况。为消除组距不同对频数分布的影响，通常需要计算频数密度，即频数密度 = 频数/组距。这样得到的频数密度就可以准确的反映频数分布的实际状况。

组距分组掩盖了各组内的数据分布状况，为反映各组数据的一般水平，我们通常用组中值作为该组数据的一个代表值。组中值（class midpoint）就是每一组的下限和上限之间的中点值，用组中值 =（下限值 + 上限值）/2 来计算。使用组中值代表一组数据时有一个必要的假定条件，即各组数据在本组内是均匀分布的，或在组中值两侧成对称分布。如果实际数据的分布不符合这一假定，用组中值作为一组数据的代表值将会有一定的误差。

另外，为了统计分析的需要，我们有时还需要计算某一数值以下或某一数值以上的频数或频率之和，即累积频数或累积频率等。

二、数值数据的图示

前面我们所讲过的条形图、饼图、累积分布图等都适用于显示数值型数据。此外，对数值型数据还有一些特殊的图示方法：对于分组数据，通常采用直方图和折线图；而对于未分组数据，则采用茎叶图和箱线图。

1. 直方图（histogram）

直方图是用矩形的宽度和高度来表示频数分布的图形。在平面直角坐标中，横轴表示数据分组，纵轴表示频数或频率，这样，各组与相应的频数就形成了一个矩形，即直方图。例如，根据表 2-10 中所列数据绘制的直方图如图 2-5 所示。

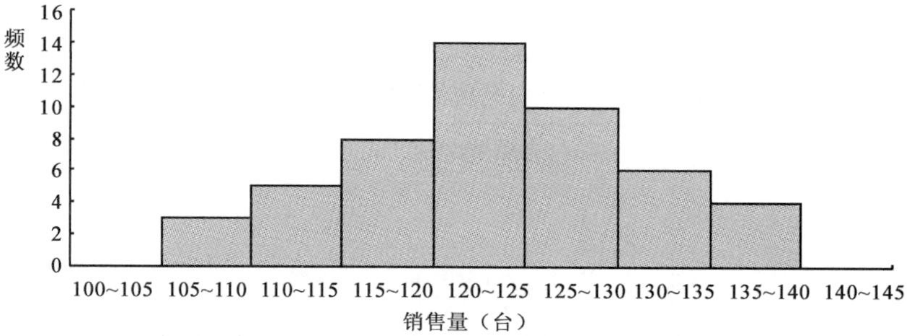

图 2-5　某电脑公司 50 名销售代表销售量分布的直方图

对于等距分组的数据，可以用矩形的高度直接表示频数的分布。如果是不等距分组数据，这样的表示就不再适合。此时就需要用矩形的面积而非高度来表示各组的频数分布，或者根据频数密度来绘制直方图。实际上，无论是等距分组数据还是不等距分组数据，用矩形的面积或频数密度来表示各组的频数分布都是更为合适的，因为这样可以使得直方图下的总面积等于 1。例如，在等距分组中，取矩形的宽度（各组组距）为一个单位，高度为频率，这样直方图下的总面积就等于 1。

2. 折线图（frequency polygon）

折线图也称频数多边形图，是在直方图的基础上，把直方图顶部的中点（即组中值）用直线连接起来形成的。折线图的两个终点要与横轴相交，具体的做法是将第一个矩形的顶部中点通过竖边中点(即该组频数一半的位置)连接到横轴，最后一个矩形顶部中点与其竖边中点连接到横轴。这样得到的折线图所围得的面积就与直方图相等，从而使二者所表示的频数分布一致。将表 2-10 的数据表示成折线图(如图 2-6 所示)。

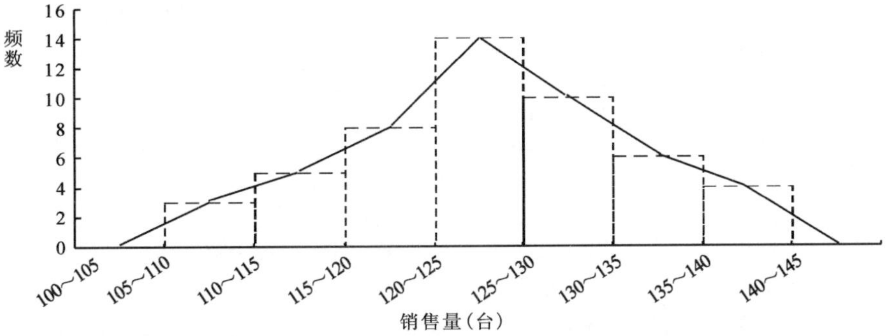

图 2-6　某电脑公司 50 名销售代表销售量分布的折线图

当对数据所分的组数很多时，组距会越来越小，这时所绘制的折线图就会越来越光滑，逐渐形成一条平滑的曲线，即频数分布曲线。分布曲线在统计学中有着十分广泛的应用，是描述各种统计量和分布规律的有效方法。同样，对于数值型数据也可以绘制累积频数分布折线图，分为向上累积和向下累积两种图形。

3. 盒型图(boxplot)

盒形图又称箱线图，是一种描述数据分布的统计图形，利用它可以观察变量值的分布情况。盒子的中间横线是数据的中位数，封闭盒子的上下两横线(边)为上下四分位数，图 2-7 中左图是根据男性受教育者的最高受教育年限数据所绘的盒形图；右图则是根据女性受教育者的最高受教育年限绘制的盒形图。若干个盒形图往往放在一个图中比较，从图 2-7 中可以看出左面的度量比右边的分散得多，但总的来说似乎男性受教育者的受教育年限要高一些。

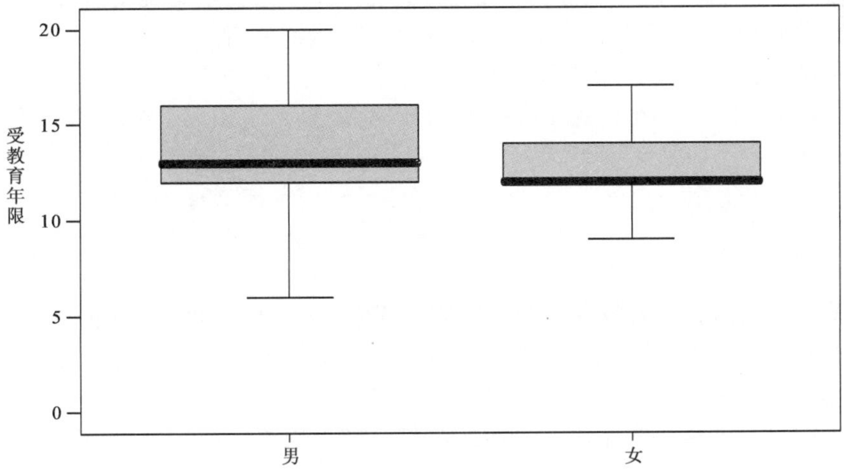

图 2-7　男女受教育者的最高受教育年限数据的盒形图

4. 茎叶图(stem-and-leaf plots)

茎叶图可以从左至右分为三大部分：频数、茎和叶。茎表示数值的整数部分，叶表示数值的小数部分。每行的茎和每个叶组成的数字相加再乘以茎宽，即为茎叶所表示实际数据的近似值。图 2-8 是美国一家银行的 474 名雇员薪水的茎叶图。其中茎叶图中茎的单位为 10000，而叶子为个位。显然，茎叶图既表示了原始数据，也有直方图显示数据分布的特点。但是茎叶图有其弱点，即当数据量很大时(成千上万个度量)，茎叶图就无法显示了。

频数	茎	叶
2.00	1.	55
16.00	1.	6666666666777777
14.00	1.	88889999999999
31.00	2.	0000000000000111111111111111111
35.00	2.	22222222222222222222223333333333333
38.00	2.	44444444444444444444444444445555555555
22.00	2.	6666666666667777777777
17.00	2.	88888899999999999
7.00	3.	0001111
8.00	3.	22233333
8.00	3.	44444555
5.00	3.	66777
2.00	3.	88

图 2-8　美国一家银行雇员薪水数据的茎叶图。

三、数值数据的分布特征描述

(一)集中趋势测度值

1. 均　值

均值(mean)又称算术平均数，是统计数据高低相互抵消的结果。均值是统计学中集中趋势的最主要的测度指标，适用于定距数据和定比数据，而不适用于定类数据和定序数据。均值作为一个变量的值，可以看做是数据集的重心。如果把变量的观测值按大小排列，并把它们想象成是跷跷板，则支点在均值处时跷跷板可以达到平衡。

根据获得的数据的不同，均值有四种计算方法：

(1)简单均值。设有一组未经分组整理的数据为 X_1，X_2，…，X_N，则其简单算术平均数的计算公式为

$$\bar{X} = \frac{\sum_{i=1}^{N} X_i}{N} \tag{2-6}$$

其中，$\bar{X}$ 表示均值，N 为数据个数，Σ 表示求和，X_i 表示第 i 个数据。式(2-6)的含义是将该组所有观测值求和，除以观测值的个数即为这组数据的均值。此公式针对未分组数据可以直接求均值。

若公式中的符号变成小写字母，表示所求的是样本均值，即

$$\bar{x} = \frac{\sum_{i=1}^{n} x_i}{n}$$

(2)加权均值。设原始数据被分为 K 组，各组的组中值分别为 X_1，X_2，…，X_K，则有加权算术平均数的计算公式为

$$\bar{X}=\frac{\sum_{i=1}^{K}X_iF_i}{\sum_{i=1}^{K}F_i} \tag{2-7}$$

其中，$\bar{X}$ 表示均值，X_i 表示第 i 组的变量值或组中值，F_i 表示第 i 组的频数，X_iF_i 表示第 i 组的总标志值。该公式的含义是，总体标志总量除以总频数(即总体单位总量)即得均值。若将公式中的符号变成小写，表示计算的是样本均值。

从加权均值的公式看，均值不仅受各组变量值或组中值大小的影响，而且受各组频数 F_i 的影响，F_i 称为权数。某组的权数越大即改组的观测值越多，该组变量值或组中值对均值的影响就越大，反之亦然。若数据的频数分布具有明显的集中趋势，即某一组的频数明显大于其他组，则均值与权数最大组的变量值或组中值最接近。若各组次数相等或很接近，则加权均值就几乎等于简单均值了。简单均值可以看作各组权数都为 1 的特殊情况。

均值是统计数据集中趋势的最重要的特征值，但是均值容易受到极端值的影响，这往往会影响均值对数据集的代表性。在组距分组特别是开口式分组条件下计算加权均值，假设性比较大，这也会影响均值的代表性。

(3)调和平均数。调和平均数也称调和均值，是计算均值的另一种方法。在统计实践中，有时由于资料的原因不能直接采用均值的计算公式来计算平均数，这就需要使用调和平均数的形式来进行计算。如计算商品平均价格，特别是各种鲜活商品的平均价格，常常用到调和平均数。

调和平均数的计算公式为

$$M_H=\frac{\sum M_i}{\sum M_i/X_i} \tag{2-8}$$

其中，M_H 为调和平均数，M_i 为第 i 组的标志总量，X_i 为第 i 组的变量值，M_i/X_i 为第 i 组的频数。

调和平均数实际上是加权平均数的变形，只要令分子部分 $M=XF$，分母部分 $M/X=F$。两种平均数的实质是一样的，只是计算过程中应用的资料有所不同。

(4)几何平均数。几何平均数也称几何均值，是一种有特定作用的平均数。几何平均数通常用于计算比率平均或速度平均。凡是度量值的连乘积等于总比率或总速度的现象都必须使用几何平均法计算均值。

几何平均数是 N 个变量值(比率)连乘积的 N 次方根，公式为

$$G=\sqrt[N]{\prod_{i=1}^{N}X_i} \tag{2-9}$$

其中，G 为几何平均数，X_i 为第 i 组的变量值，Π表示连乘。若将变量值取对数，几何平均数就变成均值形式：

$$\log G=\frac{\sum \log X_i}{N}$$

即几何平均数也是均值的变形。

(二)离散趋势测度值

(1)方差和标准差。方差(variance)是指各变量值与其平均数离差平方的平均数，标准

差(standard deviation)是方差的平方根。总体方差的计算公式：

$$\sigma^2 = \frac{\sum_{i=1}^{N}(X_i - \bar{X})^2}{N} \tag{2-10}$$

其中，N 为总体单元的个数，X_i 为总体的第 i 个单元，$\bar{X}$ 为总体均值。

样本方差的计算公式：

$$s^2 = \frac{\sum_{i=1}^{n}(x_i - \bar{x})^2}{n-1} \tag{2-11}$$

其中，n 为观测值的个数。此公式适用于未分组的数据。样本方差 s^2 是观测值与均值的离差平方$(x_i - \bar{x})^2(i=1, 2, \cdots, n)$的均值。

对于分组数据，样本方差的计算公式为：

$$s^2 = \frac{\sum_{i=1}^{k}(M_i - \bar{x})^2 f_i}{n-1} \tag{2-12}$$

其中，M_i 为第 i 组的组中值，f_i 为第 i 组的频数，k 为组数，n 为观测值的个数。

标准差为方差的平方根，因而有样本标准差的计算公式为：

$$s = \sqrt{\frac{\sum_{i=1}^{n}(x_i - \bar{x})^2}{n-1}}\text{（未分组数据）} \tag{2-13}$$

$$s = \sqrt{\frac{\sum_{i=1}^{k}(M_i - \bar{x})^2 f_i}{n-1}}\text{（分组数据）} \tag{2-14}$$

方差和标准差是测度数据离散程度最常用的代表值。标准差反映了观测值与均值之间的平均距离，标准差越大，表明观测值越分散。方差所含的信息与标准差一样，但由于方差的单位是原变量单位的平方，所以解释起来要困难一些。

(2)离散系数(coefficient of variation)。以上介绍的几种测度指标都是反映数据离散程度的绝对值。一方面，这些测度指标的大小受变量值自身水平高低的影响，即与变量的均值有关：变量值的绝对水平越高，离散程度的测度指标也就越大；另一方面，它们与原变量值的计量单位相同，采用不同计量单位计量的变量值，其离散程度的测度指标也就不同。基于以上两点，对于平均水平不同或计量单位不同的几组数据，就不能通过直接比较上述几种测度指标来比较其离散程度。

为了消除这两方面的影响，需要计算离散系数，它是测度数据离散程度的相对统计量，是一组数据的标准差与其均值之比，又称为变异系数。离散系数的计算公式为：

$$v_s = \frac{s}{\bar{x}} \tag{2-15}$$

离散系数的作用主要用于比较不同样本数据的离散程度。离散系数大，说明数据的离散程度大；反之则说明数据的离散程度小。

对于数值型变量的观测值，虽然可以计算其异众比率、四分位差、极差和平均差，但实际应用中主要用方差或标准差来测度其离散程度。当需要对不同总体或样本数据的离散程度进行比较时，则使用离散系数。由此可见，选用哪一个测度指标来反映数据的离散程度，要根据掌握的数据的类型和分析目的来确定。

第四节 统计指标的认识与分类

统计指标简称指标，国内一般有两种说法：一是统计指标是指反映总体现象数量特征的概念。例如人口数、国民收入、我国森林覆盖率等，它通常包括三个构成要素：指标名称、计量单位和计算方法。这是统计理论与统计设计上所使用的统计指标涵义。二是统计指标是反映总体现象数量特征的概念和具体数值。这种理解就是通常所说的统计数据，是从质和量两个方面来定义统计指标。其包含六个构成要素：指标名称，计量单位、计算方法、空间限制、时间限制和指标数值。

作为概念的统计指标是统计认识的前提，作为数值的统计指标是统计认识的结果。前者说明所研究现象的物质内容，后者反映研究现象在规定时间、地点和条件下地规模和水平。该种解释是实际统计工作中经常使用的统计指标的涵义。二者结合起来是对研究对象的数量特征及其相互关系做完整的描述。

一、统计指标的构成要素

统计指标的内涵仅仅涉及六个构成要素，但准确地讲，一个完整的统计指标应该明确指标名称、指标定义、指标类属与作用、计算方法、计算单位、空间控制、时间控制、指标数值、数据采集方式等九个方面的内容。

1. 指标名称

指标名称的主要在于区分不同指标。有时，同一指标从不同的角度和不同应用场所考察或者使用便产生了不同的名称。如“固定资产产出率”的名称强调其对比比率的性质，而“单位固定资产产出率”的名称侧重于说明指标的经济内涵。

2. 指标定义

指标名称的确定是指标的定义的再浓缩和再提炼。指标定义的确定不可能一蹴而就，需要在长期统计实践中逐步加以改和完善。统计指标的定义主要有以下几种方法：

(1)提要法。提要法是指在指标的定义中给出该统计指标内涵需要掌握的要点。例如，国内生产总值(GDP)是指一个国家领土范围内的所有常住单位，在一定时期内所生产最终货物与服务的总价值。

(2)示算法。示算法是在定义中直接给出指标的计算方法。例如，劳动生产率是劳动者的生产效率，用来衡量劳动者单位劳动时间内生产产品的数量。相对指标一般采用示算法定义。

(3)穷举法。穷举法是从外延的角度把统计指标的各个构成项目都列举出来的方法。例如，社会商品零售总额是一段时间内各种经济类型的批发零售贸易业、餐饮业、制造业和其他行业对城乡居民和社会集团的消费品零售额和农民对非农业居民零售额的综合。一般来说，穷举法多用于定义总量指标。

(4)限定法。限定法是将通过指出指标之间的包含与被包含关系定义子指标的方法。例如，固定资产是社会在生产过程中长期存在和多次使用的国民财产。这一定义在给出母指标——国民财产的基础上通过限定条件定义子指标——固定资产。显然，限定法应同时给出指标所属的母体范围与相对明确的限定条件，两者缺一不可。

3. 指标类属与作用

统计指标是多层次多分支的系统，在定义统计指标的内涵时，必须考虑定义指标与其他指标的关系，明确指标的类属。指标类属划分是多维的。依据不同的角度可以划分出不同的指标类别。从所属体系上可划分为经济指标、社会指标、科技指标、资源环境指标；从所反映的内容上可划分为总量指标、结构指标、动态指标、比较指标等；从作用性质上可以划分为正指标、逆指标和适度指标等。指标的类属决定着指标在社会经济生活中的作用。

4. 计算方法

指标的计算方法包含两个方面的内容：一是指标的计算公式，解决指标如何计算的问题；二是指标计算公式内含的计算原理，包括前提条件、计算依据等。随着统计的发展，后一方面的内容的重要性日益增加。比如，国内生产总值的三种计算方法都有严格的统计前提条件，对这些条件的明确有助于准确理解国内生产总值指标。

5. 计量单位

统计指标反映数量特征的特点，决定了指标计算单位的重要性。指标的计量单位有以下几种划分：一是有名数和无名数；二是单一计量单位或复合计量单位；三是实物量单位、价值量单位或劳动量单位。不同指标计量单位在一定程度上也揭示了指标的具体计算原理。

6. 空间限制

现实空间的多维性决定统计指标的空间限制也可以从多角度界定。主要有：一是部门范围。统计计算包括国民经济哪些部门，不包含哪些部门，应有明确规定。二是地区范围。地区范围有行政区划和经济区划之分。三是活动主体范围。指标计算包括哪部分人，不包括哪部分人，应有明规定。四是项目构成范围。不同指标的项目构成各不相同，明确不同的项目构成及其对指标性质的影响十分必要。

7. 时间限制

统计指标的时间限制表现为某一时点或某一时期，这也是区分时期指标和时点指标的依据。时期指标的时间限制可以分为年度、季度、月度、周、日等，其中年度指标可以从生产年度、日历年度和财政年度等角度设计。广义地理解，统计指标的时间限制和空间限制共同构成了通常所说的统计指标的“计算口径”。要测得反映客观现象的统计指标具体数值，必须有统一的计算口径。

8. 指标数值及其功能含义

指数数值是实际统计工作的结果。相对于部分指标而言，可以根据指标的内涵、性质、相关指标的历史数据等对指标的范围做出估计，找出具有取值变化的转折点，并判断指标的功能含义。其中，指标数值的功能含义是指指标所取数值对人们的利益的影响指向。按照功能含义的不同，指标可以分为正指标、逆指标和适度指标。正指标是越大越好的指标，像收益率、劳动生产率等指标；逆指标是越大越不好的指标，像死亡率、污染指数等；适度指标即不应过大，也不应过小，而应趋于一个适度区间，像人口数量、通货膨胀率等。

9. 数据采集方式

统计指标不同于社会经济科学中的理论概念，最终必须通过其具体数值来反映现象的数量特征。其中的数据采集方式的安排和选取必不可少。否则，再完美再重要的理论概念，无法取得可靠的数据资料，就不能成为真正的统计指标。统计指标的数据采集方式主要有统计调查、会计核算、业务核算、统计估计等。统计调查又可以细分为普查、抽样调查和统计报表等。数据采集方式不同，统计投入不同，统计数据质量也不同。如何在统计投入与统计数据质量找到一个合理的均衡点，是统计实践的重点。

二、统计指标的生成过程与方法

统计指标通过其概念和数值表示它所反映的社会经济现象的数量特征，是统计认识中介系统的运作核心，是我们认识现实社会经济世界的基本途径。人们对社会经济实践认知的深化过程也是新的统计指标的构造与形成过程。一个完整的统计指标的构造过程包括以下几个步骤：

1. 明确测量的目的，给出测量对象的理论定义

任何统计指标都产生与统计认知实践活动，产生于人们对客观现象进行定量研究的需要。统计指标的生成从社会经济现象出发，对社会经济现象的认识使我们生成了一些社会经济理论假设。对社会经济现象的研究目的直接支配着统计指标的计算范围和计算方法，也是评价统计指标优劣的重要依据之一。因此，明确指标测量目的是构造统计指标的第一步。明确了目的，也就明确了统计指标测量的对象。明确了指标测量目的与测量对象之后，还必须根据有关科学理论知识，对测量对象的特征进行抽象或概括，形成准确的理论定义。同一现象的不同理论定义会导致最终设计的统计指标也不同。

2. 选择待构建指标的标志，给出操作性定义

(1)陈述操作性定义。理论定义只描述了统计指标测量对象的基本含义，它往往是抽象的。而统计指标却是要有可计量的标志值合成的。因此，应该从理论定义出发，寻找可度量的标志(指名称)。这是一个实施概念向变量转化的过程，也就是社会学中通常称的操作化(图 2-9)。由操作化得到的度量特征称为操作性定义。一般来说，有明确度量功能的理论定义对应操作性定义比较容易给出。例如，成本现象的理论定义是指消耗在产品中的物化劳动和必要劳动。从测度的角度考虑，劳动的消耗必然转化为费用的支出，因此，成本指标的操作性定义就是为生产产品而发生的各项生产费用的支付。

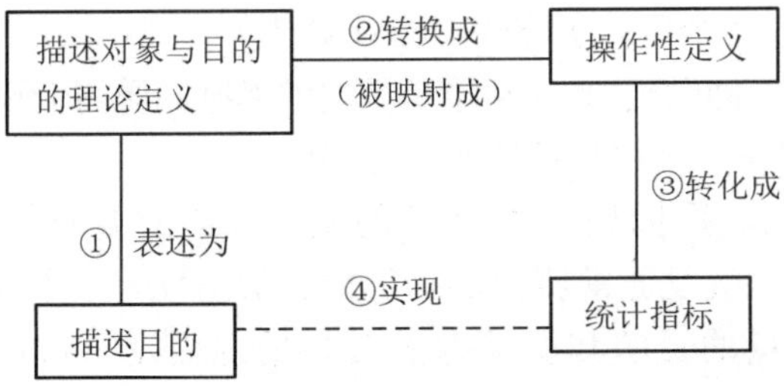

图 2-9　指标构造过程中概念转换过程图

没有明确度量功能的理论定义对应的操作性定义不易获取，往往要采取替代的方法，即寻求“替代度量特征(标志)”。操作化过程中常用的替代方法有：

①相似特征替代法。这种方法是从现象性质接近的其他具有度量功能特征中，选择最相近的替代。例如，“农场模式”这一现象特征不可直接度量的，但可以从具有测度度量的相似特征如耕地面积、职工人数、资金额、产值等中，挑选最能体现“规模”的特征替代。

②因果特征替代法。这种方法是从现象变动的原因和现象形成的结果等具有测度功能的

特征中，选择能体现其本质的替代。例如，生产技术水平取决于工人接受文化教育专业训练的年限以及工龄等，因此可以从中选择最能体现其本质的特征来获取工人生产技术水平指标的操作性定义。

③测量手段替代法。这种方法是根据现象特征的性质和运动规律，设计专门的测量手段作为统计指标的操作性定义。例如，根据儿童智力现象特征的性质和运动规律，可设计具有测度功能的“智商”——儿童达到的智力年龄（儿童答对年龄的全部智力测试题即为达到某智力年龄）与实际年龄智商，作为观察儿童智力现象的统计指标的操作性定义。

④品质计算替代法。这种方法是按照现象的品质差异设计顺序递增或递减的等级，是原来只能计质而不具备测度功能的特征转变为可以测度的特征。例如，按照一定标准来判别产品外观形态和内在性能的优劣，将产品质量划分为一等品、二等品、三等品，达到测度目的。

（2）理论定义与操作性定义的关系。虽然从统计指标设计的最高标准来看，理论定义应毫无遗漏地被映射成为操作性定义，但实际上这一点往往很难达到。例如，要设计一个反映国民文化素质的统计指标，理论定义可以表述为“国民有关文化资质与水平”，而操作性定义通常也可表述为“国民接受学历教育情况”，显然，二者是有一定距离的。操作化的目的是使二者之间的偏差尽量地小。所涉及的指标最终能否实现统计描述的目的，出了取决于第一步理论定义的准确性之外，还取决于操作性定义能否很好反映理论定义，取决于所选标志及指标能否有效地体现操作性定义。

3. 设计指标计算内容，选择指标合成方法

（1）确定指标计算内容。统计指标的计算内容包括两个方面：

一是根据指标的操作性定义及指标资料获得的可行性，确定指标口径，或者说是指标的计算项目，即明确“同质现象有哪些表现形式”，解决“哪些项目要算，哪些项目不算”的问题。特别地，当设计的是一种复合统计指标时，常常要对标志或指标进行适当的筛选。筛选的方法有定性筛选和定量筛选两种。前者主要是根据设计人员的经验与理论知识做主观定性的判断选择；后者常用的方法有判断分析、聚类分析、动态聚类、极小广义方差法、主成分分析法、极大不相关法、“冗余度”与“辨别力”计算等。

二是指标的总体范围，即明确“什么时空范围内的哪些同质的个别事物应列入该指标的测度总体内”，解决“哪些单位要算，哪些单位不要算”的问题。

（2）设计指标合成方法。指标是标志（值）的函数，因此要对标志（值）内容进行合并处理。这种合并方式与方法，就是通常所说的指标的计算方法和计算公式。具体选择什么样的合成方法，要根据指标测量的目的和所掌握的资料情况而定。将标志合成指标的方法有很多，常用的有“总和法”“平均法”“个值法”“对比法”“模糊综合法”“多元统计分析合成法”“特殊组合法”“熵值法”等。从广义上讲，标志同质化方法，标志数量化方法，权数的构造方法，指标公式的近似。派生与区间化等技术，都是统计指标的计算方法。

（3）统计指标的命名。确立了指标的计算方法和计算公式之后，还要给设计出的统计指标取一个恰当的名称。指标名称的构思也是有学问的。总的原则是，要尽量的准确完整地反映指标的含义，通俗易懂，不易让人产生混淆。

一般来说，对于总量指标，其名称中常常会用“（总）量”“（总）值”“（总）额”“（总）数”等词作为后缀，通常没有前缀。对于相对指标，指标名称中常用“度”“率”“指数”“系数”

"比(例)""程度""密度"等词作为后缀，通常也没有前缀。对于平均指标，指标名称除了用上述这一些词或字(一般不包括"总"字)作为后缀之外，常常要加上"平均"二字作为前缀。

4. 应用指标和实施指标检测

(1)指标检验的内容。对于已经设计完毕的统计指标，还要对其科学性进行测验。统计指标科学性检验的内容包括三个方面：一是指标计算内容的有效性测验，即检测统计指标是否包含了设计目标所要求的全部内容，是否包含了不应包含的内容；二是指标计算方法(包括指标合成方法、标志同质化方法及构权方法——如果有的话)的正确性测验；三是实际应用的可行性测验，即分析判断统计指标计算所需要的原始资料在实践中能否准确地获取，无法或很难取得准确资料的指标，或者即使能取到但费用很高的指标都是不合格的。

(2)指标检验的方法。指标测验的基本方法有实践测验与逻辑测验两大类。实践测验就是将设计的指标应用于对实际社会经济问题分析中或政府统计调查中，用实践来评判指标在计算内容与计算方法等方面是否存在缺陷。逻辑测试则是通过逻辑分析和数据模拟试算分析等方式来检测统计指标在计算内容与计算方法上是否符合原设计目标，常用的逻辑测验方式有"关联性测验""方向性测验""关键点测验"等三种。

对于检测不合格的指标，必须找出错误源，做出修订甚至是重新设计直到满意为止。有时候，统计指标构造完毕后也不是一成不变的，需要根据使用效果进一步的修改、充实和完善。

指标检测的内容包括计算内容的有效性检测，计算方法的正确性检测，实际应用的可行性检测。主要的指标检测的方法有实践检测，逻辑检测。

当然，实践中并不是所有指标的设计均要经过上述四个步骤，有时这四个步骤的区分是不明显的，部分环节是可跨越的。具体如图 2-10 所示。

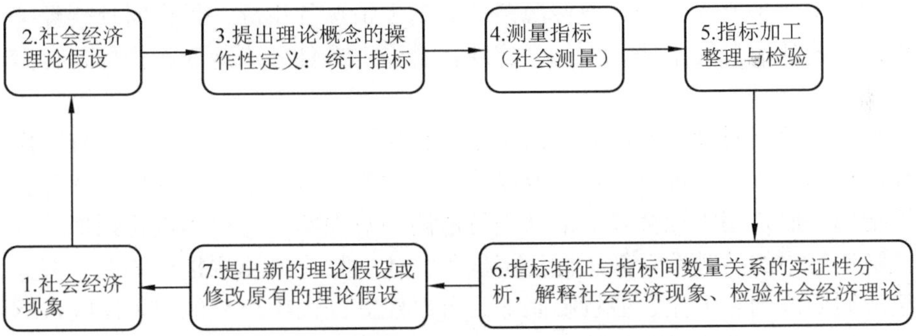

图 2-10 指标的生成过程图

三、统计指标的分类

社会经济现象有复杂多样的类型，反映和分析他们的统计指标也有着复杂多样的类型。对统计指标加以科学的分类是认识深化的必要前提。统计指标从不同的角度可以划分为不同的类型。

(1)按照所反映总体现象数量特征的不同，统计指标可分为数量和质量指标。数量指标是反映现象总体规模水平和工作总量的指标，也称为总量指标。数量指标是认识总体现象的起点，其数值与外延范围的大小密切相关，因此有时也称为外延指标。一般通过数量标志值直接汇总得到的，用绝对数表示，指标数值均有计量单位。数量指标的表现形式有两种：一是总体单位总量，即表明构成总体的单位数，如企业总数，商店数等；二是总体标志总量，即反映总体中各单位标志值的总和，如工资总额、商品销售额等。质量指标是反映现象总体相对水平或工作质量的指标，又可分为相对指标和平均指标，分别用相对数和平均数表示。质量指标通常是两个数量指标（特殊情况会出现质量指标）对比派生出来的，如城乡人口比重等。质量指标是反映总体现象的内部联系和对比关系，因此有时也被称为内涵指标。

（2）按照表现形式的不同，统计指标可分为总量指标、相对指标和平均指标三种。总量指标即数量指标，是用于说明总体现象的广度，表明现象的结果。如人口总数、国内生产总值等；相对指标是两个有联系的指标对比的结果，如用三次产业产值与国内生产总值之比说明产业结构的指标，用人口数与国土面积之比说明人口密度的指标；平均指标是按某个数量标志说明总体单位一般水平的统计指标，如平均成本、平均工资等。

（3）按照计量尺度的不同，统计指标可分为定类指标、定序指标、定距指标和定比指标。这四类指标有一定的测量层次差异，后一种指标比前一种指标的测量层次高、统计功能要全面。不同测量层次的指标意味着数据显示方法和数据分析方法的不同。

（4）根据反映的时间特点的不同，统计指标可分为时期指标和时点指标。时点指标是反映总体特征在某一时点上的数量表现；时期指标是反映总体特征在某一时期上的数量表现，两者的区别在于是否具有可加性，指标数值大小与时期长短有无关系，是否通过连续统计累计得到等。很多教科书将时期指标和时点指标定义在总量指标的基础上，这种处理并不准确。实际上，相对指标和平均指标也有时期指标和时点指标之分，如第三产业产值比重就是时期相对指标，而第三产业就业比重就是时点相对指标。

（5）统计指标按管理功能作用不同，可分为描述指标、评价指标和监测指标。

①描述指标主要是反映社会经济资源条件和基本情况的指标，提供对社会经济总体现象的基本认识，是统计信息的主体。例如，反映社会经济条件的土地面积指标、自然资源拥有量指标。

②评价指标是用于对社会经济运行的结果进行比较、评估和考核，以检查工作质量或其他定额指标的指标。例如，评价工业企业经济效益的产品销售率、劳动生产率等。

③监测指标一般是用于社会经济活动进行监测，对失衡、失控等进行预报、警示。通常选择社会经济运行中的关键性、敏感性经济现象，建立相应的监测指标体系。例如，针对经济增长、经济周期波动、失业、通货膨胀等，可以建立国民生产总值与国民收入增长率、社会消费率、积累率、失业率等预警指标。

根据管理功能划分指标并不绝对，有些指标既可以用于描述，也可以用于评价和监测。

（6）根据采用的计量单位不同，统计指标可分为实物指标、价值指标和劳动指标。实物指标是以自然单位或度量衡单位计算的统计指标；价值指标是以货币单位计算的统计指标；劳动指标是用工时、工日等劳动单位计量的统计指标。

（7）根据数据依据的不同，统计指标可分为客观指标和主观指标两类。客观指标是指取值依据是对统计的实际度量或计数，具有客观性和具体性，这类指标多与实际物体相联系；主观指标是指不可能或难以用直接度量或计数取值而只能凭人们的感受、评价确定取值的指标，如民意测验、满意度测评等。主观指标的客观化处理在现实中的应用越来越多。

此外，统计指标还有实体指标和行为指标、系统指标和绩效指标等划分。

思考题

1. 简要介绍数据的计量尺度及各自的特点?
2. 简要介绍品质数据和数值数据的定义，并举例说明。
3. 品质数据与数值数据的分析方法是否相同，并列出其各自具体的分析方法?
4. 为什么要计算离散系数?
5. 描述盒形图和茎叶图的画法，并说明它们的用途。
6. 众数、中位数和均值各有什么特点，分别应用在哪种场合?
7. 为了评价一家服务企业的质量，随机抽取了由 30 个客户组成的一个样本。服务质量的等级分别表示为：A. 好；B. 较好；C. 一般；D. 差；E. 较差。调查结果如表所示

服务质量等级	B	E	C	C	A	D	C	B	A	E
	D	A	C	B	C	D	E	C	E	E
	A	D	B	C	C	A	E	D	C	B

(1)该表的数据属于什么类型；
(2)编制频数分布表；
(3)绘制一张条形图，反应评价等级的分布。

8. 某百货公司 7 月份各天的销售额数据如表所示(单位：万元)

销售额	257	276	297	252	238	310	240	236	265	278
	271	292	261	281	301	274	267	280	291	258
	272	284	268	303	273	263	322	249	269	295

(1)计算该百货公司日销售额的众数、均值和中位数；
(2)计算日销售额的标准差。

第三章

抽样和参数估计

第一节　抽样和参数估计的基本问题

一、抽样中的几个基本概念

抽样就是根据某种原则(如随机原则、非随机原则等)，从总体中抽取部分单位组成样本，抽样的目的是为了利用样本的有关数据对总体的某些特征进行估计。

(一)重复抽样和不重复抽样

随机抽样方式有重复抽样和不重复抽样两种。

(1)重复抽样。也叫放回抽样，是指从容量为 N 的总体中按照随机原则抽取一个容量为 n 的样本，每次抽取一个个体进行观测，之后重新放回总体中参加下次抽取，再抽样时，有可能再次抽到这个单位，如随机拨电话号码，就属于重复抽样。

(2)不重复抽样。也叫不放回抽样，是指从容量为 N 的总体中按照随机原则抽取一个容量为 n 的样本，每次从总体中抽取一个个体，连续进行 n 次抽取构成一个样本，但每次被抽中的单位，不再放回总体参加下次抽样。如产品破坏性检验，就属于不重复抽样。

(二)统计量和总体参数

由样本或者样本和某些已知数的组合而成的函数称为统计量。未知的待估计的总体指标称为总体参数。从总体中抽取一个随机样本以后，经过观察可以得到样本中各个体的有关信息，而这些信息是分散的，它说明的是样本中各个个体的某些特征。为了利用样本对总体参数作出估计，需要对样本中人们所关心的信息进行加工提炼，即针对不同的研究目的，构造出样本某种函数，为了根据某个特定的样本能得到一个确定的函数值，该函数中不能包含任何未知的总体参数，这种样本的函数就是统计量。

例如，$\{x_1, x_2, \cdots, x_n\}$ 是从总体 $\{X_1, X_2, \cdots, X_N\}$ 中抽取的随机样本，其中 N 为总体容量，n 为样本量，则样本均值 $\bar{x} = \frac{1}{n}\sum_{i=1}^{n} x_i$、样本方差 $s^2 = \frac{1}{n}\sum_{i=1}^{n}(x_i - \bar{x})^2$ 均为统计量，而 $\frac{1}{n}\sum_{i=1}^{n}(x_i - \mu)$ (μ 为总体均值，假定未知)不是统计量。

统计量是样本的函数，由于样本是随机样本，它可能抽中总体中若干不同的个体，所以统计量也是随机变量，其取值随抽中样本个体的不同而不同。

(三)抽样分布

抽样分布是统计量的概率分布，即由统计量的所有可能取值及其相应概率组成。它描述了统计量作为随机变量的统计规律性。明确统计量的抽样分布是统计推断的前提。

【例 3.1】 设总体由 4、5、6 三个数字组成，从中抽取样本量为 2 的随机样本，试列出样本均值的抽样分布。

样本均值的抽样分布，与抽样的两种不同方式——重复抽样和不重复抽样有关。在重复抽样情况下，样本可能数目为 $N^n=3^2=9$，在不重复抽样情况下，样本可能数目为 $C_N^n=C_3^2=3$，由于两种抽样方式下样本可能数目不同，因此，样本均值的抽样分布也有所不同。

对于重复抽样，全部可能样本分别为(4，4)，(4，5)，(4，6)，(5，4)，(5，5)，(5，6)，(6，4)，(6，5)，(6，6)，每个样本被抽到的概率相同，均为1/9，对于每个可能样本，均可计算出一个样本均值，并可得到样本均值的抽样分布为表 3-1。

表 3-1　重复抽样样本均值的抽样分布

$\bar{x}$	4	4.5	5	5.5	6
p_i	1/9	2/9	3/9	2/9	1/9

对于不重复抽样，全部可能样本分别为(4，5)，(4，6)，(5，6)，每个样本被抽到的概率相同，均为1/3，对于每个可能样本，均可计算出一个样本均值，并进一步可得样本均值的抽样分布见表 3-2。

表 3-2　不重复抽样样本均值的抽样分布

$\bar{x}$	4.5	5	5.5
p_i	2/6	2/6	2/6

(四)几种常用的样本分布

除正态分布、二项分布、泊松分布和均匀分布外，常用的抽样分布还有 χ^2 分布、t 分布以及 F 分布等几种。

1. χ^2 分布

设 x_1，x_2，…，x_n 相互独立，都服从标准正态分布，记作 $N(0,1)$，则 $X^2={X_1}^2+{X_2}^2+\cdots+{X_n}^2$ 服从具有 n 个自由度的

χ^2 分布的密度函数与分布函数都比较复杂，X^2 分布的密度函数曲线与自由度有关，自由度增大时，曲线渐渐地接近正态分布，如图 3-1 所示。

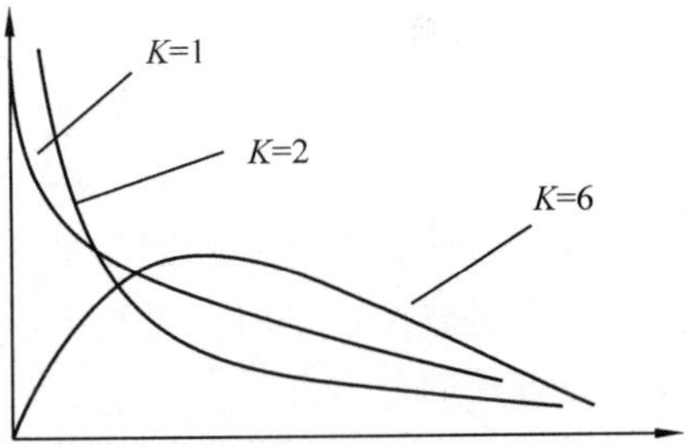

图 3-1　χ^2 分布与自由度关系

2. t 分布

$$t=\frac{X}{\sqrt{Y/n}} \tag{3-1}$$

设 X、Y 为两个独立随机变量 $X\sim N(0,1)$，$Y\sim X^2(n)$，则称作自由度为 n 的 t 分布。记作 $t\sim t(n)$。

t 分布的概率密度曲线与正态分布的概率密度曲线类似。当自由度 $k<30$ 时，t 分布比正态分布的随机变动程度稍大一些。当 $k\geqslant 30$，t 分布与正态分布几乎没有区别。故当 n 很大时 t 分布近似于 $N(0,1)$，但对于 n 很小时，t 分布与 $N(0,1)$ 相差很大。

3. *F* 分布

设 X，Y 为两个独立的随机变量 $X \sim X_1{}^2(k_1)$，$Y \sim X_2{}^2(k_2)$，且随机变量

$$F = \frac{X}{Y} = \frac{\chi_1^2/k_1}{\chi_2^2/k_2} \tag{3-2}$$

则称 F 服从第一自由度 k_1，第二自由度 k_2 的 F 分布，记作$F \sim F(k_1,\ k_2)$ 。F 分布的密度曲线与 k_1，k_2 有关，如图 4-2 所示

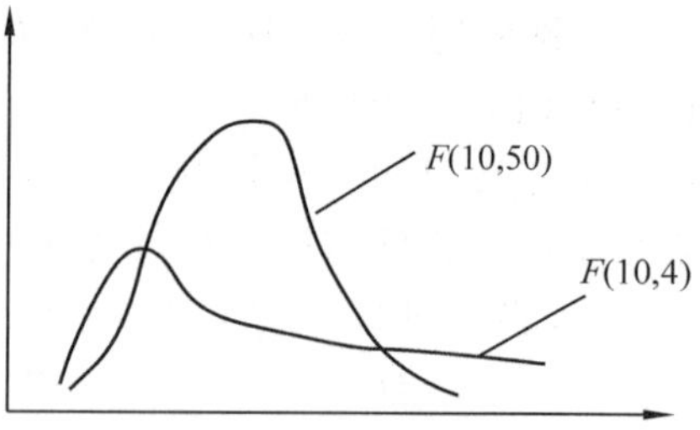

图 3-2 *F* 分布

（五）几种常用的统计量

一个样本根据不同的需要可构造出不同的统计量。常用的统计量有样本平均值、样本方差、样本中位数、样本极差等。下面介绍几种后面常用的统计量：

1. *Z* 统计量

$$Z = \frac{\bar{x} - \mu}{\sigma/\sqrt{n}} \tag{3-3}$$

设$(X_1,\ X_2,\ \cdots,\ Xn)$是取自正态总体 $N\ (u,\ \sigma^2)$的样本，则 Z 服从$N(0,\ 1)$，记作 $Z \sim N(0,\ 1)$。

2. *t* 统计量

设$(X_1,\ X_2,\ \cdots,\ Xn)$是取自正态总体 $N(u,\ \sigma^2)$的样本，总体 σ 未知，则

$$t = \frac{\bar{x} - \mu}{s/\sqrt{n-1}} \tag{3-4}$$

t 变量服从自由度为 $n-1$ 的 t 分布。

3. *F* 统计量

在回归方程的显著性检验中常用到 F 统计量：

$$F = \frac{\sum_{i=1}^{n}(\hat{y}_i - \bar{y})^2/1}{\sum_{i=1}^{n}(\hat{y}_i - \bar{y})^2/(n-2)} \sim F(1, n-2) \tag{3-5}$$

其中分子是回归分析中的回归平方和除以自由度，分母是回归分析中的残差平方和除以自由度。给定显著性水平时，可查 F 分布表得到临界值$F(1,\ n-2)$，从而根据一定的规则可检验回归方程的显著性。

二、参数估计的基本问题

统计推断是根据样本的信息，对总体的特征作出推断，它包括参数估计与假设检验。本章先介绍参数估计。在统计活动中，要了解总体的各种统计测度值，称为总体参数，通常记为 θ，如总体均值、总体方差等，可以依据总体中全部个体的标志计算得到，也可以根据样本数据，使用一定的方法进行推断。用来估计总体参数的样本统计量称为总体参数的估计量，根据样本数据来推断总体参数称为参数估计。

参数估计可分为点估计和区间估计两种类型。所谓点估计，即设总体随机变量 X 的分布函数形式为已知，但它的一个或多个参数未知，若从总体 X 中抽取一组样本观察值。用

该组数据来估计总体的参数，称参数的点估计。用点估计来估计总体参数，即便是无偏估计的估计量，也会由于样本的随机性，从一个样本算得估计量的值不一定恰是所要估计的参数真值，而且，即使真正相等，由于参数值本身是未知的，也无从肯定是否相等或到底二者相差多少呢？这个问题换一个提法就是：根据估计量的分布，在一定的可靠程度下，指出被估计的总体参数所在的可能数值范围。这就是参数的区间估计问题。

（二）估计量的优劣标准

设 θ 为总体中要被估计的一个未知参数，例如期望值或方差等。θ^* 是 θ 的估计量，它是容量为 n 的样本的函数，如样本平均数及方差等等。人们总希望估计量能代表真实参数，根据不同的要求，评价估计量的好坏可以有各种各样的标准。这里介绍三种常用的方法。

1. 一致估计

一般情况 $\theta^* \neq \theta$，但希望当 $n \to \infty$ 时，$\theta^* \to \theta$。这就是说，根据样本求得的未知参数 θ 的估计值 θ^* 常与这个参数的真值不同，自然希望当样本容量 n 无限增大时，估计值 θ^* 在参数真值附近的概率趋近于1。

定义：如果当 $n \to \infty$ 时，θ^* 依概率收敛于 θ，即任给 $\varepsilon > 0$，都有

$$\lim_{n \to \infty} P(|\theta^* - \theta| < \varepsilon) = 1 \qquad (3\text{-}6)$$

则称 θ^* 为参数 θ 的一致估计。一致性是对于极限性质而言的，它只在样本容量较大时才起作用。

2. 无偏估计

根据样本推得的估计值与真值可能不同，然而，如果有一系列抽样构成各个估计，很合理地会要求这些估计的期望值与未知参数的真值相等。它的直观意义是样本估计量的数值在参数的真值周围波动，且无系统误差。

定义：如果 $E\theta^* = \theta$ 成立，则称估计 θ^* 为参数 θ 的无偏估计。

无偏估计实际上是指对于一个估计量，屡次变更数据反复求估计值时，估计值的平均值与真值相一致，即尽管 θ^* 有时比 θ 大，有时比 θ 小，总体看来，它的“平均值”就是 θ。从总体 ξ 中取一样本（X_1，X_2，…，X_n），$E\xi = \mu$，$D\xi = \sigma^2$，则样本平均数 $\bar{x}$、样本方差 s^2 分别是 μ 及 σ^2 的无偏估计 。

3. 有效估计

对总体的某一参数的无偏估计量往往不止一个，而且无偏性仅仅表明 θ^* 所有可能取的值按概率平均数等于 θ，可能它取的值大部分与 θ 相差很大。为保证 θ^* 的取值能集中于 θ 附近，自然要求 θ^* 的方差越小越好。

定义：设 θ_1 和 θ_2 都是 θ 的无偏估计，若样本量为 n，θ_1 的方差小于 θ_2 的 方差，则称 θ_1 是比 θ_2 有效的估计量。如果在 θ 的一切无偏估计量中，θ_1 的方差 达到最小，则称 θ_1 为 θ 的有效估计量。实际上，样本平均数是总体的有效估计量。由定义可知，一个无偏有效估计量取的值是在可能范围内最密集于 θ 附近的。也就是说，它以最大的概率保证这个估计值在未知参数的真值 θ 附近波动。

第二节　抽样误差

抽样误差是由于用样本估计总体而产生的误差，样本只是总体的一部分，用局部数据作

为整体数据的估计不可能完全正确。对任何一种抽样方案，可能的样本会有很多，而实际抽到的只是一个样本，因此抽到哪一个样本完全是随机的、偶然的。抽样误差是抽取样本的随机性造成的估计值与总体值之间的差异，只要采用抽样调查，抽样误差就不可避免。估计量方差及估计量标准差都是抽样误差的表现形式。

一、抽样误差

【例 3.2】 假设某总体有 4 个单位，比如说是 4 个人，研究这 4 个人的工资水平，并以字母 X 表示，其值分别是：40，50，70，80(单位：元)我们不难知道，$N=4$

$$E(X) = \mu = \bar{X} = \frac{\sum X_i}{N} = 60 \tag{3-7}$$

$$D(X) = \frac{\sum (X_i - \bar{X})^2}{N} = 250 \tag{3-8}$$

现在假定从这 4 个“单位”中随机抽取 2 个“单位”并分别采用重复抽样和不重复抽样两种方法，而且假设抽样是按顺序进行的，则抽样结果见表 3-3。

表 3-3 随机抽样方案

重复抽样结果(1)	不重复抽样结果(2)	重复抽样均值(3)	不重复抽样均值(4)	(平均数 - μ)重复(5)	(平均数 - μ)不重复(6)	(平均数 - μ)^{2}重复(7)	(平均数 - μ)^{2}不重复(8)
40，40		40		-20		400	
40，50	40，50	45	45	-15	-15	225	225
40，70	40，70	55	55	-5	-5	25	25
40，80	40，80	60	60	0	0	0	0
50，40		45		-15		225	
50，50		50		-10		100	
50，70	50，70	60	60	0	0	0	0
50，80	50，80	65	65	5	5	25	25
70，40		55		-5		25	
70，50		60		0		0	
70，70		70		10		100	
70，80	70，80	75	75	15	15	225	225
80，40		60		0		0	
80，50		65		5		25	
80，70		75		15		225	
80，80		80		20		400	
合计	—	960	360	—	—	2000	500

在重复抽样中，一切可能的样本结果数是 N^n 个，本例中为 16 个样本。在不重复抽样中，一切可能的样本结果数是 C_4^2 个，本例为 6 个样本。如何反映这些样本呢？只好选择每一个样本中各单位标志值的平均数作为代表，那么这些一切可能的样本的总平均数是多少？总的方差是多少？

重复抽样条件下得：

$$\bar{X}=\frac{\sum X_i}{N}=\frac{960}{16}=60$$

$$\sigma_{\bar{X}}=\frac{\sum(X_i-\bar{X})^2}{N}=\frac{2000}{16}=125$$

不重复抽样条件下得：

$$\bar{X}=\frac{\sum X_i}{N}=\frac{360}{6}=60$$

$$\sigma_{\bar{X}}=\frac{\sum(X_i-\bar{X})^2}{N}=\frac{500}{6}\approx 83.33$$

从上述两种抽样的计算结果表明，不管抽样方法怎样，一切可能样本的平均值与总体的平均值相等，但方差却不同，不重复抽样所得到的方差比重复抽样得到的总的方差要小，当然其标准差也有相应的结果，而且重复抽样方法得到的方差是原总体方差的 $1/n$ 倍，即若 $D(X)=\sigma^2$，$D(X_1, X_2, \cdots, X_n/n)=\sigma^2/n$。

从表 4-3 还不难发现，每次抽样的结果，其所得样本的平均数与总的平均数是有误差的，如有关样本的代表数是 45，55 等，与总体期望值 60 有误差，只有当样本的代表数为 60 时，其误差才是 0。我们把上述所计算的一切可能的样本的标准差就叫做抽样平均误差，或简称为抽样误差。

在重复抽样情况下，抽样误差为

$$\sigma_{\bar{x}}^2=\frac{\sigma^2}{n} \tag{3-9}$$

在不重复抽样情况下，抽样误差为

$$\sigma_{\bar{x}}^2=\frac{\sigma^2}{n}\left(\frac{N-n}{N-1}\right) \tag{3-10}$$

当然，一般情况下总体单位数 N 都很大，故在不重复抽样情况下，其抽样平均误差可近似地表示为：

$$\sigma_{\bar{x}}^2\approx\frac{\sigma^2}{n}\left(1-\frac{n}{N}\right) \tag{3-11}$$

由此可见，在不重复抽样条件下，计算出来的抽样平均误差比重复抽样条件下的要小。

二、影响抽样误差的因素

(1) 与样本量有关，样本量越大，抽样误差越小。

(2) 与总体方差有关，总体方差越大，抽样误差越大。

(3) 与抽样方法和抽样的组织方式有关，重复抽样时产生的抽样误差比不重复抽样的要大，不同的抽样组织方式也不一样。

第三节 参数估计的基本方法

一、点估计

点估计的方法有距估计法、顺序统计量法、极大似然法、最小二乘法等，下面只介绍距估计和顺序统计量法。

1. 矩估计法

矩估计法是求估计量的最古老的方法，是用样本的矩去估计总体的矩，从而获得有关参数的估计量。在统计学中，矩是指以期望值为基础而定义的数字特征，例如数学期望、方差、协等。矩可以分为中心矩和原点矩两种。

设 X 为随机变量，对任意正数 k，$E(X^k)$ 为随机变量 X 的 k 阶原点矩，记为 $m_k = E(X^k)$。当 $k=1$ 时，$m_1 = E(X) = u$，可见一阶原点矩为随机变量 X 的数学期望。$C_k = E[X - E(X)]^k$ 称为 $E(X)$ 为中心的 k 阶中心矩，$C_2 = E[X - E(X)]^2 = \theta^2$ 可见二阶中心矩为随机变量 X 的方差。

【例 3.3】 某灯泡厂某天生产了一大批灯泡，从中抽取了 10 个进行寿命实验，数据如下(单位：小时)：1050，1100，1080，1120，1200，1250，1040，1130，1300，1200，问该天生产的灯泡平均寿命大约是多少？

解：$E(\bar{X}) = \dfrac{\sum x_i}{n} = 1147$（小时）

该天生产的灯泡平均寿命大约是 1147 小时。

2. 顺序统计量法

顺序统计量法是指用样本中位数 Me，或样本极差 R 来估计总体的数学期望(或总体的均方差)的方法。

(1)样本中位数 Me：定义为 X_1，X_2，X_3，…，X_n 的函数。即对于样本的一组数值，将它按大小次序排列，取中间的一个数(若为偶数时，则取居中两数平均值)。

$$M_e = \begin{cases} X_{k+1} & n = 2k+1 \\ (X_K + X_{k+1})/2 & n = 2k \end{cases}$$

(2)样本极差 R：定义为 X_1，X_2，X_3，…，X_n 的函数。即对于样本的一组数值，将它按大小次序排列，取最大值与最小值之差。记作：

$R = \max(x_1, x_2, \cdots, x_n) - \min(x_1, x_2, \cdots, x_n)$

由于 Me 与 R 都是从样本的一组数值按大小次序排列而确定的，所以它们都叫顺序统计量。

如以例 3.3 为例，样本的一组数值为：1050，1100，1080，1120，1200，1250，1040，1130，1300，1200。

$Me = (1200 + 1250)/2 = 1225$

$R = 1300 - 1040 = 260$

对于同一参数，用不同方法估计，可能得到不同的估计量。但究竟采用哪一种为好呢？

我们要求一个好的估计量要满足在前面介绍的一致性、无偏性和有效性等标准。需要指出的是，即使我们获得的估计量满足上述所有的性质，由于一次只能随机抽取一个样本，因样本的不同，其估计值会有很大差异，所以一次只随机抽一个样本所得估计值，不能恰当代表所要估计的总体参数，即点估计的主要缺点是没有解决参数估计的可靠问题，只有区间估计才能解决参数估计的可靠性问题。

(二)区间估计

设 X_1，X_2，…，X_n，是来自观测的样本，对给定的 a，有 $0<a<1$，如能找到两个统计量 $\theta_1(X_1, X_2, \cdots, X_n)$ 及 $\theta_2(X_1, X_2, \cdots, X_n)$ 使得

$$P\{\theta_1(x_1, x_2, \cdots, x_n)\leqslant\theta\leqslant\theta_2(x_1, x_2, \cdots, x_n)\}=1-\alpha$$

则称 $1-a$ 是置信度，也称为置信概率，$[\theta_1(X_1, X_2, \cdots, X_n), \theta_2(X_1, X_2, \cdots, X_n)]$ 是置信度为 $1-a$ 的的置信区间，a 称为显著性水平。

对于置信区间和置信度可以用频数来说明。如果是置信水平为 0.95 的置信区间，只要反复从中取样，每次由样本 X_1，X_2，…，X_n 去算出 $[\theta_1(X_1, X_2, \cdots, X_n), \theta_2(X_1, X_2, \cdots, X_n)]$，于是区间不尽相同，有的包含真值 θ，有的并不包含 θ，包含 θ 的区间出现的频率应在 $1-\alpha$ 附近波动。

置信区间表达了区间估计的准确性，置信概率表达了区问估计可靠性，它是区间估计的可靠概率；而显著性水平表达了区间估计的不可靠的概率。在统计学中，进行区间估计时 a 通常给定为 5% 或 1% 。当然，这里还应注意：在进行区间估计时，必须同时考虑置信率与置信区间两个方面即置信概率定的愈大(即估计的可靠性愈大)，则置信区间相应也愈大(即估计准确性愈小)，所以，可靠性与准确性要结合具体问题、具体要求来全面考虑。

第四节 总体均值和总体比例的估计

一、总体均值的区间估计

1. 正态总体条件下，总体方差 σ^2 已知时总体均值 μ 的区间估计

当 $X\sim N(\mu, \sigma^2)$ 时，可以证明来自该总体的简单随机样本 x_1，x_2，…，x_n 的样本均值服从数学期望为 μ、方差为 $\frac{\sigma^2}{n}$ 的正态分布，即 $\bar{x}\sim N(\mu, \frac{\sigma^2}{n})$。将样本均值统计量 $\bar{x}$ 标准化，得到 Z 统计量

$$Z=\frac{\bar{x}-\mu}{\sigma/\sqrt{n}}\sim N(0, 1) \tag{3-12}$$

根据前面区间估计的定义，我们可以构造均值 μ 的置信区间。对于给定的显著性水平 α，可以令

$$P\{-Z_{\alpha/2}<Z<Z_{\alpha/2}\}=1-\alpha \tag{3-13}$$

从而有

$$P\left\{\bar{x}-Z_{\alpha/2}\frac{\sigma}{\sqrt{n}}<\mu<\bar{x}+Z_{\alpha/2}\frac{\sigma}{\sqrt{n}}\right\}=1-\alpha \tag{3-14}$$

即在给定显著性水平 α 下，总体均值 μ 在 $1-\alpha$ 的置信水平下的置信区间为

$$\left(\bar{x}-Z_{\alpha/2}\frac{\sigma}{\sqrt{n}},\ \bar{x}+Z_{\alpha/2}\frac{\sigma}{\sqrt{n}}\right) \tag{3-15}$$

【例 3.4】 某种零件的长度服从正态分布，从该批产品中随机抽取 9 件，测得它们的平均长度为 21.4 毫米。已知总体标准差 $\sigma=0.15$ 毫米，试建立该种零件平均长度的置信区间，给定置信水平为 0.95。

解：已知：$X\sim N(\mu,\ 0.15^2)$，$\bar{x}=21.4$，$n=9$，$1-\alpha=0.95$，$Z_{\alpha/2}=1.96$

则总体均值 μ 的置信区间为

$$\left(\bar{x}-Z_{\alpha/2}\frac{\sigma}{\sqrt{n}},\ \bar{x}+Z_{\alpha/2}\frac{\sigma}{\sqrt{n}}\right)$$

$$=\left(21.4-1.96\frac{0.15}{\sqrt{9}},\ 21.4+1.96\frac{0.15}{\sqrt{9}}\right)$$

即(21.302，21.498)。

我们可以 95% 的概率保证该种零件的平均长度在 21.302 ~21.498 毫米之间。

2. 一般总体大样本下，总体方差 σ^2 已知时总体均值 μ 的区间估计

根据中心极限定理，在限制不太严格的情况下，不是正态分布的一般总体，当样本容量相当大时，渐近地服从正态分布。故大样本情况下，对于一般总体仍可以用上面方法对 μ 进行比较精确的估计。在 $n=30$ 时，就可以把平均数看作近似地服从正态分布 $N(\mu,\ \sigma^2/n)$，当然 n 越大越好。

3. 总体方差 σ^2 未知，大样本情况下 μ 的区间估计

如果方差 σ^2 未知，大样本下可用 s^2 来代替，仍可用上述方法估计 μ。

4. 总体方差 σ^2 未知的正态总体，小样本下 μ 的区间估计

设样本 X_1，X_2，$\cdots X_n$ 来自正态总体 $N(u,\ \sigma^2)$，由于 σ^2 未知，用上述方法估计 $E\xi$，已有困难。令

$$t=\frac{\sqrt{n}(\bar{X}-\mu)}{s} \tag{3-16}$$

因总体 $X\sim N(u,\sigma^2)$，t 服从具有 $n-1$ 个自由度的 t 分布。对于给定的 a，查具有 $n-1$ 个自由度的 t 分布临界值可确定 $t_{\frac{\alpha}{2}}$

$$P(|t|>t_{\frac{\alpha}{2}})=\alpha \tag{3-17}$$

$$P\left(\left|\frac{\sqrt{n}(\bar{X}-\mu)}{s}\right|<t_{\frac{\alpha}{2}}\right)=1-\alpha \tag{3-18}$$

因此，μ 的置信区间由下式确定：

$$P\left(\bar{X}-t_{\frac{\alpha}{2}}\frac{s}{\sqrt{n}}<\mu<\bar{X}+t_{\frac{\alpha}{2}}\frac{s}{\sqrt{n}}\right)=1-\alpha \tag{3-19}$$

【例 3.5】 假定初生男婴儿的体重服从正态分布，随机抽取 12 名新生婴儿，测其体重为 3100、2520、3000、3000、3600、3160、3560、3320、2880、2600、3400、2540。试以 95% 的置信水平估计新生男婴儿的平均体重(单位：克)。

解：已知：$X\sim N(\mu,\ \sigma^2)$，σ^2 未知，$s=375.31$，$n=12$，$\bar{x}=3056.67$

在 $\alpha=0.05$ 时：$t_{\alpha/2}(n-1)=t_{0.025}(99)\approx1.984$(查 t 分布表所得)

总体均值 μ 的置信区间为

$$\left(\bar{x}-t_{\alpha/2}\frac{s}{\sqrt{n}},\ \bar{x}+t_{\alpha/2}\frac{s}{\sqrt{n}}\right)$$

$$=\left(3056.67-1.984\ \frac{375.31}{\sqrt{12}},\ 3056.67+1.984\ \frac{375.31}{\sqrt{12}}\right)$$

$$=(3056.67-214.95,\ 3056.67+214.95)$$

即为(2841.72，3271.62)。

故新生男婴儿的平均体重在2841.72～3271.62克之间。

二、总体比例的区间估计

在许多实际问题里，常需要估计总体中具有某种特征的单位占总体全部单位的比例。例如：全部产品中合格品的比例；职工收入中工资收入所占的比例等。我们称总体中具有某种特征的单位占总体全部单位的比例为总体比例，记为 P；称样本中具有该种特征的单位占样本全部单位的比例为样本比例，记为 p。

在大样本下，若 $np>5$，$nq>5$，则可以把二项分布问题变换为正态分布问题近似求解。因而有

$$p\sim N(P,\ P(P-1)/n)$$

即样本比例 p 服从期望值为 P，方差为 $P(P-1)/n$ 的正态分布。因而，可以用 Z 统计量构造总体比例 P 的置信区间

$$Z=\frac{p-P}{\sqrt{\dfrac{P(1-P)}{n}}}\sim N(0,\ 1) \tag{3-20}$$

在估计 P 时，由于 P 未知，通常用样本比例 p 代替总体 P 来计算标准差。在 $1-a$ 置信水平下，总体比例的置信区间为：

$$p\pm Z_{\frac{\alpha}{2}}\sqrt{\frac{p(1-p)}{n}} \tag{3-21}$$

【例3.6】 某厂有一批产品，共1000件，从中抽取50件，发现其中有10件次品，能否根据这次抽样结果估计这批产品的合格率范围？($a=0.05$)

解：已知：$n=50$，$p=0.2$，$np=10$，$n(1-p)=40>5$

当 $\alpha=0.05$ 时，$Z_{\alpha/2}=1.96$，有

$$\left(p-Z_{\alpha/2}\sqrt{\frac{p(1-p)}{n}},\ p+Z_{\alpha/2}\sqrt{\frac{p(1-p)}{n}}\right)$$

$$=\left(0.2-1.96\ \sqrt{\frac{0.2(1-0.2)}{50}},0.2+1.96\ \sqrt{\frac{0.2(1-0.2)}{50}}\right)$$

$$=(0.09,\ 0.31)$$

故这批产品的合格率范围为9%～31%。

五、样本量的确定

在前面的讨论中，我们都是假设样本量 n 是已知的，但是在实际问题里，需要自己动手设计调查方案，这时，如何决定样本量就大有学问。如果 n 选的过大，会增加费用；如果 n

选 的过小，会使估计误差增大。

这个问题的关键是：

第一，要求什么样的精度？即我们希望的估计值与真值接近到什么程度？换句话说，我们想构造多宽的区间？

第二，对于我们的置信区间来说，我们想要多大的置信度？即：我们想要多大的可靠度？

$$\bar{x} \pm Z_{\frac{\alpha}{2}}\frac{\sigma}{\sqrt{n}} \tag{3-22}$$

估计总体均值时，样本量的确定在总体均值的区间估计里，置信区间是由下式确定的：

例如，对于正态总体，以及非正态总体，大样本时，都是以上式计算出置信区间。

从图 3-3 中可以看到，从估计量的取值到点 $Z_{\frac{\alpha}{2}}\frac{\sigma}{\sqrt{n}}$的距离实际上为置信区间长度的 1/2。这段距离表示在一定置信水平 a 下，用样本均值估计总体均值时所允许的最大绝对误差，我们用Δ 表示，称 Δ 为允许误差。显然，若以 x 的取值为原点，则允许误差可以表示为

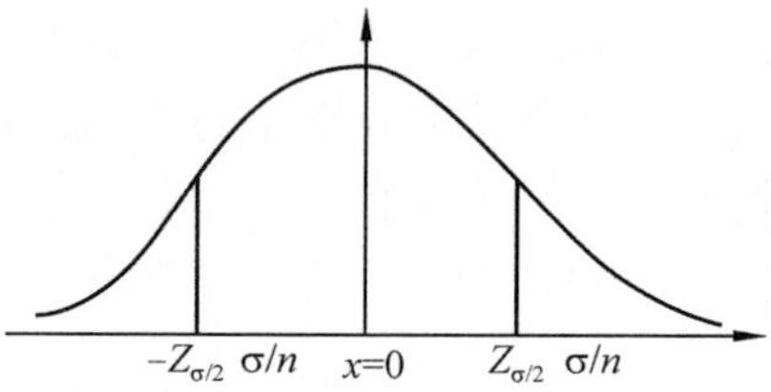

图 3-3　允许误差示意图

$$\Delta = Z_{\frac{\alpha}{2}}\frac{\sigma}{\sqrt{n}} \tag{3-23}$$

上式反映了允许误差 Δ、临界值 $Za/2$、总体标准差 σ 与样本量之间的相互制约关系。只要这四个因素中的任意三个因素确定后，另一个因素也就确定了。对于一个具体问题，总体标准差 σ 是一个确定的数值，给定了我们所希望的“可靠程度”——置信水平 $1-a$，临界值 $Z_{\alpha/2}$也就被唯一确定了，例如，当 $1-a=0.95$ 时，$Z_{a/2}=1.96$。因此，当给定了允许误差后，必要样本量可由下式给出。

$$n = \frac{(Z_{\frac{\alpha}{2}}\sigma)^2}{\Delta^2} \tag{3-24}$$

由上式可看到必要样本量 n 与总体方差、允许误差、可靠性系数有以下关系：

(1)总体方差越大，必要的样本量 n 越大。即：必要样本量 n 与总体方差成正比。

(2)必要的样本量 n 反比例于允许误差 Δ2。即：在给定的置信水平下，允许误差越大，样本量就可以越小；允许误差越小，样本量就必须加大。

(3)必要样本量与临界值成正比。也就是说，我们要求的可靠程度越高，样本量就应越大；可靠程度越低，样本量就可以越小。

【例 3.7】　对生产的某种型号电池进行电流强度检验，根据以往正常生产的经验，该产品的合格率为95%，电流强度的标准差 $\sigma=0.4$A，要求概率把握为95%，抽样平均电流强度的允许误差不超过 0.08A，抽样合格率的允许误差不超过 5%，问必须抽取多大的样本才能满足要求？

解：由于总体单位数 N 未知，故采用重复抽样的公式，现已知 $\sigma=0.4$A，$\Delta=0.08$ A，$1-\alpha=0.95$，$Z_{a/2}=1.96$。

则有

$$n=\frac{Z_{\frac{\alpha}{2}}^{2}\sigma^{2}}{\Delta^{2}}=\frac{1.96^{2}\times0.4^{2}}{0.08^{2}}\approx96.04\approx97$$

为了以95%的可靠度保证估计不超过0.05，应最少抽取97节电池进行检验。

第五节　两个总体均值及两个总体比例之差的估计

1. 两个总体的方差 σ_1^2、σ_2^2 已知情况下，对两总体均值之差的估计

当两个总体均服从正态分布或两个总体的分布形式未知，但抽样样本为大样本且两个总体的方差 σ_1^2、σ_2^2 已知时，可以证明，由两个独立样本算出平均数之差的抽样分布服从正态分布，方差为

$$\sigma_{x_1-x_2}^{2}=\frac{\sigma_1^2}{n_1}+\frac{\sigma_2^2}{n_2} \tag{3-25}$$

$\mu_1-\mu_2$ 在 $1-a$ 的置信水平下的置信区间为：

$$(\bar{x}_1-\bar{x}_2)\pm Z_{\alpha/2}\sqrt{\frac{\sigma_1^2}{n_1}+\frac{\sigma_2^2}{n_2}} \tag{3-26}$$

【例3.8】　某商店想在两个可供选择的地区开设一家分店，为确定设在何处，该商店在两个地区各抽取25位居民，对其平均收入进行比较，样本平均值如下：地区 A 为1800元，地区 B 为1500元。假设两个总体 $\sigma_A^2=1350$，$\sigma_B^2=1000$ 的正态分布，问置信度为95%时 $\mu_A-\mu_B$ 的区间估计。

解：根据题意知：

$$\bar{x}_A\sim N(\mu_A,\ 1350),\ \bar{x}_B\sim N(\mu_B,\ 1000)$$
$$\bar{x}_A=1800,\ \bar{x}_B=1500,\ n_A=n_B=25$$

从而 $\mu_A-\mu_B$ 的区间估计为：

$$(\bar{x}_A-\bar{x}_B)\pm Z_{\alpha/2}\sqrt{\frac{\sigma_A^2}{n_A}+\frac{\sigma_B^2}{n_B}}$$

其中 $\sigma_A^2=1350$，$\sigma_B^2=1000$。

当置信度为95%时，$Z_{\alpha/2}=1.96$

故此时的区间估计为

$$\left((1800-1000)\pm(1.96)\sqrt{\frac{1350}{25}+\frac{1000}{25}}\right)$$

即：800±19=(781，819)。

置信度为95%时 $\mu_A-\mu_B$ 的区间估计为781～819元。

2. 两个总体方差 σ_1^2、σ_2^2 未知情况下，对两总体均值之差的估计

第一种情况：两个总体均服从正态分布，且 $\sigma_1^2=\sigma_2^2=\sigma^2$，其中 σ^2 未知

由于 $\sigma_1^2=\sigma_2^2=\sigma^2$，其中 σ^2 未知，我们可以利用两个样本的信息对 σ^2 进行估计，得出估计量为：

$$s_p^2=\frac{(n_1-1)s_1^2+(n_2-1)s_2^2}{n_1+n_2-2} \tag{3-27}$$

这时估计量 $\bar{x}_1-\bar{x}_2$ 的标准误差为：

$$\sqrt{\frac{s_p^2}{n_1}+\frac{s_p^2}{n_2}}=s_p\sqrt{\frac{1}{n_1}+\frac{1}{n_2}} \tag{3-28}$$

可以证明

$$t=\frac{(\bar{x}_1-\bar{x}_2)-(\mu_1-\mu_2)}{s_p\sqrt{\frac{1}{n_1}+\frac{1}{n_2}}} \tag{3-29}$$

服从自由度为 n_1+n_2-2 的 t 分布。因此，当两个总体服从正态分布，它们的方差未知但相等时，两个总体均值之差 $\mu_1-\mu_2$ 的 $1-\alpha$ 置信水平下的置信区间为

$$\left(\bar{x}_1-\bar{x}_2\pm t_{\alpha/2}(n_1+n_2-2)s_p\sqrt{\frac{1}{n_1}+\frac{1}{n_2}}\right) \tag{3-30}$$

【例 3.9】 为测定两公司平均收入差异水平，分别从两地随机抽取 10 位成年人组成样本，样本平均值和方差为：$\bar{x}_1=1500$，$s_1^2=856$；$\bar{x}_2=1300$，$s_2^2=675$，假定两公司工资分布情况呈正态分布，且方差相等，求两公司平均收入之差的区间估计($1-\alpha=0.95$)。

解：依题意知两总体均为正态分布且方差相等但未知。$\mu_1-\mu_2$ 的置信度为 $1-\alpha$ 的区间估计为：

$$(\bar{x}_1-\bar{x}_2)\pm t_{\alpha/2}(n_1+n_2-2)s_p\sqrt{\frac{1}{n_1}+\frac{1}{n_2}}$$

其中：$\bar{x}_1=1500$，$s_1^2=856$；$\bar{x}_2=1300$，$s_2^2=675$ $n_1=n_2=10$

于是

$$\begin{aligned} s_p &= \sqrt{\frac{(n_1-1)s_1^2+(n_2-1)s_2^2}{n_1+n_2-2}} \\ &= \sqrt{\frac{(10-1)\times856+(10-1)\times675}{10+10-2}} \\ &= 27.67 \end{aligned}$$

$$t_{\alpha/2}(n_1+n_2-2)=t_{0.025}(18)=2.1$$

从而所求区间估计为：

$$(1500-1300)\pm2.1\times27.67\times\sqrt{\frac{1}{10}+\frac{1}{10}}$$

即：$200\pm25.98=(174.02, 225.98)$。

该结果显示两公司平均收入之差的区间估计为 174.02 ~ 225.98 之间。

第二种情况：两个总体均服从正态分布，且 $\sigma_1^2\neq\sigma_2^2$

当 σ_1^2、σ_2^2 未知且不等时，自然用 s_1^2、s_2^2 分别估计 σ_1^2、σ_2^2，从而得到($\bar{x}_1-\bar{x}_2$)的方差估计为$\left(\frac{s_1^2}{n_1}+\frac{s_2^2}{n_2}\right)$，但此时$\frac{(\bar{x}_1-\bar{x}_2)-(\mu_1-\mu_2)}{\sqrt{s_1^2/n_1+s_2^2/n_2}}$的抽样分布不服从自由度为($n_1+n_2-2$)的 t 分布，而近似服从自由度为 f 的 t 分布。f 的计算公式为：

$$f=\frac{\left(\frac{s_1^2}{n_1}+\frac{s_2^2}{n_2}\right)^2}{\frac{(s_1^2/n_1)^2}{n_1-1}+\frac{(s_2^2/n_2)^2}{n_2-1}}$$

如果 f 不是整数，则取与 f 最接近的数作为自由度的取值。这样 $\mu_1-\mu_2$ 的置信度为 $1-\alpha$ 的近似区间估计为

$$(\bar{x}_1-\bar{x}_2)\mp t_{\alpha/2}(f)\sqrt{\frac{s_1^2}{n_1}+\frac{s_2^2}{n_2}}$$

【例 3.10】 若上例中两公司的方差不相等，其他条件相同，试求两公司平均收入之差的区间估计（$1-a=0.95$）。

解：此时，为了求出 $\mu_1-\mu_2$ 的区间估计，首先计算自由度如下：

$$f=\frac{\left(\frac{856}{10}+\frac{675}{10}\right)^2}{\left(\frac{856}{10}\right)^2\frac{1}{9}+\left(\frac{675}{10}\right)^2\frac{1}{9}}=17.8\approx 18$$

而 $t_{0.025}(18)=2.1$，从而所求 $\mu_1-\mu_2$ 的近似的 95% 区间估计为

$$(1500-1300)\pm 2.1\sqrt{\frac{856}{10}+\frac{675}{10}}$$

即：（174.02，225.98）。

3. 两个总体比例之差的区间估计

设两个总体的比例分别为 P_1 和 P_2，分别从两个样本中随机抽取容量为 n_1 和 n_2 的两个随机样本，计算得两个样本的比例为 p_1 和 p_2。当两个总体比例不太接近 0 或 1 时，p_1-p_2 的抽样分布近似服从正态分布，且

$$\mu=P_1-P_2$$

$$\sigma=\sqrt{\frac{P_1(1-P_1)}{n_1}+\frac{P_2(1-P_2)}{n_2}} \tag{3-31}$$

从而 p_1-p_2 的置信度为 $1-a$ 的置信区间为

$$(p_1-p_2)\pm Z_{\alpha/2}\sqrt{\frac{p_1(1-p_1)}{n_1}+\frac{p_2(1-p_2)}{n_2}} \tag{3-32}$$

但由于 P_1 和 P_2 均未知，故公式中的 P_1 和 P_2 要用 p_1 和 p_2 代替，此时，P_1-P_2 的置信度为 $1-a$ 的置信区间为

$$(p_1-p_2)\pm Z_{\alpha/2}\sqrt{\frac{p_1(1-p_1)}{n_1}+\frac{p_2(1-p_2)}{n_2}} \tag{3-33}$$

【例 3.11】 某药品公司对其所做电视广告效果在两地进行 调查比较，从两地分别选取 1000 成年人组成样本，看过该广告的比例分别为 $p_1=25\%$，$p_2=20\%$，求两地成年人中看过该广告的比例之差的置信区间：$1-a=0.95$。

解：因为 $n_1=n_2=1000$，且 $p_1=25\%$，$p_2=20\%$，所以 p_1-p_2 近似服从正态分布。

当 $a=0.05$ 时，$Z_{a/2}=1.96$ 故置信区间为

$$(p_1-p_2)\pm Z_{\alpha/2}\sqrt{\frac{p_1(1-p_1)}{n_1}+\frac{p_2(1-p_2)}{n_2}}$$

$$(0.25-0.2)\pm 1.96\sqrt{\frac{0.25(1-0.25)}{1000}+\frac{0.2(1-0.2)}{1000}}$$

即(0.0135，0.0865)，因此我们以 95% 的置信度相信两地成年人中看过该广告的比例

差在 1.35%~8.65%。

思考题

1. 某市居民家庭人均年收入服从 $\mu=4000$ 元，$\sigma=1200$ 元的正态分布，求该市居民家庭人均年收入：

(1)在 5000~7000 元之间的概率；

(2)超过 8000 元的概率。

2. 某小组 5 个工人的周工资分别为 140、160、180、200、220 元，现在用重复抽样的方法从中抽出 2 个工人的工资构成样本。要求：

(1)计算总体工人平均工资和标准差；

(2)列出样本平均工资的抽样分布；

(3)计算样本平均工资的平均数，并检验是否等于总体平均工资；

(4)计算样本平均工资的标准差；

(5)按公式计算抽样误差，并验证是否等于(4)的结果；

(6)用不重复抽样方法抽取样本，重新计算(1)~(5)。

3. 设某车间生产的螺杆直径服从正态分布 $N(\mu, \sigma^2)$，今随机地从中抽取 5 只，测得直径分别为 22.3，21.5，22.0，21.8，21.4（单位：毫米），求直径均值 μ 的置信度是 0.95 的置信区间，其中总体标准差 0.3。若 σ 未知，则置信区间又如何？

4. 设总体为 $N(\mu, \sigma^2)$，$\sigma=3$。如果要求 μ 的置信度 $1-\alpha$ 置信区间的长度不超过 2，如取水平 $\alpha=0.1$ 或 0.01，那么需要抽取的样本容量 n 应该分别是多少？

5. 一批产品中含有废品，从中随机得抽取 60 件，发现废品 4 件，试估计这批产品的废品率。

7. 某地区粮食播种面积 5000 亩，按不重复抽样方法随机抽取了 100 亩进行实测，调查结果，平均亩产 450 千克，亩产量标准差为 52 千克。试以 95% 的置信度估计该地区粮食平均亩产量和总产量的置信区间。

8. 已知某种电子管使用寿命服从正态分布。从一批电子管中随机抽取 16 只，检测结果，样本平均寿命为 1490 小时，标准差为 24.77 小时。试以 95% 的置信度估计这批电子管的平均寿命的置信区间。

9. 采用简单随机重复抽样，从 2000 件产品中抽查 200 件，其中合格品 190 件。要求：

(1)计算合格品率及其抽样平均误差。

(2)以 95.45% 的置信度，对合格品率和合格品数量进行区间估计。

(3)如果允许误差为 2.31%，则其置信度是多少？

10. 从某企业工人中随机抽选部分进行调查，所得工资分布数列如下：

工资水平(元)	600	700	800	900	1000
工人数(人)	5	10	11	20	4

试求：

(1)以 95% 的置信度估计该企业工人平均工资的置信区间，以及该企业工人中工资不少于 800 元的工人所占比重的置信区间；

(2)如果要求估计平均工资的允许误差范围不超过 30 元，估计工资不少于 800 元的工人所占比重的允许误差范围不超过 10%，置信度仍为 95%，试问至少应抽多少工人？

11. 假设随机变量 $X \sim N(\mu, 2.8^2)$，现有 X 的十个观察值的一个样本，已知 $\bar{x} = 1500$，

(1)求 μ 的置信度是 0.95 的置信区间

(2)要想使 0.95 的置信区间长度小于 1，观察值个数 n 最少应为多少

(3)如果样本量 $n = 100$，那么区间 $(\bar{x} - 1, \bar{x} + 1)$ 作为 μ 的置信区间，其置信度是多少？

第四章

假设检验

第一节 假设检验的概念和检验程序

参数估计和假设检验是统计推断的两个组成部分。它们都是利用样本对总体进行某种推断，然而推断的角度不同。参数估计讨论的是用样本统计量估计总体参数的方法，总体参数 μ 在计前是未知的。而在参数假设检验中，则是先对 μ 的值提出一个假设，然后利用样本信息检验这个参数是否成立。如果成立，我们就接受这个假设，如果不成立，我们就放弃它。以假设检验是如何利用样本信息，对假设成立与否作出判断的一套程序。

一、假设检验的概念

任何一个有关随机变量未知分布的假设称为统计假设或简称假设。一个仅牵涉到随机变量分布中几个未知参数的假设称为参数假设。这里所说的假设只是一个设想，至于它是否成立，在建立假设时并不知道，还需进行考察。对一个样本进行考察，从而决定它能否合理地被认为与假设相符，这一过程叫做假设检验。

为了对假设检验有一个直观的认识，不妨先看两个例子

例：从 1998 年的新生儿中随机抽取 20 个，测得其平均体重为 3600 克，样本标准差为 300 克。而根据过去统计资料，新生儿平均体重为 3145 克。问现在与过去的新生儿平均体重有无显著差异(假定新生儿体重服从正态分布)？从直观上看，1998 年新生儿体重偏重，但这种差异可能是由于抽样的随机性所造成的，而事实上过去与现在新生儿体重并无显著差异。我们若把所有 1998 年新生儿体重视为一个总体，用 X 描述，问题就是判断 $=3145$ 是否成立。

例：某面粉生产企业，按规定每袋面粉重量不得少于 50 千克。今随机抽取 100 袋，发现有 8 袋低于 50 千克。若规定不符合标准的比例超过 5% 就不得出厂，问该批面粉能否出厂？

对于该批产品的不合格率我们事先不知道，我们可以根据样本的不合格率估计该批产品的不合格率，然后与我们规定的合格率标准进行比较，作出该批产品能否出厂的决定。也就是说，我们先假设该批产品的不合格率不超过 5%，然后用样本不合格率来检验我们的假设是否正确。从上面两个例子我们可以看出，假设检验是对未知总体参数先作出假设，然后抽取样本，利用样本提供的信息对假设的正确性进行判断的过程。它是进行经济管理和决策的有利工具。

二、假设检验的原理

假设检验是用置信区间的方法进行检验，其基本思想是应用小概率原理。所谓小概率原

理是指发生概率很小的事件在一次实验中是几乎不可能发生的，如果一个概率很小的事件在一次实验中发生了，也就导出了一个违背小概率原理的不合理现象。如一厂商声称其产品合格率达99%，即假设次品率为1%。如果从一批产品中随机抽取1件，这件产品是次品的概率很小，几乎不可能发生，但如果这种情况确实发生了，我们就有理由怀疑原假设是否成立，并推翻原假设，做出厂商声称是假的这一推断。我们进行推断的依据就是小概率原理，至于什么算是“概率很小”，在实验之前都是事先指定的，比如概率为5%、1%等，一般记作a，称为显著水平或检验水平。

三、假设检验的程序

一个完整的假设检验过程，通常包括以下五个步骤：

(1)提出原假设和替换假设；

(2)确定适当的检验统计量；

(3)规定显著性水平 α；

(4)计算检验统计量的值；

(5)作出统计决策。

四、假设检验的不同类型

根据假设的形式，可以把假设检验分为双侧检验和单侧假设检验。

1. 双侧假设检验

为了便于说明，我们先看一个例子。

【例4.1】 某轮胎厂生产汽车轮胎，该厂生产的轮胎的半径渐进服从正态分布，其总体均值为25厘米，总体标准差为8.4厘米。今另换一套生产轮胎的设备，取100件进行检验，得到轮 胎半径均值为25.8厘米。试问新设备生产的轮胎的半径总体均值与以前的设备有无明显差别？

这个例子我们关心的是新设备生产的轮胎的半径与原设备生产的轮胎的半径是否有什么不同，我们可以假设：

H_0：$\mu=25$ 厘米 没有显著差异

H_1：$\mu\neq 25$ 厘米 有显著差异

由于我们在这里提出的原假设是 μ 等于某一值 μ_0，所以只要 $\mu>\mu_0$ 或 $\mu<\mu_0$ 中有一个成立，就可以否定原假设。这种假设称为双侧检验，它有两个拒绝域，两个临界值，每个拒绝域的面积为 $\alpha/2$，如图4-1所示，为一双侧检验的示意图，其中 $\alpha=0.05$。

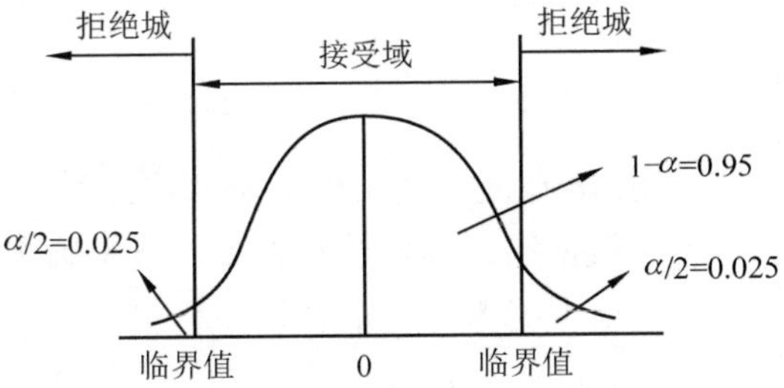

图4-1　双侧检验示意图

2. 单侧假设检验

【例4.2】 某针织厂针织品的抗断裂强度呈正态分布，平均抗断裂强度为19.6千克，标准差为2.6千克，现对漂白工艺进行改革，以改变其抗断裂强度，若抗断裂强度增大则进行改革，抗断裂强度不变或减小，则不进行改革。现抽取50件样品进行检验，测得平均抗断裂强度为19千克，试利用样本的分析结果，对是否对漂白工艺进行改革作出决策（$\alpha=0.05$）。在这个例题中我们要检验的是针织品的抗断裂强度是否有明显下降，即

H_0：$\mu>19.6$ 千克 有明显增强

H_1：$\mu\leqslant 19.6$ 千克 没有明显增强

这是单侧假设检验，我们所关心的是 $\mu>\mu_0$ 是否成立，拒绝域只有一个，其分布在图形的左侧，面积为 α，临界值也只有一个，检验图如图 4-2 所示。

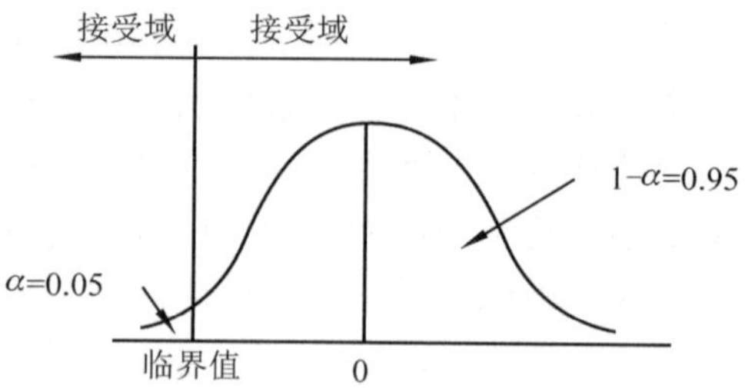

图 4-2 单侧检验示意图

第二节 正态总体情况下的假设检验

本章中涉及的假设检验都是在总体是正态总体情况下进行的。对总体均值的检验又分为两种情况，一种是总体方差已知，另一种是总体方差未知，下面我们将分别进行讨论。

1. 总体方差已知情况下的均值检验

【例 4.3】 假设某厂生产一种钢索，它的抗拉强度为 ξ（kg/cm^2），服从正态分布 $N(\mu, 50^2)$，从中选取一个样本量为 16 的样本，得 $\bar{X}=790$kg/cm^2，问能否根据此样本认为这批钢索的抗拉强度为 800kg/cm^2？

解：设 H_0：$\mu=800$，H_1：$\mu\neq 800$

选取 $Z=\dfrac{\bar{x}-\mu_0}{\sigma/\sqrt{n}}=\dfrac{\bar{x}-800}{50/\sqrt{16}}$

在 H_0成立的条件下，$U\sim(0, 1)$。因为 $\alpha=0.05$，所以 $Z_{\alpha/2}=1.96$。而

$$Z=\frac{\bar{x}-\mu_0}{\sigma/\sqrt{n}}=\frac{790-800}{50/\sqrt{16}}=0.8$$

由于$|Z|<1.96$，因而可以接受 H_0，即可以认为这批钢索的抗拉强度为 800kg/cm^2。总体方差已知情况下的均值检验的步骤可概括如下：

（1）建立待检假设 H_0：$\mu=\mu_0$，H_1：$\mu\neq\mu_0$（μ_0已知）；

（2）选取样本（x_1，x_2，…，x_n）的统计量

$$Z=\frac{\bar{x}-\mu_0}{\sigma/\sqrt{n}}$$

得出 H_0在成立的条件下所选统计量 U 的分布为标准正态分布；

（3）根据给定的检验水平 α，查表确定临界值μ_α，使 $p(|Z|>Z_{\frac{\alpha}{2}})=\alpha$；

（4）根据样本观察值计算统计量 Z 的值并与临界值 Z_α 比较；

（5）下结论：若$|Z|>Z_{\frac{\alpha}{2}}$，则否定 H_0；若$|Z|<Z_{\frac{\alpha}{2}}$，则接受 H_0

若$|Z|=Z_{\frac{\alpha}{2}}$或与 H_0很接近，为了慎重，一般先不下结论，而要再进行一组抽样检验。

2. 总体方差未知情况下假设检验

方差未知情况下假设检验的步骤可概括如下：

（1）建立待检验假设 H_0：$\mu=\mu_0$，H_1：$\mu\neq\mu_0$；（μ_0已知）；

(2)选取样本(x_1，x_2,…，x_n)的统计量

$$t=\frac{\bar{x}-\mu_0}{s/\sqrt{n}} \tag{4-1}$$

得出在H_0成立的条件下所选统计量 t 为具有 $n-1$ 个自由度的 t 分布：

(3)对给定的检验水平 α，查表确定临界值 $t_{\frac{\alpha}{2}}$，使 $p(|t|>t_{\frac{\alpha}{2}})=\alpha$；

(4)根据样本观察值计算统计量 t 的值并与临界值 $t_{\frac{\alpha}{2}}$比较；

(5)下结论(方法同已知方差的情况)。

一、总体比例的假设检验

在实际生活中，检验总体单位中含有某种特征的单位数所占的比例是否为某个假设值，这种现象也是很多的。如一批产品中的合格率，小麦发芽率等等。根据中心极限定理，在大样本的情况下，样本比例 p 服从正态分布，因而可以用 Z 统计量进行检验。

$$Z=\frac{\hat{p}-p_0}{\sqrt{p_0(1-p_0)/n}} \tag{4-2}$$

【例 4.4】　一次人口调查结果显示某市老龄人口比重为 16.9%(年龄在 65 岁以上为老龄人口)，为证实该数据是否可靠，随机抽取 600 人，发现其中有 105 人年龄在 65 岁以上，试问抽查结果是否支持该城市老龄人口比重为 16.9%？

解：建立原假设和备择假设为

$$H_0:\ p=16.9\% \qquad H_1:\ p\neq 16.9\%$$

根据抽样结果计算 $\hat{p}=\frac{105}{600}=0.175=17.5\%$

检验统计量 $Z=\frac{\hat{p}-p_0}{\sqrt{p_0(1-p_0)/n}}=\frac{0.175-0.169}{\sqrt{0.169(1-0.169)/600}}=0.392$

这是一个双侧检验，当 $\alpha=0.05$，$Z_{\alpha/2}=\pm1.96$，由于$|Z|<|Z_{\alpha/2}|$，因而不能拒绝原假设，也就是说我们没有足够的证据来推翻该市老年人口的比重为 16.9% 的看法。

总体比例假设检验的步骤可概述如下：

(1)建立待检验假设 H_0：$p=p_0$　H_1：$p\neq p_0$

(2)选取样本(x_1，x_2,…，x_n)的统计量

$$Z=\frac{\hat{p}-p_0}{\sqrt{p_0(1-p_0)/n}} \tag{4-3}$$

得出 H_0 在成立的条件下所选统计量 Z 的分布为标准正态分布；

(3)根据给定的检验水平 a，查表确定临界值 $Z_{\frac{\alpha}{2}}$，使 $p(|Z|>Z_{\frac{\alpha}{2}})=\alpha$；

(4)根据样本观察值计算统计量 Z 的值并与临界值 $Z_{\frac{\alpha}{2}}$比较；

(5)下结论：若$|Z|>Z_{\frac{\alpha}{2}}$，则否定 H_0；若$|Z|<Z_{\frac{\alpha}{2}}$，则接受 H_0；若$|Z|=Z_{\frac{\alpha}{2}}$或与 H_0很接近，为了慎重，一般先不下结论，而要再进行一组抽样检验。

二、两总体均值之差的假设检验

在实际工作中，我们还会常常用到总体均值之差。比如某建筑单位欲购进水泥，水泥的

强度至少是7.66MPa，有两家水泥公司所提供的水泥强度均超过该数值，这时建筑单位希望了解两家水泥公司提供的水泥强度是否有显著差异，这就需要对两正态总体均值是否相等进行检验，所采用的统计量与参数估计中两正态总体均值之差的统计量相同。

1. 两个正态总体方差 σ_1^2，σ_2^2 已知时，对两个总体均值之差的假设检验

当两个正态总体方差 σ_1^2，σ_2^2 已知时，应当选择 Z 作为统计量。

$$Z=\frac{(\bar{x}_1-\bar{x}_2)-(\mu_1-\mu_2)}{\sqrt{\frac{\sigma_1^2}{n_1}+\frac{\sigma_2^2}{n_2}}} \tag{4-4}$$

【例4.5】 用两种方法可生产某种以抗压强度为重要特征的产品。第一种方法生产出产品的 $\sigma_1=5\text{kg}$，第二种方法生产出产品的 $\sigma_2=6\text{kg}$。从两种方法中各随机抽取30件产品组成样本，测得 $\bar{x}_1=35\text{kg}$，$\bar{x}_2=30\text{kg}$。问这两种方法生产出来的产品的平均抗压强度是否有显著差别？（$1-a=0.95$）

解：建立待检验假设 H_0：$\mu_1-\mu_2=0$，H_1：$\mu_1-\mu_2\neq0$

已知 $\bar{x}_1=35$，$\bar{x}_2=30$，$\sigma_1=5$，$\sigma_2=6$，$n_1=n_2=30$，

$$Z=\frac{(\bar{x}_1-\bar{x}_2)-(\mu_1-\mu_2)}{\sqrt{\frac{\sigma_1^2}{n_1}+\frac{\sigma_2^2}{n_2}}}=\frac{35-30}{\sqrt{\frac{25}{30}+\frac{36}{30}}}=3.52$$

由于 $|Z|>Z_{\frac{\alpha}{2}}=1.96$，所以拒绝 H_0，即认为这两种方法生产出来的产品的抗压强度有显著差别。

2. 两个正态总体方差 σ_1^2，σ_2^2 未知时，对两个总体均值之差的假设检验

在总体方差未知的条件下检验关于两个正态总体均值之差的假设时又会面临两种情况，一个是两个总体方差相等；一个是两个总体方差不等。我们这里只讨论两方差相等的情况。

两总体方差相等时，我们选用 t 作为检验统计量。

$$t=\frac{(\bar{x}_1-\bar{x}_2)-(\mu_1-\mu_2)}{S_p\sqrt{\frac{1}{n_1}+\frac{1}{n_2}}} \tag{4-5}$$

其中 $S_p^2=\dfrac{(n_1-1)s_1^2+(n_2-1)s_2^2}{n_1+n_2-2}$

【例4.6】 假设前例中总体方差未知，抽取样本数 $n_1=n_2=20$，测得样本方差 $s_1^2=33$，$s_2^2=39$，其他条件相同，问这两种方法生产出来的产品的平均抗压强度是否有显著差别？（$1-\alpha=0.95$）

解：建立待检验假设 H_0：$\mu_1-\mu_2=0$，H_1：$\mu_1-\mu_2\neq0$，

已知 $\bar{x}_1=35$，$\bar{x}_2=30$，$s_1^2=33$，$s_2^2=39$，$n_1=n_2=30$，$t_\alpha(38)=1.386$

$$S_p^2=\frac{(n_1-1)S_1^2+(n_2-1)S_2^2}{n_1+n_2-2}=\frac{(20-1)\times33+(20-1)\times39}{20+20-2}=36$$

$$S_p=6$$

故有

$$t=\frac{(\bar{x}_1-\bar{x}_2)-(\mu_1-\mu_2)}{S_p\sqrt{\frac{1}{n_1}+\frac{1}{n_2}}}=\frac{35-30}{6\sqrt{\frac{1}{20}+\frac{1}{20}}}=2.63$$

由于 $t > t_{\alpha}$，所以拒绝 H_0，即认为两种方法生产出的产品的抗压强度有显著差别。

3. 两总体比例之差的检验

设两个总体服从二项分布，这两个总体中具有某种特征单位数的比例分别为 P_1 和 P_2，但 P_1 和 P_2 未知，可用样本比例 p_1 和 p_2 代替。这时两个样本比例之差 $p_1 - p_2$ 近似服从 $P_1 - P_2$ 为期望，$\frac{P_1(1-P_1)}{n_1} + \frac{P_2(1-P_2)}{n_2}$ 为方差的正态分布。因此，选择 Z 作为统计量：

$$Z = \frac{(p_1 - p_2) - (P_1 - P_2)}{\sqrt{\frac{p_1(1-p_1)}{n_1} + \frac{p_2(1-p_2)}{n_2}}} \tag{4-6}$$

【例 4.7】　对两个大学英语六级通过率进行调查，调查结果如下：学校甲：调查 80 人，52 人通过六级考试；学校乙：调查 100 人，60 人通过六级考试。问在 $1-\alpha=0.95$ 的情况下能否根据以上调查结果认为甲学校六级通过率明显高于乙学校？

解：建立原假设和备择假设为

H_0：$P_1 \geqslant P_2$（或 $P_1 - P_2 \geqslant 0$）　甲学校六级通过率高于乙学校

H_1：$P_1 < P_2$（或 $P_1 - P_2 < 0$）　乙学校六级通过率高于甲学校

这是一个左侧检验问题，拒绝域在分布曲线的左侧，临界值为负值。$-Z_a = -1.645$，由题知：

$p_1 = \frac{52}{80} = 0.65$，$p_2 = \frac{60}{100} = 0.6$，$n_1 = 52$，$n_2 = 100$。故有检验统计量

$$\begin{aligned} Z &= \frac{(p_1 - p_2) - (P_1 - P_2)}{\sqrt{\frac{p_1(1-p_1)}{n_1} + \frac{p_1(1-p_2)}{n_2}}} \\ &= \frac{0.65 - 0.6 - 0}{\sqrt{\frac{0.65(1-0.65)}{52} + \frac{0.6(1-0.6)}{100}}} \\ &= 0.56 \end{aligned}$$

由于 $Z > -Z_{\alpha}$，所以不能拒绝 H_0，即不能认为乙学校六级通过率高于甲学校。

第三节　假设检验的两类错误与功效

一、假设检验中的两类错误

由于人们作出判断的依据是一个样本，也就是由部分来推断整体，因而假设检验不可能绝对正确，它也可能犯错误，可能性的大小，也是以统计规律为依据的，所可能产生的错误有两种类型：一类错误是原假设为真，而我们却拒绝了也称为弃真错误，犯这种错误的概率我们用 α 来表示；另一类错误是原假设为伪，而我们却接受了，因此也称为纳伪错误，犯这种错误的概率我们用 β 来表示。假设检验中各种可能结果的概率如表所示。

表 4-1　假设检验中各种可能结果的概率

	接受 H_0	拒绝 H_0，接受 H_1
H_0 为真	$1-\alpha$(正确决策)	α(弃真错误)
H_0 为伪	β(纳伪错误)	$1-\beta$(正确决策)

自然，人们希望犯这两类错误的概率越小越好。但是，对于一定的样本量 n 不能同时做到犯两类错误的概率都很小。如果减小 α 错误，就必须增大犯 β 错误的机会；减小 β 错误，就必须增大犯 α 错误的机会。当然，使 α 和 β 同时减小的办法也有，这就必须增大样本量。但样本量不能没有限制地增大，否则就失去了抽样调查的意义。因此在假设检验中，就有对两类错误进行控制的问题。一般说哪类错误所带来的后果严重，在假设检验中就应当把哪一类错误作为首要的控制目标 。

在假设检验中，大家都在执行这样一个原则，即首先控制犯 α 错误原则。我们在假设检验中规定显著性水平就体现了这一原则。这样做的原因主要有两点，一个是都遵循一个统一的原则，讨论问题就比较方便。但这还不是最主要的，最主要的原因在于，从实用的观点看，原假设是什么常常是明确的，而备择假设是什么则常常是模糊的。如前面所举的新生儿体重的例子，原假设 H_0：$\mu=3145$g 的数量标准十分清楚，而备择假设 H_1：$\mu\neq3145$g 的数量标准比较模糊。我们不知道是 $\mu>3145$g，还是 $\mu<3145$g，如果 $\mu>3145$g，那么究竟大多少？显然，对于一个涵义清楚的假设和一个涵义模糊的假设，我们更愿意接受前者，正是在这个背景下，我们就更关心如果 H_0 为真，而我们却放弃了它，犯这种错误的概率有多大。而这正是 α 错误所要表现的内容。这也给我们一个启示，在假设检验中，我们最关心的问题作为原假设提出，将较严重的错误放到 α 上，这就能够在假设检验中对 α 错误实施有效控制。我们把犯两类错误的情况用图 4-3 表示如下：

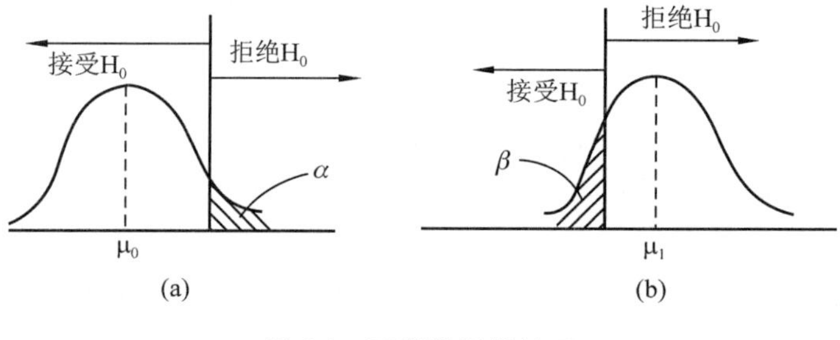

图 4-3　两类错误的情况

当规定了显著性水平 α 以后，样本量 n 一定时，可以找到临界点，临界点把检验统计量的全部可以取值分割为两个互不相交的部分，一部分是原假设 H_0 的接受域，一部分是原假设 H_0 的拒绝域。现在我们关心 μ 是否不会大于某个数值 μ_0，所以假设 H_0：$\mu\leqslant\mu_0$，如果原假设为真，即如图 4-3(a)所示，我们犯弃真错误的概率便是 α，但如果原假设为伪，因 为 $\mu=\mu_1>\mu_0$，如图 4-3(b)所示，我们却接受了，这就犯了纳伪错误，其概率为 β。由图还可以看出，如果临界点水平方向右移，α 将变小而 β 将变大，如果临界点水平方向左移，α 将变大而 β 将变小。这也说明，在假设检验中要同时减小 α 和 β 几乎是不可能的。当然，在 α 固定的条件下，可以进行如何减小 β 的讨论，但这类问题我们在这里不予介绍。

二、假设检验的功效

在假设检验中，为了测度作出接受正确的备择假设决策的可能性，需要计算假设检验的功效。假设检验的功效是指备择假设 H_1 为真时，接受备择假设 H_1 的概率。由于犯第二类错误的概率 β 是指备择假设 H_1 为真，却拒绝备择假设 H_1 的概率，因此，备择假设 H_1 为真，接受备择假设 H_1 的概率为 $1-\beta$，即假设检验的功效为 $1-\beta$。显然，假设检验的功效体现了作出正确决策的可能性，一个检验的功效大于另一个检验的功效，表明这一检验正确的备择假设被接受的概率大于另一检验正确的备择假设被接受的概率。那么，在检验的显著性水平 α 相同的情况下，这一检验就优于另一检验，因此，通过假设检验的功效，可以判别检验的优劣。

要计算犯第二类错误的概率 β，备择假设必须为精确假设，对同一个假设检验问题，同一个原假设，同一个检验的显著性水平，若备择假设不同，就有不同的犯第二类错误的概率 β，从而就有不同的假设检验的功效 $1-\beta$，若给出一系列备择假设值，就可以计算出一系列假设检验的功效。由于假设检验的功效取决于备择假设的取值，假设检验的功效随备择假设的不同取值而变化，因此，检验功效是备择假设值的函数，此函数称为功效函数。功效函数的图形称为功效曲线。

在假设检验中，检验的功效 $1-\beta$、犯第二类错误的概率 β 以及犯第一类错误的概率 α 三者是相互制约的，由于犯第二类错误的概率 β 与犯第一类错误的概率 α 呈反向变动，因此，犯第一类错误的概率 α 越小，则犯第二类错误的概率 β 越大，从而使检验功效 $1-\beta$ 越小；反之，要提高检验功效 $1-\beta$，就必须增加检验的显著性水平 α，如果既要提高检验的功效而又不想使犯第一类错误的风险增大，那么只能增大样本量。如果在给定的检验显著性水平 α 的同时，还给出了检验要求达到的功效 $1-\beta$，就可利用二者的关系计算出所需的样本量。

思考题

1. 假设某产品的重量服从正态分布，现在从一批产品中随机抽取 16 件，测得平均重量为 820 克，标准差为 60 克，试以显著性水平 $\alpha=0.01$ 与 $\alpha=0.05$，分别检验这批产品的平均重量是否是 800 克。

2. 某牌号彩电规定无故障时间为 10000 小时，厂家采取改进措施，现在从新批量彩电中抽取 100 台，测得平均无故障时间为 10150 小时，标准差为 500 小时，能否据此判断该彩电无故障时间有显著增加($\alpha=0.01$)？

3. 某医院从 2008 年元旦出生的新生儿中随机抽取了 50 名，测量他们的平均体重为 3300 克，而 2007 年元旦时抽取的 50 名新生儿的平均体重是 3200 克。现假设根据以往的调查，新生儿体重的标准差是 65 克。试问：

(1)以 0.05 的显著性水平，检验新生儿体重在这两年中是否有显著的变化？

(2)计算检验的 p 值，并根据 p 值重新检验(1)中的结论。

4. 某加油站经理希望了解驾车人士在该加油站的加油习惯。在一周内，他随机地抽取 100 名驾车人士调查，得到如下结果：平均加油量等于 13.5 加仑，样本标准差是 3.2 加仑，有 19 人购买无铅汽油。试问：

(1)以 0.05 的显著性水平，是否有证据说明平均加油量并非 12 加仑?

(2)计算(1)的 p 值。

(3)以 0.05 的显著性水平来说，是否有证据说明少于 20% 的驾车者购买无铅汽油?

(4)计算(3)的 p 值。

(5)在加油量服从正态分布假设下，若样本量为 25，计算(1)和(2)。

5. 某市全部职工中，平常订阅某种报纸的占 40%，最近从订阅率来看似乎出现减少的现象，随机抽 200 户职工家庭进行调查，有 76 户职工订阅该报纸，问报纸的订阅率是否显著降低($\alpha=0.05$)?

6. 某型号的汽车轮胎耐用里程按正态分布，其平均耐用里程为 25000 公里。现在从某厂生产的轮胎随机取 10 个进行里程测试，结果数据如下：

25400	25600	25300	24900	25500
24800	25000	24800	25200	25700

根据以上数据，检验该厂轮胎的耐用里程是否存在显著性的差异($\alpha=0.05$)。再用 p 值重新检验，结论是否一致。

第五章

方差分析

方差分析(analysis of variance)是由英国统计学家 R. A. Fisher 于 1923 年提出的。这种方法是将 k 个处理的观测值作为一个整体看待，把观测值总变异的平方和及自由度分解为相应于不同变异来源的平方和及自由度，进而获得不同变异来源总体方差估计值；通过计算这些总体方差的估计值的适当比值，就能检验各样本所属总体平均数是否相等。方差分析实质上是关于观测值变异原因的数量分析，它在科学研究中应用十分广泛。

第一节　方差分析的基本原理与步骤

方差分析有很多类型，无论简单与否，其基本原理与步骤是相同的。本节结合单因素试验结果的方差分析介绍其原理与步骤。

一、线性模型与基本假定

假设某单因素试验有 k 个处理，每个处理有 n 次重复，共有 nk 个观测值。这类试验资料的数据模式见表 5-1。

表 5-1　k 个处理每个处理有 n 个观测值的数据模式

处理	观	测	值				合计 $x_{i.}$	平均 $\bar{x}_{i.}$
A_1	x_{11}	x_{12}	…	x_{1j}	…	x_{1n}	$x_{1}.$	$\bar{x}_{1}.$
A_2	x_{21}	x_{22}	…	x_{2j}	…	x_{2n}	$x_{2}.$	$\bar{x}_{2}.$
⋮	⋮	⋮	…	⋮	…	⋮	⋮	⋮
A_i	x_{i1}	x_{i2}	…	x_{ij}	…	x_{in}	$x_{i}.$	$\bar{x}_{i}.$
⋮	⋮	⋮	…	⋮	…	⋮	⋮	⋮
A_k	x_{k1}	x_{k2}	…	x_{kj}	…	x_{kn}	$x_{k}.$	$\bar{x}_{k}.$
合计							$x..$	$\bar{x}..$

表中 x_{ij} 表示第 i 个处理的第 j 个观测值($i=1, 2, \cdots, k$；$j=1, 2, \cdots, n$)；$x_{i.} = \sum_{j=1}^{n} x_{ij}$ 表示第 i 个处理 n 个观测值的和；$x.. = \sum_{i=1}^{k}\sum_{j=1}^{n} x_{ij} = \sum_{i=1}^{k} x_{i}.$ 表示全部观测值的总和；$\bar{x}_{i}. = \sum_{j=1}^{n} x_{ij}/n = x_{i}./n$ 表示第 i 个处理的平均数；$\bar{x}.. = \sum_{i=1}^{k}\sum_{j=1}^{n} x_{ij}/kn = x../kn$ 表示全部观测值的总平均数；x_{ij} 可以分解为

$$x_{ij} = \mu_i + \varepsilon_{ij} \tag{5-1}$$

μ_i 表示第 i 个处理观测值总体的平均数。为了看出各处理的影响大小，将 μ_i 再进行分解，令

$$\mu = \frac{1}{k}\sum_{i=1}^{k}\mu_i \tag{5-2}$$

$$\alpha_i = \mu_i - \mu \tag{5-3}$$

则

$$x_{ij} = \mu + \alpha_i + \varepsilon_{ij} \tag{5-4}$$

其中 μ 表示全试验观测值总体的平均数，α_i 是第 i 个处理的效应(treatment effects)表示处理 i 对试验结果产生的影响。显然有

$$\sum_{i=1}^{k}\alpha_i = 0 \tag{5-5}$$

ε_{ij}是试验误差，相互独立，且服从正态分布 $N(0, \sigma^2)$。

(5-4)式叫做单因素试验的线性模型(linear model)。在这个模型中 x_{ij}表示为总平均数 μ、处理效应 α_i、试验误差 ε_{ij}之和。由 ε_{ij}相互独立且服从正态分布 $N(0, \sigma^2)$，可知各处理 $A_i(i=1, 2, \cdots, k)$所属总体亦应具正态性，即服从正态分布 $N(\mu_i, \sigma^2)$。尽管各总体的均数 μ_i 可以不等或相等，σ^2则必须是相等的。所以，单因素试验的数学模型可归纳为：效应的可加性(additivity)、分布的正态性(normality)、方差的同质性(homogeneity)。这也是进行其他类型方差分析的前提或基本假定。

若将表 5-1 中的观测值 $x_{ij}(i=1, 2, \cdots, k; j=1, 2, \cdots, n)$的数据结构(模型)用样本符号来表示，则

$$x_{ij} = \bar{x}_{..} + (\bar{x}_{i.} - \bar{x}_{..}) + (x_{ij} - \bar{x}_{i.}) = \bar{x}_{..} + t_i + e_{ij} \tag{5-6}$$

与(5-4)式比较可知，$\bar{x}_{..}$、$(\bar{x}_{i.} - \bar{x}_{..}) = t_i$、$(x_{ij} - \bar{x}_{i.}) = e_{ij}$分别是 μ、$(\mu_i - \mu) = \alpha_i$、$(x_{ij} - \mu_i) = \varepsilon_{ij}$的估计值。

(5-4)、(5-6)两式告诉我们：每个观测值都包含处理效应($\mu_i - \mu$ 或 $\bar{x}_{i.} - \bar{x}_{..}$)，与误差($x_{ij} - \mu_i$ 或 $x_{ij} - \bar{x}_{i.}$)，故 kn 个观测值的总变异可分解为处理间的变异和处理内的变异两部分。

二、平方和与自由度的剖分

我们知道，方差与标准差都可以用来度量样本的变异程度。因为方差在统计分析上有许多优点，而且不用开方，所以在方差分析中是用样本方差来度量资料的变异程度的。表 6-1 中全部观测值的总变异可以用总均方来度量。将总变异分解为处理间变异和处理内变异，就是要将总均方分解为处理间均方和处理内均方。但这种分解是通过将总均方的分子——称为总离均差平方和，简称为总平方和，剖分成处理间平方和与处理内平方和两部分；将总均方的分母——称为总自由度，剖分成处理间自由度与处理内自由度两部分来实现的。

(一)总平方和的分解

在表 5-1 中，反映全部观测值总变异的总平方和是各观测值 x_{ij}与总平均数 $\bar{x}_{..}$ 的离均差平方和，记为 SS_T。即

$$SS_T = \sum_{i=1}^{k}\sum_{j=1}^{n}(x_{ij} - \bar{x}_{..})^2$$

因为

$$\sum_{i=1}^{k}\sum_{j=1}^{n}(x_{ij}-\bar{x}_{..})^2=\sum_{i=1}^{k}\sum_{j=1}^{n}[(\bar{x}_{i.}-\bar{x}_{..})+(x_{ij}-\bar{x}_{i.})]^2$$

$$=\sum_{i=1}^{k}\sum_{j=1}^{n}[(\bar{x}_{i.}-\bar{x}_{..})^2+2(\bar{x}_{i.}-\bar{x}_{..})(x_{ij}-\bar{x}_{i.})+(x_{ij}-\bar{x}_{i.})^2]$$

$$=n\sum_{i=1}^{k}(\bar{x}_{i.}-\bar{x}_{..})^2+2\sum_{i=1}^{k}[(\bar{x}_{i.}-\bar{x}_{..})\sum_{j=1}^{n}(x_{ij}-\bar{x}_{i.})]$$

$$+\sum_{i=1}^{k}\sum_{j=1}^{n}(x_{ij}-\bar{x}_{i.})^2$$

其中

$$\sum_{j=1}^{n}(x_{ij}-\bar{x}_{i.})=0$$

所以

$$\sum_{i=1}^{k}\sum_{j=1}^{n}(x_{ij}-\bar{x}_{..})^2=n\sum_{i=1}^{k}(\bar{x}_{i.}-\bar{x}_{..})^2+\sum_{i=1}^{k}\sum_{j=1}^{n}(x_{ij}-\bar{x}_{i.})^2 \tag{5-7}$$

其中，$n\sum_{i=1}^{k}(\bar{x}_{i.}-\bar{x}_{..})^2$ 为各处理平均数 $\bar{x}_{i.}$ 与总平均数 $\bar{x}_{..}$ 的离均差平方和与重复数 n 的乘积，反映了重复 n 次的处理间变异，称为处理间平方和，记为 SS_t，即

$$SS_t=n\sum_{i=1}^{k}(\bar{x}_{i.}-\bar{x}_{..})^2$$

其中，$\sum_{i=1}^{k}\sum_{j=1}^{n}(x_{ij}-\bar{x}_{i.})^2$ 为各处理内离均差平方和之和，反映了各处理内的变异即误差，称为处理内平方和或误差平方和，记为 SS_e，即

$$SS_e=\sum_{i=1}^{k}\sum_{j=1}^{n}(x_{ij}-\bar{x}_{i.})^2$$

于是有

$$SS_T=SS_t+SS_e \tag{5-8}$$

(5-7)，(5-8)两式是单因素试验结果总平方和、处理间平方和、处理内平方和的关系式。这个关系式中三种平方和的简便计算公式如下：

$$SS_T=\sum_{i=1}^{k}\sum_{j=1}^{n}x_{ij}^2-C$$
$$SS_t=\frac{1}{n}\sum_{i=1}^{k}x_{i.}^2-C \tag{5-9}$$
$$SS_e=SS_T-SS_t$$

其中，$C=x_{..}^2/kn$ 称为矫正系数。

(二)总自由度的分解

在计算总平方和时，资料中的各个观测值要受 $\sum_{i=1}^{k}\sum_{j=1}^{n}(x_{ij}-\bar{x}_{..})=0$ 这一条件的约束，故总自由度等于资料中观测值的总个数减一，即 $kn-1$。总自由度记为 df_T，即 $df_T=kn-1$。

在计算处理间平方和时，各处理均数 $\bar{x}_{i.}$ 要受 $\sum_{i=1}^{k}(\bar{x}_{i.}-\bar{x}_{..})=0$ 这一条件的约束，故处理间自由度为处理数减一，即 $k-1$。处理间自由度记为 df_t，即 $df_t=k-1$。

在计算处理内平方和时，要受 k 个条件的约束，即 $\sum_{j=1}^{n}(x_{ij}-\bar{x}_{i.})=0\ (i=1,2,\cdots,k)$。故处理内自由度为资料中观测值的总个数减 k，即 $kn-k$。处理内自由度记为 df_e，即 $df_e=kn-k=k(n-1)$。

因为

$$nk-1=(k-1)+(nk-k)=(k-1)+k(n-1)$$

所以

$$df_T=df_t+df_e \tag{5-10}$$

综合以上各式得：

$$df_T=kn-1$$
$$df_t=k-1 \tag{5-11}$$
$$df_e=df_T-df_t$$

各部分平方和除以各自的自由度便得到总均方、处理间均方和处理内均方，分别记为 (MS_T或 S_T^2)、MS_t(或 S_t^2)和 MS_e(或 S_e^2)。即

$$MS_T=S_T^2=SS_T/df_T \quad MS_t=S_t^2=SS_t/df_t \quad MS_e=S_e^2=SS_e/df_e \tag{5-12}$$

总均方一般不等于处理间均方加处理内均方。

【例 5.1】 某水产研究所为了比较四种不同配合饲料对鱼的饲喂效果，选取了条件基本相同的鱼 20 尾，随机分成四组，投喂不同饲料，经一个月试验以后，各组鱼的增重结果列于下表。

表 5-2 饲喂不同饲料的鱼的增重 单位：10 克

饲料	鱼的增重(x_{ij})					合计 $x_{i.}$	平均 $\bar{x}_{i.}$
A_1	31.9	27.9	31.8	28.4	35.9	155.9	31.18
A_2	24.8	25.7	26.8	27.9	26.2	131.4	26.28
A_3	22.1	23.6	27.3	24.9	25.8	123.7	24.74
A_4	27.0	30.8	29.0	24.5	28.5	139.8	27.96
合计						$x_{..}=550.8$	

这是一个单因素试验，处理数 $k=4$，重复数 $n=5$。各项平方和及自由度计算如下：

矫正系数 $C=x_{..}^2/nk=550.8^2/(4\times5)=15169.03$

总平方和 $SS_T=\sum\sum x_{ijl}^2-C=31.9^2+27.9^2+\cdots+28.5^2-C$

$=15368.7-15169.03=199.67$

处理间平方和 $SSt=\dfrac{1}{n}\sum x_{i.}{}^2-C=\dfrac{1}{5}(155.9^2+131.4^2+123.7^2+139.8^2)-C$

$=15283.3-15169.03=114.27$

处理内平方和 $SS_e=SS_T-SS_t=199.67-114.27=85.40$

总自由度 $df_T=nk-1=5\times4-1=19$

处理间自由度 $df_t=k-1=4-1=3$

处理内自由度 $df_e=df_T-df_t=19-3=16$

用 SS_t、SS_e分别除以 df_t和 df_e便得到处理间均方 MS_t及处理内均方 MS_e。

$$MS_t = SS_t/df_t = 114.27/3 = 38.09$$

$$MS_e = SS_e/df_e = 85.40/16 = 5.34$$

因为方差分析中不涉及总均方的数值，所以不必计算之。

三、期望均方

方差分析的一个基本假定是要求各处理观测值总体的方差相等，即 $\sigma_1^2 = \sigma_2^2 = \cdots = \sigma_k^2 = \sigma^2$，$\sigma_i^2(i=1, 2, \cdots, k)$表示第 i 个处理观测值总体的方差。如果所分析的资料满足这个方差同质性的要求，那么各处理的样本方差 S_1^2，S_2^2，…，S_k^2都是 σ^2 的无偏估计(unbiased estimate)量。$S_i^2(i=1, 2, \cdots, k)$是由试验资料中第 i 个处理的 n 个观测值算得的方差。

显然，各 S_i^2 的合并方差 S_e^2(以各处理内的自由度 $n-1$ 为权的加权平均数)也是 σ^2的无偏估计量，且估计的精确度更高。很容易推证处理内均方 MS_e就是各 S_i^2 的合并。

$$MS_e = \frac{SS_e}{df_e} = \frac{\sum\sum(x_{ij} - \bar{x}_{i.})^2}{k(n-1)} = \frac{\sum SS_i}{k(n-1)} = \frac{SS_1 + SS_2 + \cdots + SS_k}{df_1 + df_2 + \cdots + df_k}$$

$$= \frac{df_1 S_1^2 + df_2 S_2^2 + \cdots + df_k S_k^2}{df_1 + df_2 + \cdots + df_k} = S_e^2 \xrightarrow{\text{估计}} \sigma^2$$

其中 SS_i、$df_i(i=1, 2, \cdots, k)$分别表示由试验资料中第 i 个 处理的 n 个观测值算得的平方和与自由度。这就是说，处理内均方 MS_e是误差方差 σ^2的无偏估计量。

试验中各处理所属总体的本质差异体现在处理效应 α_i 的差异上。我们把 $\sum a_i^2/(k-1) = \sum(\mu_i - \mu)^2/(k-1)$ 称为效应方差，它也反映了各处理观测值总体平均数 μ_i 的变异程度，记为 σ_α^2。

$$\sigma_a^2 = \frac{\sum \alpha_i^2}{k-1} \qquad (5\text{-}13)$$

由于各 μ_i 未知，所以无法求得 σ_α^2 的确切值，只能通过试验结果中各处理均数的差异去估计。然而，$\sum(\bar{x}_{i.} - \bar{x}_{..})^2/(k-1)$ 并非 σ_α^2 的无偏估计量。这是因为处理观测值的均数间的差异实际上包含了两方面的内容：一是各处理本质上的差异即 α_i(或 μ_i)间的差异，二是本身的抽样误差。$\sum(\bar{x}_{i.} - \bar{x}_{..})^2/(k-1)$ 是 $\sigma_\alpha^2 + \sigma^2/n$ 的无偏估计量，我们前面所计算的处理间均方 MS_t实际上是 $n\sigma_\alpha^2 + \sigma^2$的无偏估计量。

因为 MS_e是 σ^2的无偏估计量，MS_t是 $n\sigma_\alpha^2 + \sigma^2$的无偏估计量，所以 σ^2为 MS_e的数学期望(mathematical expectation)，$n\sigma_\alpha^2 + \sigma^2$为 MS_t的数学期望。又因为它们是均方的期望值(expected value)，故又称期望均方，简记为 EMS(expected mean squares)。

当处理效应的方差 $\sigma_\alpha^2 = 0$，亦即各处理观测值总体平均数 $\mu_i(i=1, 2, \cdots, k)$相等时，处理间均方 MS_t与处理内均方一样，也是误差方差 σ^2的估计值，方差分析就是通过 MS_t与 MS_e的比较来推断 σ_α^2 是否为零即 μ_i 是否相等的。

四、*F* 检验

在方差分析中所进行的 *F* 检验目的在于推断处理间的差异是否存在，检验某项变异因素的效应方差是否为零。因此，在计算 F 值时总是以被检验因素的均方作分子，以误差均方作分母。

在单因素试验结果的方差分析中，原假设为 H_0：$\mu_1=\mu_2=\cdots=\mu_k$，备择假设为 H_A：各 μ_i 不全相等，或 H_0：$\sigma_\alpha^2=0$，H_A：$\sigma_\alpha^2\neq0$；$F=MS_t/MS_e$，也就是要判断处理间均方是否显著大于处理内(误差)均方。如果结论是肯定的，我们将否定 H_0；反之，不否定 H_0。反过来理解：如果 H_0 是正确的，那么 MS_t 与 MS_e 都是总体误差 σ^2 的估计值，理论上讲 F 值等于1；如果 H_0 是不正确的，那么 MS_t 之期望均方中的 σ_α^2 就不等于零，理论上讲 F 值就必大于1。但是由于抽样的原因，即使 H_0 正确，F 值也会出现大于1的情况。所以，只有 F 值大于1达到一定程度时，才有理由否定 H_0。

实际进行 F 检验时，是将由试验资料所算得的 F 值与根据 $df_1=df_t$(大均方，即分子均方的自由度)、$df_2=df_e$(小均方，即分母均方的自由度)查附表1所得的临界 F 值 $F_{0.05(df_1,df_2)}$，$F_{0.01(df_1,df_2)}$ 相比较作出统计推断的。

若 $F<F_{0.05(df_1,df_2)}$，即 $P>0.05$，不能否定 H_0，这一检验结果表述为：各处理间差异不显著，在 F 值的右上方标记"*ns*"，或不标记符号；若 $F_{0.05(df_1,df_2)}\leqslant F<F_{0.01(df_1,df_2)}$，即 $0.01<P\leqslant0.05$，否定 H_0，接受 H_A，统计学上，把这一检验结果表述为：各处理间差异显著，在 F 值的右上方标记"*"；若 $F\geqslant F_{0.01(df_1,df_2)}$，即 $P\leqslant0.01$，否定 H_0，接受 H_A，统计学上，把这一检验结果表述为：各处理间差异极显著，在 F 值的右上方标记"* *"。

对于【例5.1】，因为 $F=MS_t/MS_e=38.09/5.34=7.13^{**}$；根据 $df_1=df_t=3$，$df_2=df_e=16$ 查附表4，得 $F>F_{0.01(3,16)}=5.29$，$P<0.01$，表明四种不同饲料对鱼的增重效果差异极显著，用不同的饲料饲喂，增重是不同的。

在方差分析中，通常将变异来源、平方和、自由度、均方和 F 值归纳成一张方差分析表，见表5-3。

表5-3 资料方差分析表

变异来源	平方和	自由度	均方	F 值
处理间	114.27	3	38.09	7.13 * *
处理内	85.40	16	5.34	
总变异	199.67	19		

表5-3中的 F 值应与相应的被检验因素齐行。因为经 F 检验差异极显著，故在 F 值7.13右上方标记"* *"。

在实际进行方差分析时，只需计算出各项平方和与自由度，各项均方的计算及 F 值检验可在方差分析表上进行。

五、方差分析的基本步骤

在本节中，结合单因素试验结果方差分析的实例，较详细地介绍了方差分析的基本原理和步骤。关于方差分析的基本步骤现归纳如下：

(1)计算各项平方和与自由度。

(2)列出方差分析表，进行 F 检验。

第二节　单因素试验资料的方差分析

在方差分析中，根据所研究试验因素的多少，可分为单因素、两因素和多因素试验资料的方差分析。单因素试验资料的方差分析是其中最简单的一种，目的在于正确判断该试验因素各水平的优劣。根据各处理内重复数是否相等，单因素方差分析又分为重复数相等和重复数不等两种情况。上节讨论的是重复数相等的情况。当重复数不等时，各项平方和与自由度的计算略有不同。本节各举一例予以说明。

一、各处理重复数相等的方差分析

【例 5.2】 抽测 5 个不同品种的若干头母猪的窝产仔数，结果见表 5-4，试检验不同品种母猪平均窝产仔数的差异是否显著。

表 5-4　五个不同品种母猪的窝产仔数

品种号	观察值 x_{ij}（头/窝）					$x_{i.}$	$\bar{x}_{i.}$
1	8	13	12	9	9	51	10.2
2	7	8	10	9	7	41	8.2
3	13	14	10	11	12	60	12
4	13	9	8	8	10	48	9.6
5	12	11	15	14	13	65	13
合计						$x_{..}=265$	

这是一个单因素试验，$k=5$，$n=5$。现对此试验结果进行方差分析如下：

1. 计算各项平方和与自由度

$$C=x_{..}^2/kn=265^2/(5\times5)=2809.00$$

$$SS_T=\sum\sum x_{ij}^2-C=(8^2+13^2+\cdots+14^2+13^2)-2809.00$$
$$=2945.00-2809.00=136.00$$

$$SS_t=\frac{1}{n}\sum x_{i.}^2-C=\frac{1}{5}(51^2+41^2+60^2+48^2+65^2)-2809.00$$
$$=2882.20-2809.00=73.20$$

$$SS_e=SS_T-SS_t=136.00-73.20=62.80$$

$$df_T=kn-1=5\times5-1=24,\ df_t=k-1=5-1=4,\ df_e=df_T-df_t=24-4=20$$

2. 列出方差分析表，进行 *F* 检验

表 5-5　不同品种母猪的窝产仔数的方差分析表

变异来源	平方和	自由度	均方	*F* 值
品种间	73.20	4	18.30	5.83**
误差	62.80	20	3.14	
总变异	136.00	24		

根据 $df_1 = df_t = 4$，$df_2 = df_e = 20$ 查临界 F 值得：$F_{0.05(4,20)} = 2.87$，$F_{0.05(4,20)} = 4.43$，因为 $F > F_{0.01(4,20)}$，即 $P < 0.01$，表明品种间产仔数的差异达到 1% 显著水平。

二、各处理重复数不等的方差分析

这种情况下方差分析步骤与各处理重复数相等的情况相同，只是在有关计算公式上略有差异。

设处理数为 k；各处理重复数为 n_1，n_2，…，n_k；试验观测值总数为 $N = \Sigma n_i$。则

$$C = x_{..}^2 / N$$

$$SS_T = \sum\sum x_{ij}^2 - C, SS_t = \sum x_{i.}^2 / n_i - C, SS_e = SS_T - SS_t \quad (5\text{-}14)$$

$$df_T = N - 1, df_t = k - 1, df_e = df_T - df_t$$

【例 5.3】 5 个不同品种猪的育肥试验，后期 30 天增重（千克），见表 5-6。试比较品种间增重有无差异。

表 5-6　5 个品种猪 30 天增重

品种	增　重　（千克）						n_i	$x_{i.}$	$\bar{x}_{i.}$
B_1	21.5	19.5	20.0	22.0	18.0	20.0	6	121.0	20.2
B_2	16.0	18.5	17.0	15.5	20.0	16.0	6	103.0	17.2
B_3	19.0	17.5	20.0	18.0	17.0		5	91.5	18.3
B_4	21.0	18.5	19.0	20.0			4	78.5	19.6
B_5	15.5	18.0	17.0	16.0			4	66.5	16.6
合计							25	460.5	

此例处理数 $k = 5$，各处理重复数不等。现对此试验结果进行方差分析如下：

1. 计算各项平方和与自由度

利用公式（5-28）计算

$C = x_{..}^2 / N = 460.5^2 / 25 = 8482.41$

$$SS_T = \sum\sum x_{ij}^2 - C = (21.5^2 + 19.5^2 + \cdots + 17.0^2 + 16.0^2) - 8482.41$$
$$= 8567.75 - 8482.41 = 85.34$$

$$SS_t = \sum x_{i.}^2 / n_i - C = (121.0^2/6 + 103.0^2/6 + 91.5^2/5 + 78.8^2/4 + 66.5^2/4) - 8482.41$$
$$= 8528.91 - 8482.41 = 46.50$$

$SS_e = SS_T - SS_t = 85.34 - 46.50 = 38.84$

$df_T = N - 1 = 25 - 1 = 24$

$df_t = k - 1 = 5 - 1 = 4$

$df_e = df_T - df_t = 24 - 4 = 20$

2. 列出方差分析表，进行 F 检验

临界 F 值为：$F_{0.05(4,20)} = 2.87$，$F_{0.01(4,20)} = 4.43$，因为品种间的 F 值 $5.99 > F_{0.01(4,20)}$，$P < 0.01$，表明品种间差异极显著（表 5-7）。

表 5-7　5 个品种育肥猪增重方差分析表

变异来源	平方和	自由度	均方	F 值
品种间	46.50	4	11.63	5.99**
品种内(误差)	38.84	20	1.94	
总变异	85.34	24		

单因素试验只能解决一个因素各水平之间的比较问题。如上述研究几个品种猪的育肥试验，只能比较几个品种的增重快慢。而影响增重的其他因素，如饲料中能量的高低、蛋白质含量的多少、饲喂方式及环境温度的变化等就无法得以研究。实际上，往往对这些因素有必要同时考察。只有这样才能作出更加符合客观实际的科学结论，才有更大的应用价值。这就要求进行两因素或多因素试验。下面介绍两因素试验资料的方差分析法。

第三节　两因素试验资料的方差分析

两因素试验资料的方差分析是指对试验指标同时受到两个试验因素作用的试验资料的方差分析。两因素试验按水平组合的方式不同，分为交叉分组和系统分组两类，因而对试验资料的方差分析方法也分为交叉分组方差分析和系统分组方差分析两种，现分别介绍如下。

一、交叉分组资料的方差分析

设试验考察 A、B 两个因素，A 因素分 a 个水平，B 因素分 b 个水平。所谓交叉分组是指 A 因素每个水平与 B 因素的每个水平都要碰到，两者交叉搭配形成 ab 个水平组合即处理，试验因素 A、B 在试验中处于平等地位，试验单位分成 ab 个组，每组随机接受一种处理，因而试验数据也按两因素两方向分组。这种试验以各处理是单独观测值还是有重复观测值又分为两种类型。

(一)两因素单独观测值试验资料的方差分析

对于 A、B 两个试验因素的全部 ab 个水平组合，每个水平组合只有一个观测值，全试验共有 ab 个观测值，其数据模式见表 5-8。

表 5-8　两因素单独观测值试验数据模式

A 因素	B 因素						合计 $x_{i.}$	平均 $\bar{x}_{i.}$
	B_1	B_2	…	B_j	…	B_b		
A_1	x_{11}	x_{12}	…	x_{1j}	…	x_{1b}	$x_{1.}$	$\bar{x}_{1.}$
A_2	x_{21}	x_{22}	…	x_{2j}	…	x_{2b}	$x_{2.}$	$ab(n-1)$
⋮	⋮	⋮	…	⋮	…	⋮	⋮	⋮
A_i	x_{i1}	x_{i2}	…	x_{ij}	…	x_{ib}	$x_{i.}$	$\bar{x}_{i.}$
⋮	⋮	⋮	…	⋮	…	⋮	⋮	⋮
A_a	x_{a1}	x_{a2}	…	x_{aj}	…	x_{ab}	$x_{a.}$	$\bar{x}_{a.}$
合计 $x_{.j}$	$x_{.1}$	$x_{.2}$	…	$x_{.j}$	…	$x_{.b}$	$x_{..}$	$\bar{x}_{..}$
平均 $\bar{x}_{.j}$	$\bar{x}_{.1}$	$\bar{x}_{.2}$	…	$\bar{x}_{.j}$	…	$\bar{x}_{.b}$		

表5-8中

$$x_{i.}=\sum_{j=1}^{b}x_{ij},\bar{x}_{i.}=\frac{1}{b}\sum_{j=1}^{b}x_{ij},x_{.j}=\sum_{i=1}^{n}x_{ij},\bar{x}_{.j}=\frac{1}{a}\sum_{i=1}^{a}x_{ij},$$

$$x_{..}=\sum_{i=1}^{a}\sum_{j=1}^{b}x_{ij},\bar{x}_{..}=\sum_{i=1}^{a}\sum_{j=1}^{b}x_{ij}/ab$$

两因素单独观测值试验的数学模型为：

$$x_{ijl}=\mu+\alpha_i+\beta_j+\varepsilon_{ijl}$$
$$(i=1,2,\cdots,a;\ j=1,2,\cdots,b) \tag{5-15}$$

式中，μ 为总平均数；α_i，β_j分别为A_i、B_j的效应，$\alpha_i=\mu_i-\mu$，$\beta_j=\mu_j-\mu$，μ_i、μ_j分别为A_i、B_j观测值总体平均数，且 $\sum\alpha_i=0$，$\sum\beta_j=0$；ε_{ij}为随机误差，相互独立，且服从 $N(0,\sigma^2)$。

交叉分组两因素单独观测值的试验，A因素的每个水平有b次重复，B因素的每个水平有a次重复，每个观测值同时受到A、B两因素及随机误差的作用。因此全部ab个观测值的总变异可以剖分为A因素水平间变异、B因素水平间变异及试验误差三部分；自由度也相应剖分。平方和与自由度的剖分式如下：

$$SS_T=SS_A+SS_B+SS_e$$
$$df_T=df_A+df_B+df_e \tag{5-16}$$

各项平方和与自由度的计算公式为

矫正数 $C=x_{..}^2/ab$

总平方和 $SS_T=\sum_{i=1}^{a}\sum_{j=1}^{b}(x_{ij}-\bar{x}_{..})^2=\sum_{i=1}^{a}\sum_{j=1}^{b}x_{ij}^2-C$

A因素平方和 $SS_A=b\sum_{i=1}^{a}(\bar{x}_{i.}-\bar{x}_{..})^2=\frac{1}{b}\sum_{i=1}^{a}x_{i.}^2-C$

B因素平方和 $SS_B=a\sum_{j=1}^{b}(\bar{x}_{.j}-\bar{x}_{..})^2=\frac{1}{a}\sum_{j=1}^{b}x_{.j}^2-C$ (5-17)

误差平方和 $SS_e=SS_T-SS_A-SS_B$

总自由度 $df_T=ab-1$

A因素自由度 $df_A=a-1$

B因素自由度 $df_B=b-1$

误差自由度 $df_e=df_T-df_A-df_B=(a-1)(b-1)$

相应均方为 $MS_A=SS_A/df_A$，$MS_B=SS_B/df_B$，$MS_e=SS_e/df_e$

【例5.4】 为研究雌激素对子宫发育的影响，现有4窝不同品系未成年的大白鼠，每窝3只，随机分别注射不同剂量的雌激素，然后在相同条件下试验，并称得它们的子宫重量，见表5-9，试作方差分析。

表5-9 各品系大白鼠不同剂量雌激素的子宫重量(克)

品系(A)	雌激素注射剂量(毫克/100克)(B)			合计 $x_{i.}$	平均 $\bar{x}_{i.}$
	B_1(0.2)	B_2(0.4)	B_3(0.8)		
A_1	106	116	145	367	122.3

（续）

品系(A)	雌激素注射剂量(毫克/100 克)(B)			合计 $x_{i.}$	平均 $\bar{x}_{i.}$
	B_1(0.2)	B_2(0.4)	B_3(0.8)		
A_2	42	68	115	225	75.0
A_3	70	111	133	314	104.7
A_4	42	63	87	192	64.0
合计 $x_{.j}$	260	358	480	1098	
平均 $\bar{x}_{.j}$	65.0	89.5	120.0		

这是一个两因素单独观测值试验结果。A 因素(品系)有 4 个水平，即$a=4$；B 因素(雌激素注射剂量)有 3 个水平，即 $b=3$，共有 $a\times b=3\times 4=12$ 个观测值。方差分析如下：

1. 计算各项平方和与自由度

根据公式(5-31)有：

$C=x..^2/ab=1098^2/(4\times 3)=100467.0000$

$SS_T=\sum\sum x_{ij}^2-C=(106^2+116^2+\cdots+63^2+87^2)-100467.0000$

$=113542-100467.0000=13075.0000$

$SS_A=\frac{1}{b}\sum x_{i.}^2-C=\frac{1}{3}(367^2+225^2+314^2+192^2)-100467.0000$

$=106924.6667-100467.0000=6457.6667$

$SS_B=\frac{1}{a}\sum x_{.j}^2-C=\frac{1}{4}(260^2+358^2+480^2)-100467.0000$

$=106541.0000-100467.0000=6074.0000$

$SS_e=SS_T-SS_A-SS_B=13075.0000-6457.6667-6070000=543.3333$

$df_T=ab-1=4\times 3-1=11$，$df_A=a-1=4-1=3$

$df_B=b-1=3-1=2$，$df_e=df_T-df_A-df_B=11-3-2=6$

2. 列出方差分析表，进行 F 检验

表 5-10 表 5-9 资料的方差分析表

变异来源	平方和	自由度	均方	F 值
A 因素(品系)	6457.6667	3	2152.5556	23.77**
B 因素(剂量)	6074.0000	2	3037.0000	33.54**
误差	543.3333	6	90.5556	
总变异	13075.0000	11		

根据 $df_1=df_A=3$，$df_2=df_e=6$ 查临界 F 值，$F_{0.01(3,6)}=9.78$；根据 $df_1=df_B=2$，$df_2=df_e=6$ 查临界 F 值，$F_{0.01(2,6)}=10.92$。

因为 A 因素的 F 值 $23.77>F_{0.01(3,6)}$，$P<0.01$，差异极显著；B 因素的 F 值 $33.54>F_{0.01(2,6)}$，$P<0.01$，差异极显著。说明不同品系和不同雌激素剂量对大白鼠子宫的发育均有极显著影响，有必要进一步对 A、B 两因素不同水平的平均测定结果进行多重比较。

在进行两因素或多因素的试验时，除了研究每一因素对试验指标的影响外，往往更希望研究因素之间的交互作用。例如，通过对畜禽所处环境的温度、湿度、光照、噪音以及空气中各种有害气体等对畜禽生长发育的影响有无交互作用的研究，对最终确定有利于畜禽生产的最佳环境控制是有重要意义的。对畜禽的不同品种(品系)及其与饲料条件、各种环境因素互作的研究，有利于合理利用品种资源充分发挥不同畜禽的生产潜能。又如在饲料科学中，常常要研究各种营养成分间有无交互作用，从而找到最佳的饲料配方，这对于合理利用饲料原料提高饲养水平等都是非常有意义的。

前面介绍的两因素单独观测值试验只适用于两个因素间无交互作用的情况。若两因素间有交互作用，则每个水平组合中只设一个试验单位(观察单位)的试验设计是不正确的或不完善的。因此，进行两因素或多因素试验时，一般应设置重复，以便正确估计试验误差，深入研究因素间的交互作用。

(二)两因素有重复观测值试验的方差分析

对两因素和多因素有重复观测值试验结果的分析，能研究因素的简单效应、主效应和因素间的交互作用(互作)效应。现介绍这三种效应的意义如下：

1. 简单效应(simple effect)

在某因素同一水平上，另一因素不同水平对试验指标的影响称为简单效应。如在表 5-11 中，在 A_1(不加赖氨酸)上，$B_2 - B_1 = 480 - 470 = 10$；在 A_2(加赖氨酸)上，$B_2 - B_1 = 512 - 472 = 40$；在 B_1(不加蛋氨酸)上，$A_2 - A_1 = 472 - 470 = 2$；在 B_2(加蛋氨酸)上，$A_2 - A_1 = 512 - 480 = 32$ 等就是简单效应。简单效应实际上是特殊水平组合间的差数。

表 5-11 日粮中加与不加赖氨酸、蛋氨酸雏鸡的增重(克)

	A_1	A_2	$A_2 - A_1$	平均
B_1	470	472	2	471
B_2	480	512	32	496
$B_2 - B_1$	10	40		25
平均	475	492	17	

2. 主效应(main effect)

由于因素水平的改变而引起的平均数的改变量称为主效应。如在表 5-11 中，当 A 因素由 A_1 水平变到 A_2 水平时，A 因素的主效应为 A_2 水平的平均数减去 A_1 水平的平均数，即

$$A\text{ 因素的主效应} = 492 - 475 = 17$$

同理

$$B\text{ 因素的主效应} = 496 - 471 = 25$$

主效应也就是简单效应的平均，如 $(32 + 2) \div 2 = 17$，$(40 + 10) \div 2 = 25$。

3. 交互作用(interaction)

在多因素试验中，一个因素的作用要受到另一个因素的影响，表现为某一因素在另一因素的不同水平上所产生的效应不同，这种现象称为该两因素存在交互作用。如在表 5-11 中：

$$A\text{ 在 }B_1\text{ 水平上的效应} = 472 - 470 = 2$$

$$A\text{ 在 }B_2\text{ 水平上的效应} = 512 - 480 = 32$$

$$B\text{ 在 }A_1\text{ 水平上的效应} = 480 - 470 = 10$$

$$B\text{ 在 }A_2\text{ 水平上的效应} = 512 - 472 = 40$$

显而易见，A 的效应随着 B 因素水平的不同而不同，反之亦然。我们说 A、B 两因素间

存在交互作用，记为 $A \times B$。或者说，某一因素的简单效应随着另一因素水平的变化而变化时，则称该两因素存在交互作用。互作效应可由 $(A_1B_1 + A_2B_2 - A_1B_2 - A_2B_1)/2$ 来估计。表 5-11 中的互作效应为

$$(470 + 512 - 480 - 472)/2 = 15$$

所谓互作效应实际指的就是由于两个或两个以上试验因素的相互作用而产生的效应。如在表 5-27 中，$A_2B_1 - A_1B_1 = 472 - 470 = 2$，这是添加赖氨酸单独作用的效应；$A_1B_2 - A_1B_1 = 480 - 470 = 10$，这是添加蛋氨酸单独作用的效应，两者单独作用的效应总和是 $2 + 10 = 12$；但是，$A_2B_2 - A_1B_1 = 512 - 470 = 42$，而不是 12；这就是说，同时添加赖氨酸、蛋氨酸产生的效应不是单独添加一种氨基酸所产生效应的和，而另外多增加了 30，这个 30 是两种氨基酸共同作用的结果。若将其平均分到每种氨基酸头上，则各为 15，即估计的互作效应。

我们把具有正效应的互作称为正的交互作用；把具有负效应的互作称为负的交互作用；互作效应为零则称无交互作用。没有交互作用的因素是相互独立的因素，此时，不论在某一因素哪个水平上，另一因素的简单效应是相等的。关于无互作和负互作的直观理解，读者可将表 5-11 中，A_2B_2 位置上的数值改为 482 和任一小于 482 的数后具体计算一下即可。

下面介绍两因素有重复观测值试验结果的方差分析方法。

设 A 与 B 两因素分别具有 a 与 b 个水平，共有 ab 个水平组合，每个水平组合有 n 次重复，则全试验共有 abn 个观测值。这类试验结果方差分析的数据模式见表 5-12。

表 5-12 两因素有重复观测值试验数据模式

A 因素		B 因素				A_i 合计 $x_{i..}$	A_i 平均 $\bar{x}_{i..}$
		B_1	B_2	…	B_b		
A_1	x_{1jl}	x_{111}	x_{121}	…	x_{1b1}	$x_{1..}$	$\bar{x}_{1..}$
		x_{112}	x_{122}	…	x_{1b2}		
		⋮	⋮	⋮	⋮		
		x_{11n}	x_{12n}	…	x_{1bn}		
	$x_{1j.}$	$x_{11.}$	$x_{12.}$	…	$x_{1b.}$		
	$\bar{x}_{1j.}$	$\bar{x}_{11.}$	$\bar{x}_{12.}$	…	$\bar{x}_{1b.}$		
A_2	x_{2jl}	x_{211}	x_{221}	…	x_{2b1}	$x_{2..}$	$\bar{x}_{2..}$
		x_{212}	x_{222}	…	x_{2b2}		
		⋮	⋮	⋮	⋮		
		x_{21n}	x_{22n}	…	x_{2bn}		
	$x_{2j.}$	$x_{21.}$	$x_{22.}$	…	$x_{2b.}$		
	$\bar{x}_{2j.}$	$\bar{x}_{21.}$	$\bar{x}_{22.}$	…	$\bar{x}_{2b.}$		
⋮	⋮	⋮	⋮	⋮	⋮	⋮	⋮

（续）

A 因素		B 因素				A_i合计 $x_{i..}$	A_i平均 $\bar{x}_{i..}$
		B_1	B_2	…	B_b		
A_a	x_{ajl}	x_{a11} x_{a12} ⋮ x_{a1n}	x_{a21} x_{a22} ⋮ x_{a2n}	… … ⋮ …	x_{ab1} x_{ab2} ⋮ x_{abn}	$x_{a..}$	$\bar{x}_{a..}$
	$x_{aj.}$	$x_{a1.}$	$x_{a2.}$	…	$x_{ab.}$		
	$\bar{x}_{aj.}$	$\bar{x}_{a1.}$	$\bar{x}_{a2.}$	…	$\bar{x}_{ab.}$		
B_j合计 $x_{.j.}$		$x_{.1.}$	$x_{.2.}$	…	$x_{.b.}$	$x_{...}$	
B_j平均 $\bar{x}_{.j.}$		$\bar{x}_{.1.}$	$\bar{x}_{.2.}$	…	$\bar{x}_{.b.}$		$\bar{x}_{...}$

表5-12 中

$$x_{ij.} = \sum_{l=1}^{n} x_{ijl} \qquad \bar{x}_{ij.} = \sum_{l=1}^{n} x_{ijl}/n$$

$$x_{i..} = \sum_{j=1}^{b}\sum_{l=1}^{n} x_{ijl} \qquad \bar{x}_{i..} = \sum_{j=1}^{b}\sum_{l=1}^{n} x_{ijl}/bn$$

$$x_{.j.} = \sum_{i=1}^{a}\sum_{l=1}^{n} x_{ijl} \qquad \bar{x}_{.j.} = \sum_{i=1}^{a}\sum_{l=1}^{n} x_{ijl}/an$$

$$x_{...} = \sum_{i=1}^{a}\sum_{j=1}^{b}\sum_{l=1}^{n} x_{ijl} \qquad \bar{x}_{...} = \sum_{i=1}^{a}\sum_{j=1}^{b}\sum_{l=1}^{n} x_{ijl}/abn$$

两因素有重复观测值试验的数学模型为：

$$x_{ijl} = \mu + \alpha_i + \beta_j + (\alpha\beta)_{ij} + \varepsilon_{ijl}$$
$$(i=1,\ 2,\ \cdots,\ a;\ j=1,\ 2,\ \cdots,\ b;\ j=1,,\ 2,\ \cdots,\ n) \tag{5-18}$$

其中，μ 为总平均数；α_i为 A_i的效应；β_j为 B_j的效应；$(\alpha\beta)_{ij}$为 A_i与 B_j的互作效应，$\alpha_i=\mu_{i.}-\mu$，$\beta_j=\mu_{.j}-\mu$，$(\alpha\beta)_{ij}=\mu_{ij}-\mu_{i.}-\mu_{.j}+\mu$，$\mu_{i.}$、$\mu_{.j}$、$\mu_{ij}$分别为 A_i、B_j、A_iB_j 观测值总体平均数；且 $\sum_{i=1}^{n}\alpha_i=0$，$\sum_{j=1}^{b}\beta_j=0$，$\sum_{i=1}^{n}(\alpha\beta)_{ij}=\sum_{j=1}^{b}(\alpha\beta)_{ij}=\sum_{i=1}^{a}\sum_{j=1}^{b}(\alpha\beta)_{ij}=0$，$\varepsilon_{ijl}$为随机误差，相互独立，且都服从 $N(0,\ \sigma^2)$。

两因素有重复观测值试验结果方差分析平方和与自由度的剖分式为

$$SS_T = SS_A + SS_B + SS_{A\times B} + SS_e$$
$$df_T = df_A + df_B + df_{A\times B} + df_e \tag{5-19}$$

其中，$SS_{A\times B}$，$df_{A\times B}$为 A 因素与 B 因素交互作用平方和与自由度。

若用 SS_{AB}，df_{AB}表示 A、B 水平组合间的平方和与自由度，即处理间平方和与自由度，则因处理变异可剖分为 A 因素、B 因素及 A、B 交互作用变异三部分，于是 SS_{AB}、df_{AB}可剖分为：

$$SS_{AB} = SS_A + SS_B + SS_{A\times B}$$
$$df_{AB} = df_A + df_B + df_{A\times B} \tag{5-20}$$

各项平方和、自由度及均方的计算公式如下：

矫正数 $C = x_{\ldots}^2 / abn$

总平方和与自由度 $SS_T = \sum\sum\sum x_{ijl}^2 - C, df_T = abn - 1$

水平组合平方和与自由度 $SS_{AB} = \frac{1}{b}\sum x_{ij.}^2 - C, df_{AB} = ab - 1$ (5-21)

A 因素平方和与自由度 $SS_A = \frac{1}{bn}\sum x_{i..}^2 - C, df_A = a - 1$

B 因素平方和与自由 $SS_B = \frac{1}{an}\sum x_{.j.}^2 - C, df_B = b - 1$

交互作用平方和与自由度 $SS_{A\times B} = SS_{AB} - SS_A - SS_B$，$df_{A\times B} = (a-1)(b-1)$

误差平方和与自由度 $SS_e = SS_T - SS_{AB}$，$df_e = ab(n-1)$

相应均方为 $MS_A = SS_A/df_B$，$MS_B = SS_B/df_B$，$MS_{A\times B} = SS_{A\times B}/df_{A\times B}$，$MS_e = SS_e/df_e$

【例 5.5】 为了研究饲料中钙磷含量对幼猪生长发育的影响，将钙(A)、磷(B)在饲料中的含量各分 4 个水平进行交叉分组试验。先用品种、性别、日龄相同，初始体重基本一致的幼猪 48 头，随机分成 16 组，每组 3 头，用能量、蛋白质含量相同的饲料在不同钙磷用量搭配下各喂一组猪，经两月试验，幼猪增重结果(kg)列于表 5-13，试分析钙磷对幼猪生长发育的影响。

本例 A 因素钙的含量分 4 个水平，即 $a=4$；B 因素磷的含量分 4 个水平，即 $b=4$；共有 $ab=4\times4=16$ 个水平组合；每个组合重复数 $n=3$；全试验共有 $abn=4\times4\times3=48$ 个观测值。现对本例资料进行方差分析如下：

表 5-13 不同钙磷用量(%)的试验猪增重结果(kg)

		$B_1(0.8)$	$B_2(0.6)$	$B_3(0.4)$	$B_4(0.2)$	A_i合计 $x_{i..}$	A_i平均 $\bar{x}_{i..}$
$A_1(1.0)$	x_{1jl}	22.0	30.0	32.4	30.5	324.9	27.1
		26.5	27.5	26.5	27.0		
		24.4	26.0	27.0	25.1		
	x_{1jl}	72.9	83.5	85.9	82.6		
	$\bar{x}_{1j.}$	24.3	27.8	28.6	27.5		
$A_2(0.8)$	x_{2jl}	23.5	33.2	38.0	26.5	350.1	29.2
		25.8	28.5	35.5	24.0		
		27.0	30.1	33.0	25.0		
	$x_{2j.}$	76.3	91.8	106.5	75.5		
	$\bar{x}_{2j.}$	25.4	30.6	35.5	25.2		
$A_3(0.6)$	x_{3jl}	30.5	36.5	28.0	20.5	332.4	27.7
		26.8	34.0	30.5	22.5		
		25.5	33.5	24.6	19.5		
	$x_{3j.}$	82.8	104.0	83.1	62.5		
	$\bar{x}_{3j.}$	27.6	34.7	27.7	20.8		

（续）

		$B_1(0.8)$	$B_2(0.6)$	$B_3(0.4)$	$B_4(0.2)$	A_i合计 $x_{i..}$	A_i平均 $\bar{x}_{i..}$
$A_4(0.4)$	x_{4jl}	34.5	29.0	27.5	18.5	319.5	26.6
		31.4	27.5	26.3	20.0		
		29.3	28.0	28.5	19.0		
	$x_{4j.}$	95.2	84.5	82.3	57.5		
	$\bar{x}_{4j.}$	31.7	28.2	27.4	19.2		
B_j合计 $x_{.j.}$		327.2	363.8	357.8	278.1	1326.9	
B_j平均 $x_{.j.}$		27.3	30.3	29.8	23.2		27.6

1. 计算各项平方和与自由度

$C = x_{...}^2/abn = 1326.9^2/(4\times4\times3) = 36680.4919$

$$SS_T = \sum\sum\sum x_{ijl}^2 - C = (22.0^2 + 26.5^2 + \cdots + 20.0^2 + 19.0^2) - 36680.4919$$
$$= 37662.8100 - 36680.4919 = 982.3181$$

$$SS_{AB} = \frac{1}{n}\sum x_{ij.}^2 - C = \frac{1}{3}(72.9^2 + 83.5^2 + \cdots + 57.5^2) - 36680.4919$$
$$= 37515.3967 - 36680.4919 = 834.9048$$

$$SS_A = \frac{1}{bn}\sum x_{i..}^2 - C = \frac{1}{4\times3}(324.9^2 + 350.1^2 + 332.4^2 + 319.5^2) - 36680.4919$$
$$= 36725.0025 - 36680.4919 = 44.5106$$

$$SS_B = \frac{1}{an}\sum x_{.j.}^2 - C = \frac{1}{4\times3}(327.2^2 + 363.8^2 + 357.8^2 + 278.1^2) - 36680.4919$$
$$= 37064.2275 - 36680.4919 = 383.7356$$

$SS_{A\times B} = SS_{AB} - SS_A - SS_B = 834.9048 - 44.5106 - 383.7356 = 406.6586$

$SS_e = SS_T - SS_{AB} = 982.3181 - 834.9048 = 147.4133$

$df_T = abn - 1 = 4\times4\times3 - 1 = 47$

$df_{AB} = ab - 1 = 4\times4 - 1 = 15$

$df_A = a - 1 = 4 - 1 = 3$

$df_B = b - 1 = 4 - 1 = 3$

$df_{A\times B} = (a-1)(b-1) = (4-1)(4-1) = 9$

$df_e = ab(n-1) = 4\times4(3-1) = 32$

2. 列出方差分析表，进行 *F* 检验

表 5-14 不同钙磷用量方差分析表

变异来源	平方和	自由度	均方	*F* 值
钙(*A*)	44.5106	3	14.8367	3.22*
磷(*B*)	383.7356	3	127.9119	27.77**
互作($A\times B$)	406.6586	9	45.1843	9.81**
误差	147.4133	32	4.6067	
总变异	982.3181	47		

查临界 F 值：$F_{0.05(3,32)}=2.90$，$F_{0.01(3,32)}=4.47$，$F_{0.01(9,32)}=3.02$。因为，$F_A>F_{0.05(3,32)}$；$F_B>F_{0.01(3,32)}$；$F_{A\times B}>F_{0.01(9,32)}$，表明钙、磷及其互作对幼猪的生长发育均有显著或极显著影响。

二、系统分组资料的方差分析

在生物科学的研究中，实际问题是多种多样的，有些涉及多因素问题的研究或试验用交叉分组是困难的。例如，要比较 a 头公畜的种用价值，就必须考虑到与配的母畜。这是因为公畜的种用价值是通过后代的表现来评定的，而后代的表现除受公畜的影响外还要受到母畜的影响。但是在同期，公畜和母畜这两个因素的不同水平(不同公畜和不同母畜)是不能交叉的，即同一头母畜不能同时与不同的公畜交配产生后代。合理的方法是，选择一些生产性能大体一致的同胎次母畜随机分配与 a 头公畜交配，即公畜 A_1 与一组母畜交配，公畜 A_2 与另一组母畜交配……。然后通过后代的性能表现来判断这些公畜的种用价值有无显著差异。又如，为了比较利用同一设备生产同一种饲料的不同班组产品质量有无差异，我们可从每班组所生产的饲料中随机抽取若干样品，每个样品作若干次测定，根据测定结果判断不同班组的产品质量有无差异。

在安排多因素试验方案时，将 A 因素分为 a 个水平，在 A 因素每个水平 A_i 下又将 B 因素分成 b 个水平，再在 B 因素每个水平 B_{ij} 下将 C 因素分 c 个水平……，这样得到各因素水平组合的方式称为系统分组(hierarchical classification)或称多层分组、套设计、窝设计。

在系统分组中，首先划分水平的因素(上述的不同公畜、不同班组)叫一级因素(或一级样本)，其次划分水平的因素(如上述的母畜、抽取的样品)叫二级因素(二级样本，次级样本)，类此有三级因素……。在系统分组中，次级因素的各水平会套在一级因素的每个水平下，它们之间是从属关系而不是平等关系，分析侧重于一级因素。

由系统分组方式安排的多因素试验而得到的资料称为系统分组资料。根据次级样本含量是否相等，系统分组资料分为次级样本含量相等与不等两种。最简单的系统分组资料是二因素系统分组资料。

如果 A 因素有 a 个水平；A 因素每个水平 A_i 下，B 因素分 b 个水平；B 因素每个水平 B_{ij} 下有 n 个观测值，则共有 abn 个观测值，其数据模式见表 5-15。

表 5-15　二因素系统分组资料数据模式

($i=1, 2, \cdots, a$; $j=1, 2, \cdots, b$; $j=1, 2, \cdots, n$)

一级因素 A	二级因素 B	观测值 C x_{ijl}				二级因素 总和 $x_{ij.}$	二级因素 平均 $\bar{x}_{ij.}$	一级因素 总和 $x_{i..}$	一级因素 平均 $\bar{x}_{i..}$
A_1	B_{11}	x_{111}	x_{112}	$\cdots$	x_{11n}	$x_{11.}$	$\bar{x}_{11.}$	$x_{1..}$	$\bar{x}_{1..}$
	B_{12}	x_{121}	x_{122}	$\cdots$	x_{12n}	$x_{12.}$	$\bar{x}_{12.}$		
	$\vdots$	$\vdots$	$\vdots$	$\cdots$	$\vdots$	$\vdots$	$\vdots$		
	B_{1b}	x_{1b1}	x_{1b2}	$\cdots$	x_{1bn}	$x_{1b.}$	$\bar{x}_{1b.}$		

（续）

一级因素 A	二级因素 B	观测值 C				二级因素		一级因素	
		x_{ijl}				总和 $x_{ij.}$	平均 $\bar{x}_{ij.}$	总和 $x_{i..}$	平均 $\bar{x}_{i..}$
A_2	B_{21}	x_{211}	x_{212}	$\cdots$	x_{21n}	$x_{21.}$	$\bar{x}_{21.}$	$x_{2..}$	$\bar{x}_{2..}$
	B_{22}	x_{221}	x_{222}	$\cdots$	x_{22n}	$x_{22.}$	$\bar{x}_{22.}$		
	$\vdots$	$\vdots$	$\vdots$	$\cdots$	$\vdots$	$\vdots$	$\vdots$		
	B_{2b}	x_{2b1}	x_{2b2}	$\cdots$	x_{2bn}	$x_{2b.}$	$\bar{x}_{2b.}$		
$\vdots$	$\vdots$	$\vdots$	$\vdots$	$\cdots$	$\vdots$	$\vdots$	$\vdots$	$\vdots$	$\vdots$
A_a	B_{a1}	x_{a11}	a_{a12}	$\cdots$	x_{a1n}	$x_{a1.}$	$\bar{x}_{a1.}$	$x_{a..}$	$\bar{x}_{a..}$
	B_{a2}	x_{a21}	x_{a22}	$\cdots$	x_{a2n}	$x_{a2.}$	$\bar{x}_{a2.}$		
	$\vdots$	$\vdots$	$\vdots$	$\cdots$	$\vdots$	$\vdots$	$\vdots$		
	B_{ab}	x_{ab1}	x_{ab2}	$\cdots$	x_{abn}	$x_{ab.}$	$\bar{x}_{ab.}$		
合计								$x_{...}$	$\bar{x}_{...}$

表5-15 中，

$$x_{ij.} = \sum_{l=1}^{n} x_{ijl} \qquad \bar{x}_{ij.} = x_{ij.}/n$$

$$x_{i..} = \sum_{j=1}^{b}\sum_{l=1}^{n} x_{ijl} \qquad \bar{x}_{i..} = x_{i..}/bn$$

$$x_{...} = \sum_{i=1}^{a}\sum_{j=1}^{b}\sum_{l=1}^{n} x_{ijl} \qquad \bar{x}_{...} = x_{...}/abn$$

数学模型为

$$x_{ijl} = \mu + \alpha_i + \beta_{ij} + \varepsilon_{ijl}$$
$$(i=1,\ 2,\ \cdots,\ a;\ j=1,\ 2,\ \cdots,\ b;\ j=1,,\ 2,\ \cdots,\ n) \tag{5-22}$$

其中μ为总体平均数，α_i为A_i的效应，β_{ij}为A_i内B_{ij}的效应，$\alpha_i = \mu_i - \mu$，$\beta_{ij} = \mu_{ij} - \mu_i$；$\mu_i$、$\mu_{ij}$分别为$A_i$、$B_{ij}$观测值总体平均数。$\varepsilon_{ijl}$为随机误差，相互独立，且都服从$N(0,\ \sigma^2)$。

系统分组资料的数学模型与交叉分组的不同，其中不包含交互作用项；并且因素B的效应β_{ij}是随着A的水平的变化而变化的，这就是说次级因素的同一水平在一级因素不同水平中有不同的效应。因此，须把一级因素不同水平中的次级因素同一水平看做是不同水平。至于$\sum\alpha_i$，$\sum\beta_{ij}$是否一定为零，应视α_i，β_{ij}是固定还是随机而定。

表5-15 数据的总变异可分解为A因素各水平(A_i)间的变异(一级样本间的变异)，A因素各水平(A_i)内B因素各水平(B_{ij})间的变异(一级样本内二级样本间的变异)和试验误差(B因素各水平内观测值间的变异)。对两因素系统分组资料进行方差分析，平方和与自由度的剖分式为：

$$SS_T = SS_A + SS_{B(A)} + SS_e \tag{5-23}$$
$$df_T = df_A + df_{B(A)} + df_e$$

各项平方和与自由度计算公式如下：

总平方和及其自由度

$C = x_{\dots}^2 / abn$

$SS_T = \sum_{i=1}^{a}\sum_{j=1}^{b}\sum_{l=1}^{n}(x_{ijl}^2 - \bar{x}_{\dots})^2 = \sum_{i=1}^{a}\sum_{j=1}^{b}\sum_{l=1}^{n}x_{ijl}^2 - C$

$df_T = abn - 1$

一级因素间平方和及其自由度

$SS_A = bn\sum_{i=1}^{n}(\bar{x}_{i..} - \bar{x}_{\dots})^2 = \frac{1}{bn}\sum_{i=1}^{a}x_{i..}^2 - C$

$df_A = a - 1$　　(5-24)

一级因素内二级因素平方和及其自由度

$SS_{B(A)} = n\sum_{i=1}^{a}\sum_{j=1}^{b}(\bar{x}_{ij.} - \bar{x}_{i..})^2 = \frac{1}{n}\sum_{i=1}^{a}\sum_{j=1}^{b}x_{ijl}^2 - \frac{1}{bn}\sum_{i=1}^{a}x_{i..}^2$

$df_{B(A)} = a(b-1)$

误差(二级因素内三级因素)平方和及其自由度

$SS_e = SS_{C(B)} = \sum_{i=1}^{a}\sum_{j=1}^{b}\sum_{l=1}^{n}(x_{ijl} - \bar{x}_{ij.})^2 = \sum_{i=1}^{a}\sum_{j=1}^{b}\sum_{l=1}^{n}x_{ijl}^2 - \frac{1}{n}\sum_{i=1}^{a}\sum_{j=1}^{b}x_{ij.}^2$

$df_e = df_{C(B)} = ab(n-1)$

各项均方如下：

一级因素的均方　　$MS_A = SS_A/df_A$

一级因素内二级因素的均方　　$MS_{B(A)} = SS_{B(A)}/df_{B(A)}$

误差(二级因素内三级因素)均方　　$MS_{C(B)} = SS_e/df_e$

F 检验时 F 值的计算：

当检验一级因素时，用 $MS_{B(A)}$ 作分母，即：$F = MS_A/MS_{B(A)}$

当检验一级因素内二级因素时，用 MS_e 作分母，即：$F = MS_{B(A)}/MS_e$

实际上，计算 F 值时分母项的选择是由有关因素的效应是固定还是随机所决定的(即是由数学模型决定的)，有关这方面的内容将在第四节介绍。

(一)次级样本含量相等的系统分组资料的方差分析

【例 5.6】 为测定 3 种不同来源的鱼粉的蛋白质消化率，在不含蛋白质的饲料里按一定比例分别加入不同的鱼粉 A_1，A_2，A_3，配制成饲料，各喂给 3 头试验动物(B)。收集排泄物、风干、粉碎、混合均匀。分别从每头动物的排泄物中各取两份样品作化学分析。测定结果(x_{ijl})列于表 5-16，试分析不同来源鱼粉的蛋白质消化率是否有显著差异。

表 5-16　蛋白质的消化率

鱼粉 A	个体 B	测定结果 $C(x_{ijl})$		$x_{ij.}$	$\bar{x}_{ij.}$	$x_{i..}$	$\bar{x}_{i..}$
A_1	B_{11}	82.5	82.4	164.9	82.5	506.4	84.4
	B_{12}	87.1	86.5	173.6	86.8		
	B_{13}	84.0	83.9	167.9	84.0		
A_2	B_{21}	86.6	85.8	172.4	86.2	518.9	86.5
	B_{22}	86.2	85.7	171.9	86.0		
	B_{23}	87.0	87.6	174.6	87.3		

（续）

鱼粉 A	个体 B	测定结果 $C(x_{ijl})$		$x_{ij.}$	$\bar{x}_{ij.}$	$x_{i..}$	$\bar{x}_{i..}$
	B_{31}	82.0	81.5	163.5	81.8		
A_3	B_{32}	80.0	80.5	160.5	80.3	483.8	80.6
	B_{33}	79.5	80.3	159.8	79.9		
Σ						$x_{...}=1509.1$	

这是一个二因素系统分组资料，A 因素的水平数 $a=3$，A_i 内 B 因素的水平数 $b=3$，B_{ij} 内重复测定次数 $n=2$，共有 $abn=3\times3\times2=18$ 个观测值，方差分析如下。

1. 计算各项平方和与自由度

矫正数　　　　$C=x_{...}^2/abn=1509.1^2/18=126521.2672$

总平方和及其自由度

$$SS_T=\sum\sum\sum x_{ijl}^2-C=(82.5^2+82.4^2+\cdots+79.5^2+80.3^2)-126521.2672$$
$$=126653.6100-126521.2672=132.3428$$

$df_T=abn-1=3\times3\times2-1=17$

鱼粉间平方和及其自由度

$$SS_A=\frac{1}{bn}\sum x_{i..}^2-C=\frac{1}{3\times2}(506.4^2+518.9^2+483.8^2)-126521.2672$$
$$=126626.7683-126521.2672=105.5011$$

$df_A=a-1=3-1=2$

鱼粉内个体间的平方和及其自由度

$$SS_{B(A)}=\frac{1}{n}\sum\sum x_{ij.}^2-\frac{1}{bn}\sum x_{i..}^2=\frac{1}{2}(164.9^2+173.6^2+\cdots+160.5^2$$
$$+159.8^2)-\frac{1}{3\times2}(506.4^2+518.9^2+483.8^2)=126652.2250$$
$$-126626.7683=25.4567$$

$df_{B(A)}=a(b-1)=3\times(3-1)=6$

误差（个体内分析样品间）平方和及其自由度

$$SS_e=SS_{C(B)}=\sum\sum\sum x_{ijl}^2-\frac{1}{n}\sum\sum x_{ij.}^2$$
$$=126653.6100-126652.2250=1.3850$$

$df_e=df_{C(B)}=ab(n-1)=3\times3\times(2-1)=9$

2. 列出方差分析表，进行 F 检验

表 5-17　不同来源鱼粉蛋白质消化率方差分析表

变异来源	平方和	自由度	均方	F 值
鱼粉间 A	105.5011	2	52.7506	12.43**
鱼粉内个体间 $B(A)$	25.4567	6	4.2428	27.57**
误差 $C(B)$	1.3850	9	0.1539	
总变异	132.3428	17		

查临界 F 值：$F_{0.01(2,6)}=10.92$，$F_{0.01(6,9)}=5.80$，因为鱼粉间的 $F>F_{0.01(2,6)}$，鱼粉内个体间的 $F>F_{0.01(6,9)}$，表明不同来源的鱼粉蛋白质消化率差异极显著，即 3 种鱼粉的质量差异极显著；喂同一鱼粉的不同个体对鱼粉的消化利用能力差异也极显著。

（二）次级样本含量不等的系统分组资料的方差分析

【例 5.7】 某品种 3 头公猪和 8 头母猪所生仔猪的 35 日龄断奶重资料如表 5-18 所示，试就这些数据分析不同公猪和不同母猪对仔猪断奶重的影响是否有显著差异。

表中，a 为公猪数；b_i为第 i 头公猪与配母猪数；n_{ij}为第 i 头公猪与配第 j 头母猪所产的仔猪数；$dn_i=\sum_{j=1}^{b_i} n_{ij}$ 为第 i 头公猪仔猪数；$\sum_{i=1}^{a} b_i$ 为母猪总数；$N=\sum_{i=1}^{a}\sum_{j=1}^{b_i} n_{ij}$ 为仔猪总数。

表 5-18　3 头公猪和 8 头母猪所产仔猪断奶重

公猪 A	与配母猪 B	仔猪数 n_{ij}	仔猪断奶重（kg）C x_{ijl}									$x_{ij.}$ $x_{i..}$	$\bar{x}_{ij.}$ $\bar{x}_{i..}$
A_1	B_{11}	9	10.5	8.3	8.8	9.8	10.0	9.5	8.8	9.3	7.3	82.3	9.14
	B_{12}	7	7.0	7.8	8.3	9.0	8.0	7.5	9.3			56.9	8.13
小计	$b_1=2$	$dn_1=16$										139.2	8.7
A_2	B_{21}	8	12.0	11.3	12.0	10.0	11.0	11.5	11.0	11.3		90.1	11.26
	B_{22}	7	9.5	9.8	10.0	11.8	9.5	10.5	8.3			69.4	9.91
	B_{23}	9	8.0	8.0	7.8	10.3	7.0	8.8	7.3	7.8	9.5	74.5	8.30
小计	$b_2=3$	$dn_2=24$									234.0	9.75	
A_3	B_{31}	8	7.5	6.5	6.8	6.3	8.3	6.8	8.0	8.8		59.0	7.40
	B_{32}	7	9.5	10.5	10.8	9.5	7.8	10.5	10.8			69.4	9.91
	B_{33}	8	11.3	10.5	10.8	9.5	7.3	10.0	11.8	11.0		82.2	10.3
小计	$b_3=3$	$dn_3=23$		210.6	9.16								
$a=3$	$\sum b_i=8$	$N=63$	$\sum\sum\sum x^2=5559.34$									$x_{...}=583.8$ $\bar{x}_{...}=9.27$	

方差分析如下：

1. 计算各项平方和与自由度

这里应当注意与次级样本含量相等的系统分组资料方差分析时计算公式上的差异。

矫正数　　$C=x_{...}^2/N=583.8^2/63=5409.8800$

总平方和及其自由度

$$SS_T=\sum_{i=1}^{a}\sum_{j=1}^{b_i}\sum_{l=1}^{n_{ij}}(x_{ijl}-\bar{x}_{...})^2=\sum_{i=1}^{a}\sum_{j=1}^{b_i}\sum_{l=1}^{n_{ij}}x_{ijl}^2-C$$
$$=(10.5^2+8.3^2+\cdots+11.8^2+11.0^2)-5409.8800$$
$$=5559.3400-5409.8800=149.4600$$
$$df_T=N-1=63-1=62$$

公猪间的平方和及其自由度

$$SS_A=\sum_{i=1}^{a}dn_i(\bar{x}_{i..}-\bar{x}_{...})^2=\sum_{i=1}^{a}x_{i..}^2/dn_i-C$$

$$= (139.2^2/16 + 234.0^2/24 + 210.6^2/23) - 5409.8800 = 11.0235$$

$$df_A = a - 1 = 3 - 1 = 2$$

公猪内母猪间的平方和及其自由度

$$SS_{B(A)} = \sum_{i=1}^{a}\sum_{j=1}^{b_i} n_{ij}(\bar{x}_{ij.} - \bar{x}_{i..})^2 = \sum_{i=1}^{a}\sum_{j=1}^{b_i} x_{ij.}^2/n_{ij} - \sum_{i=1}^{a} x_{i..}^2/dn_i$$

$$= (82.3^2/9 + 56.9^2/7 + 90.1^2/8 + \cdots + 82.2^2/8)$$

$$- (139.2^2/16 + 234.0^2/24 + 210.6^2/23)$$

$$= 5502.3820 - 5420.9035 = 81.4785$$

$$df_{B(A)} = \sum_{i=1}^{a}(b_i - 1) = \sum_{i=1}^{a} b_i - a = 8 - 3 = 5$$

母猪内仔猪间(误差)平方和及其自由度

$$SS_{C(B)} = SS_e = \sum_{i=1}^{a}\sum_{j=1}^{b_i}\sum_{l=1}^{n_{ij}}(x_{ijl} - \bar{x}_{ij.})^2 = \sum_{i=1}^{a}\sum_{j=1}^{b_i}\sum_{l=1}^{n_{ij}} x_{ijl}^2 - \sum_{i=1}^{a}\sum_{j=1}^{b_i} x_{ij.}^2/n_{ij}$$

$$= (10.5^2 + 8.3^2 + \cdots + 11.8^2 + 11.0^2) - (82.3^2/9 + 56.9^2/7 + 90.1^2/8 + \cdots + 82.2^2/8)$$

$$= 5559.3400 - 5502.3820 = 56.9580$$

或 $SS_{C(B)} = SS_e = SS_T - SS_A - SS_{B(A)} = 149.4600 - 11.0235 - 81.4785 = 56.9580$

$$df_{C(B)} = df_e = \sum_{i=1}^{a}\sum_{j=1}^{b_i}(n_{ij} - 1) = N - \sum_{i=1}^{a} b_i = 63 - 8 = 55$$

或 $df_{C(B)} = df_e = df_T - df_A - df_{B(A)} = 62 - 2 - 5 = 55$

2. 列出方差分析表，进行 *F* 检验

表 5-19 3 头公猪和 8 头母猪所生仔猪断奶重的方差分析

变异来源	平方和	自由度	均方	F 值
公猪间(A)	11.0235	2	5.5118	0.34
公猪内母猪间 $B(A)$	81.4785	5	16.2957	15.74**
母猪内仔猪间 $C(B)$	56.9580	55	1.0356	
总变异	149.4600	62		

因为公猪间的 $F_A = 0.34 < 1$，即 $P > 0.05$，所以公猪对仔猪的断奶重影响差异不显著，可以认为它们的种用价值是一致的；因为公猪内母猪间的 $F_{B(A)} = 15.74 > F_{0.01(5,55)} = 3.37$，即 $P < 0.01$，所以母猪对仔猪的断奶重影响差异极显著，即同一公猪内不同母猪的仔猪断奶重有极显著的差异(表 5-19)。

思考题

1. 什么是方差分析？方差分析在科学研究中有何意义？

2. 进行方差分析的基本步骤为何？

3. 为了研究种公牛人工授精成功怀胎率，随机选定 6 头种公牛，每头采集一系列精样人工授精(由同一技术人员操作)，下表是每头种公牛连续的各个精样人工授精的成功怀胎率(百分数)。

公牛	怀 胎 率（%）									n_i
1	46	31	37	62	30					5
2	70	59								2
3	52	44	57	40	67	64	70			7
4	47	21	70	46	14					5
5	42	64	50	69	77	81	87			7
6	35	68	59	38	57	76	57	29	60	9
合计										35

（1）作方差分析（因其中有数据低于30%或大于70%，须进行数据转换。（$F=2.7406$）

（2）你认为这个资料应作为固定模型还是随机模型来处理比较合适？如果作为随机模型，对于 F 值达到显著水平应作何理解？

（3）计算 n_0。（$n_0=5.67$）

（4）求各方差组分（方差分量）的估计值。（$\hat{\sigma}^2=MS_e=90.881$，$\hat{\sigma}_a^2=27.899$）

第六章

相关和回归分析

人们在认识和研究这个世界的时候，通常的目的是要搞清楚这个世界所存在的机理，也就是说我们总是试图将因素之间所存在的制约关系搞清楚，这种制约关系就是因果关系。在实际情况中，我们要确定两种事物之间的因果关系是很困难的，比如温度与湿度，我们很难说清楚到底是温度决定湿度，还是湿度决定温度，可以告诉大家的只是说两者存在相互关联的关系，即相关关系。在社会科学以及生物学当中，通常我们只能研究事物之间的相关关系，而无法确定其因果关系。因此，相关分析就变得非常重要。如果只能确定相关关系是不能完全说明整个问题的。我们还要对事物之间相互变动的影响情况进行分析，这样我们就要用到回归分析。回归分析就是要将两者之间的变动状况的相互影响进行说明，从而可以用来预测和事物的结构描述。

第一节　相关分析

相关分析是描述两个变量间的相关程度和方向的一种常用的统计方法。一般情况下，变量之间的相关关系可以分为线性相关、非线性相关、完全相关和不相关几种类型，如果变量之间的关系近似地表现为一条直线，则称为线性相关；如果变量之间的关系近似地表现为一条曲线，则称为非线性相关；如果一个变量的取值完全依存于另一个变量，散点落在一条直线上，则称为完全相关，实际上就是函数关系；如果两个变量的散点很分散，无任何规律，则称变量之间不相关。揭示变量之间相关关系的方法有画散点图和计算相关系数两种。

一、散点图

散点图是描述变量之间相关关系的一种直观方法。对于两个变量 X 和 Y，通过观察或实验，我们可以得到关于 X 和 Y 的若干组数据，记为(x_i, y_i)，其中 $i=1, 2, \cdots, n$。将这些数据用点标在坐标纸上，这样就可非常直观地看出二者间的关系，这种图就称为散布图或散点图，也称作相关图。散点图描述了两个变量之间的大致关系，从中可以直观地看到变量之间的关系形态(如图 6-1 所示)。

观察图 6-2 会发现，尽管两图都展示了正线性关系，但其坐标点的密集程度是不同的，密度大的表示相关关系较强，密度小的表示相关关系较弱。

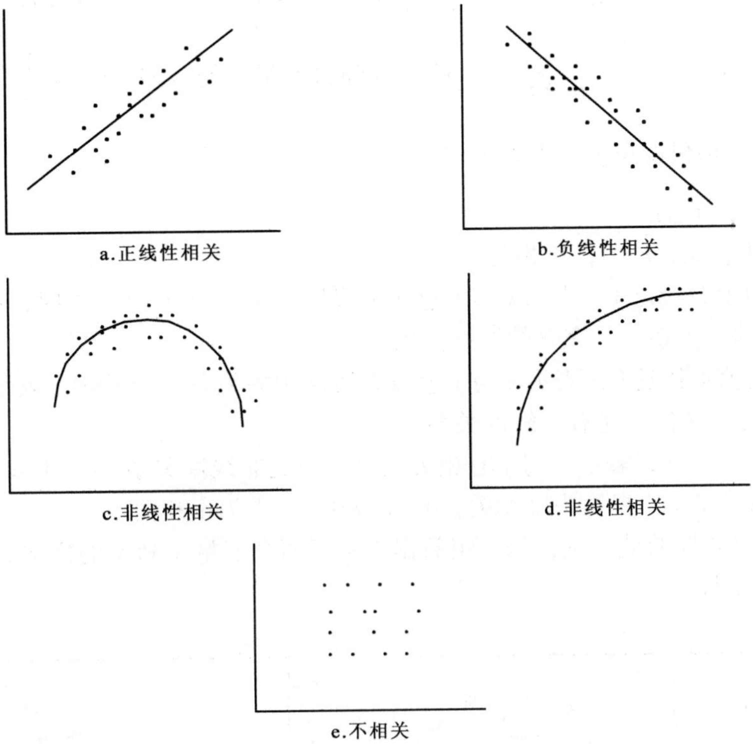

图 6-1 相关形态的表示图

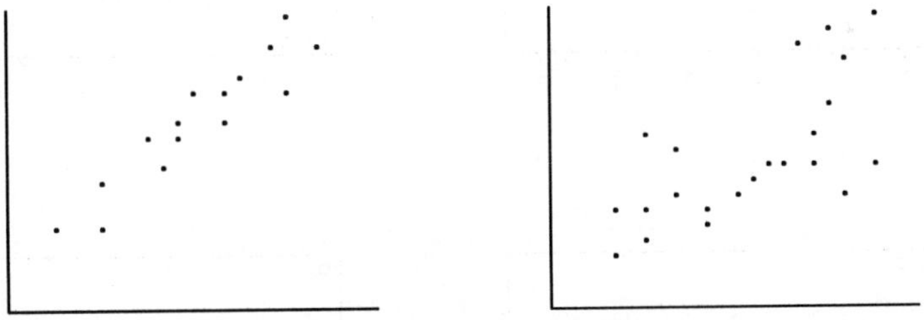

图 6-2 相关程度的表示图

二、相关系数

散点图虽可以直观地判断变量间的关系形态，并对变量的相关形态作出大致的描述，但散点图不能准确地反映变量之间关系的密切程度。因此，为了准确度量两个变量之间关系的密切程度，还需要计算相关系数。对两个变量之间线性相关程度的度量称为简单相关系数。若相关系数是根据总体全部数据计算的，称为总体相关系数，记为ρ；若根据样本数据计算的，称为样本相关系数，记为r。

$$r=\frac{\sigma_{xy}^2}{\sqrt{\sigma_x^2\times\sigma_y^2}},\ r\in[-1,\ 1] \tag{6-1}$$

其中，$\sigma_{xy}^2 = \frac{1}{n}\sum_{i=1}^{n}(x_i - \bar{x})(y_i - \bar{y}) = \frac{1}{n}\sum_{i=1}^{n}x_iy_i - \bar{x}\,\bar{y}$，为协方差，用于测度 x 与 y 的相关性；$\sigma_x^2 = \frac{1}{n}\sum_{i=1}^{n}(x_i - \bar{x})^2 = \frac{1}{n}\sum_{i=1}^{n}x_i^2 - \bar{x}^2$，为随机变量 x 的方差；$\sigma_y^2 = \frac{1}{n}\sum_{i=1}^{n}(y_i - \bar{y})^2 = \frac{1}{n}\sum_{i=1}^{n}y_i^2 - \bar{y}^2$，为随机变量 y 的方差。

可以做出如下结论：

(1) $r>0$，正相关；$r<0$，负相关。

(2) r 的绝对值愈接近1，表示 x 与 y 愈接近线性关系。当 $|r|=1$ 时，y 的取值完全依赖于 x，两者为因果关系，是完全的线性关系。

(3) r 的绝对值愈接近0，表示 x 与 y 愈没有线性相关关系。当 $r=0$，表示两个变量之间不存在线性相关关系(但可能有非线性关系)。

(4)若 $0<|r|<1$，表示 x 与 y 有相关关系，但是非线性关系。$|r|\geqslant 0.8$，视为高度相关；$0.5\leqslant|r|<0.8$，视为中度相关；$|r|<0.3$，视为不相关。

图6-3是四组数据的散点图，每一组数据表示了两个变量 x 和 y 的样本。图中可以简单的体会一下相关系数。

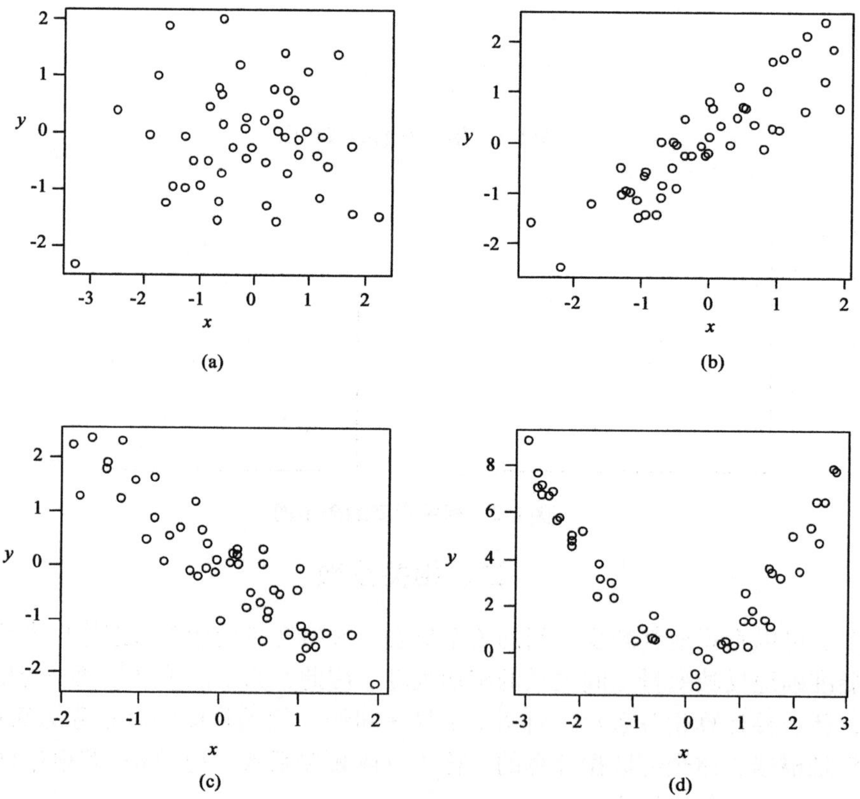

图6-3　四个散点图

图6-3的四对变量的相关系数分别为0.035，0.880，－0.906，－0.265。因此图6-3(a)中的变量从相关系数上看，显然不线性相关；图6-3(b)和图6-3(c)分别表现正线性相关和

负线性相关；图 6-3(d)的变量是肯定相关的，但不是线性相关，因此(线性)相关系数也很小。

第二节 回归分析

回归分析是指在相关分析的基础上，把变量之间的具体变动关系模型化，求出关系方程式，并据此进行估计和推算的分析方法。通过回归分析，可以将相关变量之间不确定、不规则的数量关系一般化、规范化。从而可以根据自变量的某个给定值推断出因变量的可能值(或估计值)。回归分析包括多种类型，根据所涉及变量的多少不同，可分为一元回归和多元回归。根据变量变化的表现形式不同，回归分析又分为直线回归和曲线回归。具有直线相关关系的现象配之以直线方程进行回归分析，即为线性回归；具有曲线相关关系的现象配之以曲线方程进行回归分析，则称为曲线回归。

一、线性回归分析

线性回归分析的任务就是根据若干个观测值（x_i，y_i）（$i=1, 2, \cdots, n$）找出描述两个变量 x、y 之间关系的直线回归方程 $\hat{y}=a+bx$，其中 $\hat{y}$ 是变量 y 的估计值，a、b 为回归系数。

(一)线性回归分析的基本假设

总体回归方程

$$y_i=\beta_0+\beta_1 x_i+\varepsilon_i$$

其中 β_0、β_1 是理论上总体的回归参数，实际上是不知道的，通常只能利用变量（x_i，y_i）的样本数据，依据某种准则，得到它们的估计值 $\hat{\beta}_0$，$\hat{\beta}_1$，从而估计总体回归方程。可以模仿总体回归方程的形式定义样本回归方程

$$y_i=\hat{\beta}_0+\hat{\beta}_1 x_i+e_i \tag{6-2}$$

其中，$\hat{y}_i$ 是 $E(y_i/x_i)$ 的估计量；$\hat{\beta}_0$，$\hat{\beta}_1$ 是总体回归参数 β_0、β_1 的估计值，$e_i=y_i-\hat{y}_i$，为样本残差项，代表样本观察值与样本回归方程估计值之间的差异。它的意义与 ε_i 一致，可以把 e_i 看成是 ε_i 的估计值。

为了能够将参数估计出来，并且在正态性的假定下对模型进行检验和诊断，需要对模型进行一些假定，具体如下：

- 独立性假设。即零均值假设。随机误差 ε_i 的数学期望为零，$E(\varepsilon_i)=0$ 。
- 等方差假设。所有的随机误差 ε_i 都有相同的方差，$\mathrm{var}(\varepsilon_i)=\sigma^2$。
- 无序列相关假设。任何一对随机误差之间相互独立，即

$$\mathrm{cov}(\varepsilon_i, \varepsilon_j)=\begin{cases}\sigma^2, & i=j\\ 0, & i\neq j\end{cases}$$

- 正态性假设。根据中心极限定理，有 $\varepsilon_i \sim N(0, \sigma^2)$。

根据多个自变量的最优组合建立回归方程来预测因变量的回归分析称为多元回归分析。多元回归分析的模型为：

$$y_1=\beta_0+\beta_1 x_{i1}+\beta_2 x_{i2}+\cdots+\beta_k x_{ik}+\varepsilon_i$$

将其写为：

$$\begin{cases} y_1 = \beta_0 + \beta_1 x_{11} + \beta_2 x_{12} + \cdots + \beta_m x_{1m} + \varepsilon_1 \\ y_2 = \beta_0 + \beta_1 x_{21} + \beta_2 x_{22} + \cdots + \beta_m x_{2m} + \varepsilon_2 \\ \cdots \\ y_n = \beta_0 + \beta_1 x_{n1} + \beta_2 x_{n2} + \cdots + \beta_m x_{nm} + \varepsilon_n \end{cases}$$

我们可以采用矩阵形式来表示，令

$$Y = \begin{bmatrix} Y_1 \\ Y_2 \\ \vdots \\ Y_n \end{bmatrix}, \quad X = \begin{bmatrix} 1 & X_{11} & X_{12} & \cdots & X_{1m} \\ 1 & X_{21} & X_{22} & \cdots & X_{2m} \\ \vdots & \vdots & \vdots & \vdots & \vdots \\ 1 & X_{n1} & X_{n2} & \cdots & X_{nm} \end{bmatrix}$$

$$\beta = \begin{bmatrix} \beta_0 \\ \beta_1 \\ \vdots \\ \beta_0 \end{bmatrix}, \quad \varepsilon = \begin{bmatrix} \varepsilon_1 \\ \varepsilon_2 \\ \vdots \\ \varepsilon_n \end{bmatrix}$$

则多元线性回归模型为

$$Y = X\beta + \varepsilon \tag{6-3}$$

其中，Y 为 $n \times 1$ 因变量向量；X 为 $n \times p$ 矩阵，一般第一列元素全是 1，代表截距项；β 为 $p \times 1$ 未知参数向量；ε 为 $n \times 1$ 随机误差向量，独立且方差为相等的 σ^2（未知）。

多元线性回归模型也必须满足一元线性回归中所述的假设理论。另外，它还要满足下列假设条件：

（1）非随机性假设，即满足解释变量与随机项 ε 不相关假定，用公式表示为：

$$\text{cov}\ (X_i,\ \varepsilon_i) = 0，即\ E(X'\varepsilon) = 0; \tag{6-4}$$

（2）不存在多重共线性假设，即满足解释变量观察值矩阵 X 满秩的假定，用公式表示为：

$$\text{rank}(X) = k + 1。$$

只有满足这些假设条件时，通过最小二乘法对参数进行估计，回归分析才有意义。

在上述假设下，可以给出模型参数的最小二乘估计(least square estimate，LSE)。由于残差平方和 $S(\beta)$ 为

$$\begin{aligned} S(\beta) &= (Y - X\beta)'(Y - X\beta) \\ &= \sum_{i=1}^{n} (Y_i - \beta_0 - \beta_1 X_{i1} - \cdots - \beta_m X_{im})^2 \end{aligned}$$

又最小二乘法则要求 $\hat{\beta} = (\hat{\beta}_0,\ \hat{\beta}_1,\ \cdots,\ \hat{\beta}_m)$ 使

$$S(\hat{\beta}) = \min S(\beta)$$

由于 $S(\beta)$ 是 β 的二次可微函数，极值点处的各偏导数为 0。采用矩阵微商记法

$$\begin{aligned} \frac{\partial S(\beta)}{\partial \beta} &= \frac{\partial}{\partial \beta}[(Y - X\beta)'(Y - X\beta)] \\ &= \frac{\partial}{\partial \beta}(Y'Y - 2Y'X\beta + \beta'X'X\beta) \\ &= -2X'Y + 2X'X\beta = 0 \end{aligned}$$

即

$$(X'X)\beta = X'Y \tag{6-5}$$

式(6-5)称为正规方程。若 X 列满秩，则 $X'X$ 为非奇异阵，其逆矩阵存在，左乘两边得 β 的最小二乘解

$$\hat{\beta} = (X'X)^{-1}X'Y$$

最小二乘估计 $\hat{\beta}$ 是 β 的最小方差线性无偏估计。

(二)线性回归模型的检验

1. 回归系数的显著性检验

回归方程建立后，首先应考察某个自变量 X_j 对 Y 的作用是否显著，即对假设

$$H_0: \beta_j = 0$$

进行检验。

由于 $\hat{\beta}$ 与 $\hat{\sigma}^2$ 相互独立，且 $\hat{\beta} \sim N_p[\beta, \sigma^2 (X'X)^{-1}]$。设 $\hat{\beta}$ 的第 j 个分量为 $\hat{\beta}_j$，β 的第 j 个分量为 β_j，$(X'X)^{-1}$ 的对角线上第 j 个元素为 C_{jj}，则 $E(\hat{\beta}_j) = \beta_j$，$D(\hat{\beta}_j) = C_{jj}\sigma^2$。于是有

$$(\hat{\beta}_j - \beta_j) / \sqrt{C_{jj}\sigma^2} \sim N(0, 1)$$

$$(\hat{\beta}_j - \beta_j)^2 / (C_{jj}\sigma) \sim \chi^2(1)$$

又知 $S_{RS}/\sigma^2 \sim \chi^2(n-p)$，故得分布

$$t = \frac{(\hat{\beta}_j - \beta_j) / \sqrt{C_{jj}}}{\sqrt{S_{RS}/(n-p)}} \sim t(n-p)$$

在假设 H_0 成立时，$\beta_j = 0$，于是得统计量

$$t = \frac{\hat{\beta}_j}{\sqrt{C_{jj}S_{RS}/(n-p)}}$$

可用来作假设检验，判定 X_j 对 Y 的影响是否显著。

2. 回归方程的显著性检验

此时提出的假设为

$$H_0: \beta_1 = \beta_2 = \cdots = \beta_p = 0$$

如果 H_0 被接受，则表明用模型 $Y = X\beta + \varepsilon$ 来描述 Y 与自变量 X_1，…，X_m 的关系不恰当。为了建立适当统计量，可进行平方和分解：

$$S_{TS} = \sum_{i=1}^{n}(Y_i - \bar{Y})^2 = \sum_{i=1}^{n}(Y_i - \hat{Y}_i)^2 + \sum_{i=1}^{n}(\hat{Y}_i - \bar{Y})^2 = S_{RS} + S_{ES}$$

在误差正态假定下，当 H_0 成立时，Y_1，…，Y_n 独立同分布于 $N(0, \sigma^2)$。由于 S_{RS} 与 S_{ES} 也是相互独立，且

$$S_{RS}/\sigma^2 \sim \chi^2(n-p), \quad S_{ES}/\sigma^2 \sim \chi^2(p-1)$$

建立 F 统计量

$$F = \frac{S_{ES}/(p-1)}{S_{RS}/(n-p)} \sim F(p-1, n-p) \tag{6-6}$$

对给定显著性水平 α，查得临界值 $F_\alpha(p-1, n-p)$，当 $F > F_\alpha(p-1, n-p)$ 时，拒绝 H_0，即否认了 Y 与 X_1，…，X_p 完全不存在任何线性关系的说法。

3. 拟合优度

拟合优度是指样本观测值聚集在回归直线周围的紧密程度。判断回归模型拟合程度优劣

最常用的数量指标是可决系数 R^2(又称决定系数)，计算方法如式 6-7 所示：

$$R^2=\frac{\sum_{i=1}^{n}(\hat{Y}_i-\overline{Y})^2}{\sum_{i=1}^{n}(Y_i-\overline{Y})^2}=\frac{[\sum_{i=1}^{n}(Y_i-\overline{Y})(\hat{Y}_i-\overline{\hat{Y}}_i)]^2}{\sum_{i=1}^{n}(\hat{Y}_i-\overline{Y})^2\cdot\sum_{i=1}^{n}(Y_i-\overline{Y})^2} \tag{6-7}$$

由式(6-7)可以看出，R^2 是资料 $Y_i(i=1, \cdots, n)$ 与 Y_i 的估计值 $\hat{Y}_i(i=1, \cdots, n)$ 之间的相关系数的平方。当回归效果特别好时，R^2 应该近似于 1，即表示拟合值 $\hat{Y}_i$ 几乎与观测值 Y_i 重合。当回归效果特别不好时，R^2 近似为 0，表示拟合值 $\hat{Y}_i$ 与观测值 Y_i 完全不相关，可见 R^2 是回归效果一个很好的度量。一般称 R 为复相关系数，或全相关系数。

最后来对多元回归是否满足假设条件进行检验。在检验回归系数时，有时出现线性关系不显著的情况，这可能是回归的假设条件没有满足的结果，因此需要对它们进行检验并修正。这些检验包括异方差检验、多重共线性检验、序列相关检验和处理虚拟变量问题等。

(三)异方差

在多元线性回归模型的基本假设中，假定随机误差项具有相同的方差，即对于所有样本点，有 $\mathrm{var}(\varepsilon_i)=\sigma^2$，$i=1, 2, \cdots, n$。但在建立实际问题的回归模型时，经常存在与此假设相违背的情况，即有 $\mathrm{var}(\varepsilon_i)\neq\mathrm{var}(\varepsilon_j)$，当 $i\neq j$ 时，这就是异方差性。

1. 异方差的产生和后果

当一个回归问题存在异方差性时，如果仍用普通最小二乘法估计未知参数，将引起严重后果，特别是最小二乘估计量不再具有最小方差的优良性，即最小二乘估计的有效性被破坏了，异方差性带来的问题主要有以下几点：

(1)参数估计值虽是无偏的，但不是有效的，也不满足渐近有效性。

(2)参数的显著性检验失效。

(3)回归方程的应用效果极不理想。

2. 异方差的检验

当异方差现象出现，就必须想办法进行处理，以便我们能够使用最小二乘法对参数进行估计。要想处理异方差就必须首先对数据中是否存在异方差进行检验，下面就简单介绍几种检验方法。

(1)残差图分析法。残差图分析法是一种直观、方便的分析方法，它以残差 e 为纵坐标，以任何其他的量为横坐标画散点图。常用的横坐标有四种选择：①以拟合值为横坐标；②以 x_i 为横坐标，$i=1, 2, \cdots, n$；③以观测时间或序号为横坐标；④用残差平方作图。一般情况下，当回归模型满足所有假定时，残差图上的 n 个点的散布应是随机的，无任何规律的。如果回归模型存在异方差，残差图上点的散布呈现出相应的趋势。那么以残差平方图(如图 6-4 所示)为例来看，其中纵坐标为残差的平方，横坐标为 $\hat{Y}_i$。除图 6-4(a)外，其余图像都指示有异方差。

(2)等级相关系数检验法。又称斯皮尔曼(Spearman)检验，是一种应用较广泛的方法。就是利用前面讲到的这种相关系数的计算思想，计算每一个自变量与因变量之间的斯皮尔曼相关系数，并根据其数值进行检验。这种检验方法既可用于大样本，也可用于小样本。

(3)格莱斯尔(Glejser)检验。格莱斯尔检验的中心思想是随机项的估计值 e 与自变量是

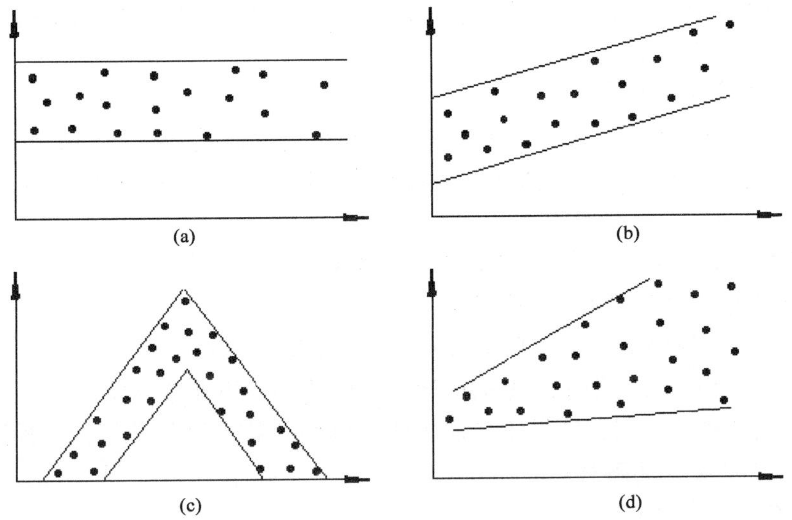

图 6-4 残差平方图

有联系的，是自变量的函数，它随 J 取值的增减而变化。进行格莱斯尔检验主要有两个步骤：

第一步，以所有解释变量 x_i 来解释被解释变量 y，估计其参数，计算出随机项的估计值 e。

第二步，以 e 为被解释变量，以某个解释变量 x_i 为解释变量，建立如下方程：

$$|e| = \alpha_0 + \alpha_1 f(x_i) + \varepsilon$$

以 x_i 的不同幂次的形式作为 $f(x_i)$，分别估计两个参数 α_0、α_1，选择最佳的拟合形式，并对它们的显著性进行检验。如果它们显著的不为 0，则认为异方差性存在，因为随机项与 x_i 存在相关性；否则就具有同方差性。

(4) Park 检验。R. E. Park 建议将 ε_i^2 看作解释变量 X 的函数，并使用函数形式为：

$$\varepsilon_i^2 = \varepsilon^2 X_i^{\beta} e^{v_i}$$

或取对数

$$\ln\varepsilon_i^2 = \ln\varepsilon^2 + \beta \ln X_i + v_i$$

其中，v_i 是随机分布项。因为 ε_i^2 未知，就用残差项的平方 $\hat{e}_i^2$ 代替

$$\ln\hat{e}_i^2 = \ln \varepsilon^2 + \beta \ln X_i + v_i$$

对此式作回归，并进行假设检验。若 $\beta = 0$ 成立，则认为异方差不成立；若 $\beta \neq 0$ 成立，则认为异方差成立。

3. 异方差的处理

当研究的问题存在异方差性时，就违反了线性回归模型的基本假定，此时，就不能用普通最小二乘法进行参数估计，必须寻求适当的补救方法，对原来的模型进行变换，使变换后的模型满足同方差性假设，然后进行模型参数的估计，就可得到理想的回归模型。消除异方差性的方法通常有加权最小二乘法(weighted least square，简记为 WLS)、Box - Cox 变换法、方差稳定性变换法。

(四) 序列相关

在线性回归模型的古典假定中，有随机误差项是不相关的，即 $\text{cov}(\varepsilon_i, \varepsilon_j) = 0$，当 $i \neq$

j。当这个假设条件被违背时，则出现了序列相关现象。这里的序列相关是指一个变量前后期数值之间存在的相关关系。

1. 序列相关的产生和危害

当一个线性回归模型的随机误差项存在序列相关时，就违背了线性回归方程的基本假设，如果仍然直接用普通最小二乘法估计未知参数，将会产生严重后果。一般情况下序列相关性会带来下列问题。

(1)参数的估计值不再具有最小方差线性无偏性。

(2)均方误差 MSE 可能严重低估误差项的方差。

(3)容易导致对 t 值评价过高，常用的 F 检验和 t 检验失效。

(4)当存在序列相关时，最小二乘估计量对抽样波动变得非常敏感。

(5)如果不加处理地运用普通最小二乘法估计模型参数，用此模型进行预测和结构分析会带来较大的方差和错误的解释。

2. 序列相关的检验

由于随机扰动项存在序列相关时给普通最小二乘法的应用带来了非常严重的后果，因此必须诊断随机扰动项是否存在序列相关性。多数自相关的检验均以这一原理为基础：即如果真实扰动是自相关的，那么它可以通过最小二乘残差的自相关揭示出来。因此，对于自相关的检验主要针对残差项展开，下面介绍两种主要的诊断方法。

(1)图示检验法。图示法是一种直观的诊断方法，对给定的回归模型直接用普通最小二乘法估计参数，求出残差项 e 作为随机项 ε 的真实值的估计值，再描绘 e 的散点图，根据 e 的相关性来判断随机项 ε 的序列相关性。由于残差 e 可作为随机项 ε 的估计值，所以如果 ε 存在序列相关，必然会反映到残差 e 中，这样就可以通过对残差 e 是否存在序列相关的研究来判定随机项 ε 的序列相关性。

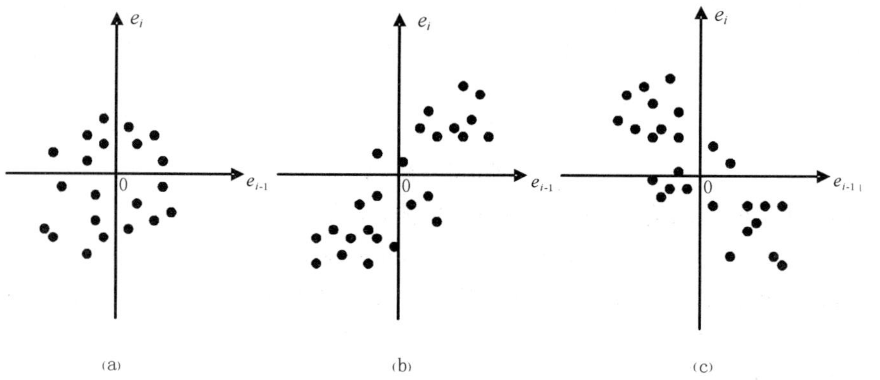

图 6-5 残差图示例

图 6-5 中，图 6-5(b)和图 6-5(c)明显存在自相关，而图 6-5(a)是符合假定的正常情况。

(2)D-W 检验。D-W 检验是一种适用于小样本的一种检验方法。D-W 检验只能用于检验随机扰动项具有一阶自回归形式的序列相关问题。这种检验方法是建立计量经济学模型中最常用的方法。检验统计量为：

$$d = \frac{\sum_{t=2}^{T}(e_t - e_{t-1})^2}{\sum_{t=1}^{T} e_t^2}$$

该统计量与样本自相关存在密切联系：

$$d = 2(1-r) - \frac{e_1^2 + e_T^2}{\sum_{t=1}^{T} e_t^2}。$$

若样本足够大，最后一项可忽略，有

$$d \cong 2(1-r) \tag{6-8}$$

若 d 值明显不等于2表明扰动项存在自相关。由于 $-1 \leqslant r \leqslant 1$，则有：$0 \leqslant d \leqslant 4$。由式6-8可以发现：

(1)如果 $r=0$，则 $d=2$；就是说，如果没有(一阶)序列相关，则预期 d 约为2。因此，作为一种经验法则，如果在一项应用中求出 d 等于2，便可认为没有一阶自相关，不管是正的或负的。

(2)如果 $r=+1$，表示残差中有完全的正相关，则 $d=0$。因此，d 越接近0，正序列相关的迹象越明显。

(3)如果 $r=-1$，即相继残差中有完全的负相关，则 $d=4$。因此，d 越接近4，负序列相关的迹象越明显。因为，如果有负自相关，就会有这样一种趋向：一个正的 e_t 将随后有一个负的 e_t；反之亦然，以致 $|e_t - e_{t-1}|$ 常常比 $|e_t|$ 大。因此，d 的分子将要大于其分母。

为了易于参照，再将这些规则描述如图6-6。

表6-1 D-W d 检验：决策规则

虚拟假设	决 策	如 果
无正自相关 H_0	拒 绝	$0 < d < d_L$
无正自相关 H_0	无决定	$d_L \leqslant d \leqslant d_U$
无负自相关 H_0^*	拒 绝	$4 - d_L < d < 4$
无负自相关 H_0^*	无决定	$4 - d_U \leqslant d \leqslant 4 - d_L$
无自相关，正或负	不拒绝	$d_U < d < 4 - d_U$

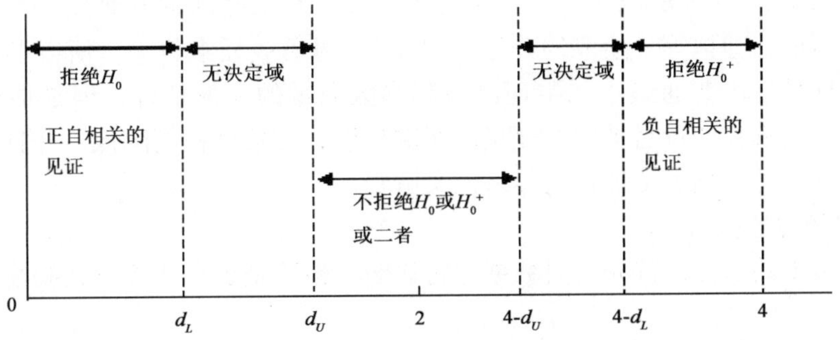

图6-6 D-W d 统计量检验区域

D-W 检验虽然极为流行，却有一大缺陷：如果它落入无决定区域(indecisive zone)或称无知域(region of ignorance)，我们就无法论定自相关是否存在。为解决此问题，一些学者曾提出对 D-W 检验的修改建议，但涉及的方法相当复杂，我们在此不再讨论。

3. 序列相关的处理

通过检验，如果确定模型的随机项 ε 存在序列相关，根据序列相关产生的原因进行分析。如果序列相关是由于模型中省略某些解释变量造成的，这种序列相关称作虚假自相关。如果序列相关是由于错误地确定模型的数学形式造成的，比如本来是非线性相关而错误地确定为线性相关，那么就应该修正模型的数学形式。若排除了上述造成序列相关的原因之后，经过序列相关检验，随机项 ε 仍存在序列相关，这就是“真正序列相关”。解决这种真正序列相关模型参数的估计问题一般用差分法。

差分法是用增量数据代替原来的样本数据，将原来的回归模型变为差分形式的模型。一阶差分法通常适用于原模型存在较高程度的一阶序列相关的情况。以一元线性回归模型为例，

$$y_t = \beta_0 + \beta_1 x_t + \varepsilon_t,\ \varepsilon_t = \rho\varepsilon_{t-1} + u_t$$

即该模型存在一阶序列相关，而 u_t 满足关于随机扰动项的基本假设。对该模型进行一系列变形有：

$$\Delta y_t = \beta_1 \Delta x_t + u_t \tag{6-9}$$

式(6-9)不存在序列的自相关，它是以增量数据为样本的回归方程。对式(6-9)这样不带有常数项的回归方程仍用最小二乘法，但它与前边的带有常数项的情形稍有不同，它是回归直线过原点的回归方程。

(五)多重共线性

在多元线性回归模型的基本假设中，假定解释变量之间不存在密切的线性关系。如果存在，则称它们存在多重共线性(Multi-collinearity)。$|X'X| = 0$ 的情况是设计矩阵的列向量存在近似线性相关即多重共线(multicollinearity)。$|X'X| \approx 0$ 称为不完全多重共线性。当解释变量之间的相关性较小时，一般就认为符合多元线性回归模型设计矩阵的要求；这一组变量间有较强的相关性时，则认为是一种违背多元线性回归模型基本假设的情形。

1. 多重共线性的危害

当回归模型存在多重共线性时，有：$\mathrm{rank}(X) < k+1$，所以 $|X'X| = 0$，$(X'X)^{-1}$不存在。这样参数向量的 OLSE$\hat{\beta} = (X'X)^{-1}X'Y$ 也不存在。在实际问题的研究中，经常见到的是近似共线性的情形，即把等号换成约等号。$(X'X)^{-1}$对角线元素较大，所以参数向量的协方差也很大。这样虽然用普通最小二乘还能得到参数向量的无偏估计，但是估计量的方差很大，不能正确判断解释变量对被解释变量的影响程度，使估计精度降低，并且估计结果的波动性也很大，这严重影响了估计量的经济意义解释。

2. 多重共线性的检验

若要处理多重共线性，首先要对数据进行诊断，检验是否存在多重共线性。以下为三种常用的诊断方法。

(1)判定系数法。设有 p 个自变量的回归模型为：$y = f(x_1, x_2, \cdots, x_p)$。为了诊断多重共线性，使模型中每一个解释变量分别为其余解释变量作为解释变量构造 p 个回归方程：

$$x_1 = f(x_2, x_3, \cdots, x_p)$$
$$x_2 = f(x_1, x_3, \cdots, x_p)$$
$$\cdots$$
$$x_j = f(x_1, x_2, \cdots, x_{j-1}, x_{j+1}, \cdots, x_p)$$
$$\cdots$$
$$x_p = f(x_1, x_2, \cdots, x_{p-1})$$

对上述 p 个方程进行参数估计，并计算样本决定系数。若这些决定系数中的最大者接近于1，比如说 R_j^2，说明该解释变量 x_j 可以用其他解释变量线性表示，存在多重共线性，并且还同时找出了多重共线性的表达式。这种方法比较适合于解释变量少的模型，可以在统计软件上完成。

(2)条件数。$k=\lambda_1/\lambda_p$ 被称为方阵 $X'X$ 的条件数(condition number)。利用条件数可以度量 $X'X$ 的特征根散布程度，可以用它来判断多重共线性是否存在及其严重程度。通常认为 $0<k<100$ 时，设计矩阵 X 没有多重共线性；$100\leqslant k<1000$ 时，认为 X 存在较强的多重共线性；当 $k\geqslant 1000$ 时，则认为存在严重的多重共线性。

(3)方差扩大因子。设 $C=(c_{ij})=(X'X)^{-1}$，R_j 为 x_j 对其余 $p-1$ 个自变量的复相关系数，则 $c_{ij}=1/(1-R_j^2)$，$j=1, 2, \cdots, p$，被称为方差扩大因子(variance inflation factor，简记为 VIF)。如果记 $\hat{\beta}=(\hat{\beta}_1, \hat{\beta}_2, \cdots, \hat{\beta}_p)$，则 $\mathrm{var}(\hat{\beta}_j)=\sigma^2 c_{jj}$，即 c_{ij} 与 OLSE$(\hat{\beta}_j)$ 的方差仅差一个因子，var $(\hat{\beta}_j)$ 是由两个因子 σ^2 和 c_{jj} 构成的，且 c_{jj} 是一个很重要的因子。因为 R_j^2 度量了自变量 x_j 与 c_{jj} 时，越接近于1，VIF_j 也就越大，反之则相反。由此可见 VIF 的大小反映了自变量之间是否存在多重共线性，因此可由它来度量多重共线性的严重程度。经验表明，当 $\mathrm{VIF}\geqslant 10$ 时，就说明自变量间有严重的多重共线性，且这种多重共线性可能会过度地影响最小二乘估计值。

3. 多重共线性的处理

当通过某种检验，发现解释变量中存在严重的多重共线性时，就要设法消除这种共线性。消除多重共线性的方法很多，常用的有下面几种。

(1)剔除一些不重要的解释变量。通常在经济问题的建模中，由于人们认识水平的局限，容易考虑过多的自变量。当涉及自变量较多时，大多数回归方程都受到多重共线性的影响。这时，最常用的办法就是舍去一些与 y 相关程度低、而与其他自变量高度相关的变量，然后重新建立回归方程。

(2)增大样本容量。建立一个实际经济问题的回归模型，如果所收集的样本数据太少，也容易产生多重共线性。这时可以通过增加样本容量来减弱多重共线性的程度。

(3)改变变量定义形式。对于样本数据是时间序列资料时，回归方程存在的多重共线性，我们可以重新定义变量的形式，差分法就是改变变量定义形式的一种方法。

(4)利用已知信息。即利用一些先验信息组合某些变量。例如模型中的两个参数 b_1 和 b_2 满足关系：$b_1=5b_2$，这时可将这个等式带入到原模型中，把模型的变量综合到一起，再利用最小二乘法进行估计。

(5)回归系数的有偏估计。这种方法提出以引入偏误为代价来提高估计量稳定性的方法，如岭回归法、主成分回归法、偏最小二乘法等。

（六）虚拟变量的建立与分析

在回归模型中，因变量往往不仅受到那些取实际数值的自变量（如价格、工资收入、产量、温度、距离、质量等）的影响，而且受到一些不取实际数值的自变量（如性别、国籍、种族、颜色、学位、地震、罢工、政治动乱、政府更迭等）的影响。要在模型中反映这种影响，可以引进虚拟变量，人为给予这些因素赋以一定数值。如果某因素只有两种选择（如性别），可以引进虚拟变量

$$D_i = \begin{cases} 1 & \text{第 } i \text{ 个样本来自男性} \\ 0 & \text{第 } i \text{ 个样本来自女性} \end{cases}$$

当然也可以给 D_i 赋值（1，－1）或（1，2），怎样赋值要看实际问题表示与计算方便。如果某因素有多项选择（如学位），可以引进虚拟变量

$$D_i = \begin{cases} 1 & \text{学士} \\ 2 & \text{硕士} \\ 3 & \text{博士} \end{cases}$$

我们先考虑虚拟变量在模型中作加项，再考虑作乘项。

设对某种职业者的工资采集了10个样本，列于表6-2，工资单位略去，性别栏中1表示男性，0表示女性。

表6-2 某种职业者的工资、性别采集资料

序号	1	2	3	4	5	6	7	8	9	10
工资	22.0	19.0	18.0	21.7	18.5	21.0	20.5	17.0	17.5	21.2
性别	1	0	0	1	0	1	1	0	0	1

我们以性别为自变量建立回归模型

$$Y_i = \beta_0 + \beta_1 D_i + \varepsilon_i$$

对于表6-2资料回归得

$$Y_i = 18.00 + 3.28D_i$$

此式表示，女性的平均工资为18，男性的平均工资为 $18 + 3.28 = 21.28$。由于回归系数 β_1 的 t 统计量为7.44，远大于临界值0.44，非常显著，故认为该项工作男女工资存在差别。

一般地，对模型

$$E(Y_i \mid D_i = 0) = \beta_0$$

$$E(Y_i \mid D_i = 1) = \beta_0 + \beta_1$$

若 β_1 显著性检验通过，应认为 D_i 的属性集合存在显著差别。

上面的模型除了考虑性别外，没有考虑任何其他因素。如果考虑其他因素对工资的影响，比如工龄，可以取实际数值，以 X 表示，则有模型

$$Y_i = \beta_0 + \beta_1 D_i + \beta_2 X_i + \varepsilon_i$$

此时

$$E(Y_i \mid X_i,\ D_i = 0) = \beta_0 + \beta_2 X_i$$

$$E(Y_i \mid X_i,\ D_i = 1) = (\beta_0 + \beta_1) + \beta_2 X_i$$

如果系数 β_1 是统计显著的，表示工资还是存在性别差异。

如果某个因素有3个属性，可以使用两个开关变量。比如学位分3个等级：学士，硕士，博士，就引进

$$D_{1i}=\begin{cases}0 & 学士\\1 & 其他\end{cases}$$

$$D_{2i}=\begin{cases}0 & 硕士\\1 & 博士\end{cases}$$

建立如下模型

$$Y_i=\beta_0+\beta_1 D_{1i}+\beta_2 D_{2i}+\beta_3 X+\varepsilon_i$$

则

$$E(Y_i \mid D_1=0,\ D_2=0)=\beta_0+\beta_3 X$$

$$E(Y_i \mid D_1=1,\ D_2=0)=\beta_0+\beta_1+\beta_3 X$$

$$E(Y_i \mid D_1=1,\ D_2=1)=\beta_0+\beta_1+\beta_2+\beta_3 X_3$$

不过更多的情况是将两个虚拟变量用来区分两个因素，如用 D_1 区分性别，用 D_2 区分肤色等。

某些情况，可以使用更多的虚拟变量，如有人研究业余兼职者的工资状况，建立过如下的回归方程

$$Y=37.07+0.403X_1-90.06D_2+75.51D_3+47.33D_4+113.64D_5+2.26X_6+\varepsilon$$

其中，X_1 是第一职业工资，$D_2 \sim D_5$ 都是开关变量，用来区分肤色(白人、非白人)，居住地(城区、非城区)，地域(西部、非西部)，学历(高等教育、非高等教育)，X_6 是年龄。

同样使用虚拟变量还可以作季节分析。许多经济资料受季节影响，如销售旺季一般在第一季度。我们作季节分析有两个任务，一是如何在回归模型中反映季节影响，二是如何在回归模型中消除季节影响。消除季节影响的任务也是重要的，这样可以看到总的趋势。许多重要经济指针如物价指数，是消除了季节影响的。

我们可以使用虚拟变量来达到上述双重目的。设建立如下回归季节分析模型

$$Y_i=\alpha_1+\alpha_2 D_{2i}+\alpha_3 D_{3i}+\alpha_4 D_{4i}+X\beta+\varepsilon_i$$

其中

$$D_{2i}=\begin{cases}1 & Y_i\ 属于第二季度\\0 & 其他\end{cases}$$

$$D_{3i}=\begin{cases}1 & Y_i\ 属于第三季度\\0 & 其他\end{cases}$$

$$D_{4i}=\begin{cases}1 & Y_i\ 属于第四季度\\0 & 其他\end{cases}$$

这里假定第一季度为基准。如果系数 α_2、α_3、α_4 为统计显著的，则表示存在显著的季节因素影响，而且可以定出各季节的单独回归方程。最后的系数 β 是对非季节因子作响应的，它剔除了季节影响。

在社会科学研究中，有许多分类变量，比如地区、时期、公司、民族、性别、文化程度、职业和居住地等。我们也可以应用它们的信息进行线性回归，用以解释 y 的变化。但是，必须先将分类变量转换为虚拟变量，然后再将它们引入回归方程，所得到的回归结果才有明确的意义解释。一般情况下取 $k-1$ 个虚拟变量来描述 k 个分类，当然还可以设置一个

取值为从 0 到 $k-1$ 的变量来描述这种情况，实际中两种情况都有所使用。

二、离散因变量的模型

在社会科学研究中，因变量是定性变量的情况并不是少数，许多要研究的行为以及它们背后的态度和偏好是定性的，或至少是作为定性观测的。所有这些行为、决策和意愿都是定性的，有时是在少数类型之间选择，有时甚至只有是否或正反两种类型。然而，社会科学研究仍需要探索有哪些重要因素会影响这些决策或行动。这些研究除了模型的因变量是定性的因变量以外，其他方面都与多元回归类似，但是在这种情况下，再使用多元回归便不可避免地违反其许多重要假设条件，导致回归估计的推断存在严重误差，以致无论是进行假没检验，或是计算置信区间都失去了合理性。情况和前面讲的虚拟变量有些相似，只不过这里是因变量采用离散的变量。描述这一问题的模型有很多，例如线性概率模型、定序模型、泊松回归和两分类模型等。

最为常用的两分类模型，即因变量取 0 和 1 两个值的回归模型：logit 模型和 probit 模型。

(一) Logistic 回归

Logistic 回归，是关于二分类因变量的回归分析，在 Logistic 同归分析中常把自变量称为协变量。

Logistic 函数的原型为：

$$P=\frac{L}{1+\exp[-(a+bt)]} \tag{6-10}$$

其中，t 为时间，P 为时间 t 上的人口数，L 为 P 的最大极限值，a 和 b 分别是有关参数。作为人口预测函数，P 永远取正值(>0)。根据我们非线性概率模型的要求，需将 P 换成概率 $p=p(y=1)$，还要将上限 L 改为 1。于是，概率的值域就被限制在(0，1)之间的合理范围内。于是，就得到了Logistic概率函数。Logistic 的概率函数定义为：

$$p=\frac{1}{1+\exp[-(a+bx)]}=\frac{1}{1+\exp[b(-a/b-x)]} \tag{6-11}$$

这样一来，式(6-11)就突出了两个有用的参数。第一个是 b，第二个是 $-a/b$。研究这个函数可以看出：

第一，当 b 是正数时，Logistic 函数随 x 值的增加而单调增加；当 b 是负数时，Logistic 函数随 x 值的增加而单调减小。因此 b 反映了自变量 x 与概率函数之间的对应关系。类似于在多元线性回归分析中通过回归系数的符号来判断自变量的作用方向，在 Logistic 概率函数中 b 也表示自变量的作用方向。

第二，$-a/b$ 实际上是函数曲线的中心，在这一点上概率函数整好取值 0.5，达到概率函数值区间的一半。函数以拐点($-a/b$，0.5)为中心对称，在这一点上曲线的变化率最大，而距离这一点越远，曲线变化率越小，在趋近函数的上限或下限时，曲线的变化率接近于零。

第三，当 b 的绝对值越大，曲线在中段上升或下降的速度越快。这意味着主要变化部分被压缩在 x 轴上对应拐点的附近范围里。

当自变量有多个时，设有线性组合 $a+b_1x_1+b_2x_2+\cdots+b_kx_k$，并设它等于 z，这样，Lo-

gistic 函数可表示为：

$$p=\frac{1}{1+\exp[-\sum b_i x_i]}=\frac{1}{1+\exp(-z)}$$

对其进一步变形得：

$$p=\frac{\exp(z)}{1+\exp(z)}$$

这是 Logistic 函数的常用表达式。将这个表达式进一步变形得：

$$\ln(\frac{p}{1-p})=z=\sum b_i x_i \tag{6-12}$$

这就是说，事件概率以自变量的非线性表达可以转换为事件概率的函数用自变量来线性表达。在上述线性表达式(6-12)中，对有关事件概率的各种函数作以下命名和定义：

事件发生的概率：$p=p(y=1)$

事件不发生的概率：$1-p=p(y=0)$

发生比(odds)：$p/(1-p)=\Omega$

发生比，又称为相对风险(relative risk)，它是事件发生的概率与不发生的概率之比。这样，可以定义对数发生比为：

$$\ln\left(\frac{p}{1-p}\right)=\ln\Omega=\text{logit}p$$

对数发生比实际上也是事件发生概率 p 的一个特定函数，当我们需要分析这个特定函数分别与 Ω 和 p 的直接联系时，我们又将这个特定函数称为 p 的罗吉特变换。所谓 logit，意思是“罗吉斯蒂概率单位”，即英文 logistic probability unit 存头取尾的缩写，logit p 可以称为“p 的罗吉斯蒂概率单位”或简称为“罗吉特 p”。这个 logit p 一方面表达出它是事件发生概率 p 的一种转换单位；另一方面它作为回归的因变量就可以使自己与自变量之间的依存关系保持传统回归中的模式，即：

$$\text{Logit } p=\sum b_i x_i$$

在 Logistic 回归中，由于我们假设的是事件发生的概率与自变量之间的关系服从 Logistic 函数分布。这样一来，就有效地将回归因变量的值域限制在 0 至 1 之间，并随自变量组合值 z 的变化而连续变化。

(二) Probit 模型

任取一连续分布函数

$$P=F(Y)$$

在以 Y 为横轴，P 为纵轴的坐标系里，$P=F(Y)$ 为一条 S 形曲线。令

$$Y=X\beta$$

即建立 Y 与 X 的直接线性关系，再取 F 的反函数

$$Y=F^{-1}(P)$$

则有 Probit 回归模型

$$F^{-1}(P)=X\beta+\varepsilon$$

对变量取概率(probability)，故称 Probit 模型。如果更具体，指明所取何种分布函数，一般考虑取标准正态的分布函数

$$F(Y) = \frac{1}{\sqrt{2\pi}}\int_{-\infty}^{Y} e^{-\frac{t^2}{2}}\mathrm{d}t$$

此时模型又可称 Normit 模型。具体计算是先求得 P_i，$i=1$，…，n。对每一 P_i，查得其 $N(0, 1)$的分位数 Y_i，然后将 Y_i 与 X 作线性回归。

下面分析回归模型的方差。原始模型是

$$P_i = F(Y_i) + e_i = F(X'_i\beta)e_i$$

由于 P_i 为二值分布，其方差为 $P_i(1-P_i)$。于是

$$X'_i\beta = F^{-1}(P_i - e_i)$$

取一阶 Taglor 展开式得

$$X'_i\beta = F^{-1}(P_i) - \frac{e_i}{f[F^{-1}(P_i)]}$$

这里 $f(\cdot)$为标准正态的密度函数，是 $F(\cdot)$的导数。所以

$$F^{-1}(P_i) = X'_i\beta + \frac{e_i}{f[F^{-1}(P_i)]}$$

与模型

$$F^{-1}(P_i) = X'_i\beta + \varepsilon_i$$

相比，误差方差为

$$\mathrm{var}(\varepsilon_i) = \frac{P_i(1-P_i)}{n_i\{f[F^{-1}(P_i)]\}^2}$$

三、应用举例

【例 6.1】 有 50 个从初中升到高中的学生。为了比较初三的成绩是否和高中的成绩相关，得到了他们在初三和高一的各科平均成绩(数据见表 6-4)。表 6-4 中数据的散点图展示在图 6-7 中。

表 6-4　50 名学生初三和高一的各科平均成绩

初三成绩	高一成绩	家庭收入	高一和初三成绩之差	初三成绩	高一成绩	家庭收入	高一和初三成绩之差
82	74	2	-8	76	82	2	6
58	61	2	3	80	79	2	-1
77	81	2	4	64	72	2	8
75	71	2	-4	66	78	3	12
60	62	2	2	89	82	2	-7
57	63	2	6	86	71	1	-15
72	74	1	2	75	74	2	-1
77	70	1	-7	72	65	2	-7
83	68	3	-15	42	60	3	18
81	80	2	-1	94	86	1	-8

（续）

初三成绩	高一成绩	家庭收入	高一和初三成绩之差	初三成绩	高一成绩	家庭收入	高一和初三成绩之差
58	73	2	15	80	83	2	3
83	93	3	10	83	82	2	-1
48	60	3	12	68	66	2	-2
81	92	2	11	50	42	1	-8
66	75	3	9	79	79	3	0
84	74	2	-10	78	78	2	0
54	52	2	-2	58	64	2	6
63	79	2	16	98	84	1	-14
59	68	1	9	99	78	1	-21
88	85	3	-3	70	80	3	10
100	93	1	-7	75	80	2	5
71	70	2	-1	100	99	3	-1
68	73	3	5	78	73	1	-5
45	45	1	0	97	93	2	-4
75	72	2	-3	76	92	3	16

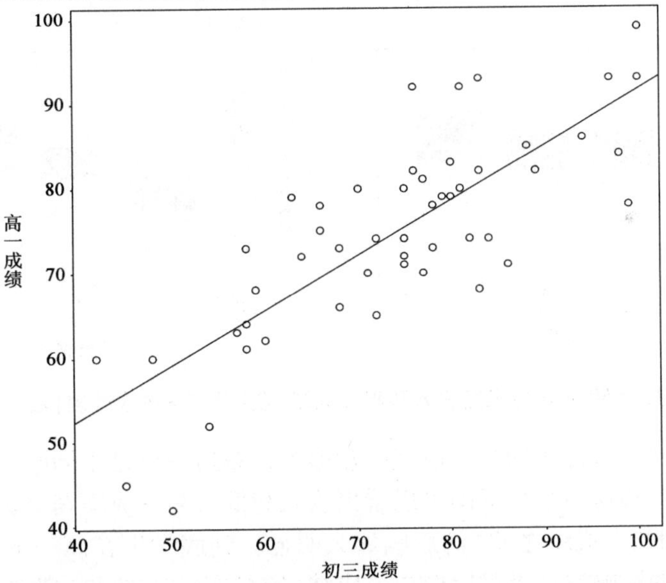

图 6-7　某校 150 名学生初三和高一学习成绩的散点图和回归直线

总体看来，图 6-7 呈现上升趋势，即初三时成绩相对较高的学生，在高一时的成绩也较高。但对于具体个人来说，大约有一半的学生的高一平均成绩比初三时下降，而另一半没有变化或有进步。目前的问题是怎么判断这两个变量是否相关，如何相关，相关的度量是什么；进一步的问题是能否以初三成绩为自变量，高一成绩为因变量来建立一个回归模型以描述这样的关系，或用于预测。

通过对数据进行相关分析，可以得知相关系数为 0.8，首先为正数说明两者正相关，这和散点图所显示的信息是相同的，而且相关程度相当高。那么进一步来建立回归模型，以初三成绩为自变量，以高一成绩为因变量建立回归模型。

根据计算，找到初三成绩和高一成绩的回归直线。这条回归直线的截距为 26.444，斜率为 0.651。也就是说，该直线的方程为：

$$y = 26.44 + 0.65x$$

根据计算得到的截距和斜率，可以把回归直线加到初三和高一成绩的散点图上(如图 6-7)。

这个直线实际上是对所假设的下面线性回归模型的估计：

$$y = \beta_0 + \beta_1 x + \varepsilon$$

就回归主要关心的 $\hat{\beta}_1$ 来说，假设检验问题是

$$H_0: \beta_1 = 0 \Leftrightarrow H_1: \beta_1 \neq 0$$

如果显著，则认为回归有意义，也就是说，x 的变化会引起 y 的变化。t 检验统计量为 9.089，而 p 值为 0.000，所以该检验显著。$R^2 = 0.632$，说明这里的自变量可以大约解释 63% 的因变量的变化。R^2 越接近 1，回归就越成功。$\bar{R}^2$(adjusted R square)等于 0.625，它和 R^2 有类似的意义。此外，零假设下的 F 分布的检验统计量的 p 值也是 0.000。

该数据中，除了初三和高一的成绩之外，还有一个定性变量(没有出现在上面的散点图中)。它是学生在高一时的家庭收入状况；分为三个水平：低、中、高，分别在数据中用 1、2、3 表示。为了研究家庭收入情况对学生成绩变化的影响，下面给出两个盒形图(如图 6-8)。

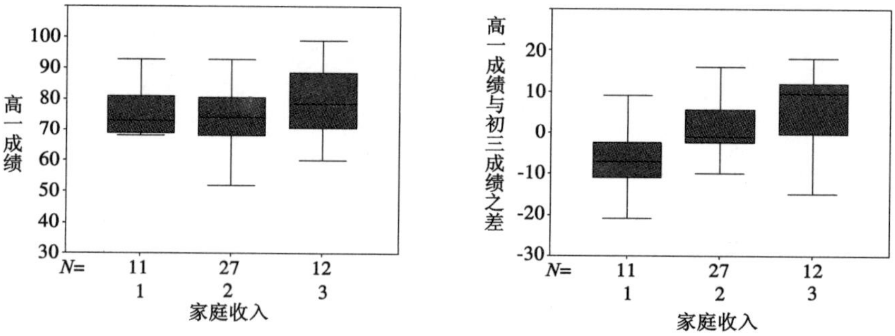

图 6-8 某校 50 名学生家庭收入和高三成绩(左)及初高中成绩差(右)的盒形图

左边一个是不同收入群体的高一成绩的盒形图，右边一个是不同收入群体的高一和初三成绩之差的盒形图。从这两个盒形图可以看出收入高低对高一成绩稍有影响，但不如收入对成绩的变化(高一和初三成绩之差)的影响那么明显。到底学生在高一的家庭收入对成绩有影响吗？是什么样的影响？是否可以取初三成绩(定量变量)或(和)家庭收入(定性变量)为自变量，而取高一成绩或初高中成绩差为因变量，来建立一个描述这些变量之间关系的回归模型呢？

对于收入这个定性变量，以前面讲到的虚拟变量(dummy variable)的方式出现。这里收入的“低”、“中”、“高”，分别用 1、2、3 来代表，同样也可以设置两个取值为 0 和 1 的虚拟变量。这里采用前者，设置一个变量。可以用下面的模型来描述：

$$y = \beta_0 + \beta_1 x + \alpha_1 + \varepsilon, \text{（代表家庭收入的哑元} = 1\text{）}$$

$$y = \beta_0 + \beta_1 x + \alpha_2 + \varepsilon, \text{（代表家庭收入的哑元} = 2\text{）}$$

$$y=\beta_0+\beta_1 x+\alpha_3+\varepsilon,\text{（代表家庭收入的哑元}=3\text{）}$$

现在只要估计 β_0，β_1 和 α_1，α_2，α_3 即可。

虚拟变量的各个参数 α_1，α_2，α_3 本身只有相对意义，无法三个都估计，在有约束条件下才能够得到估计。约束条件可以有很多选择，一种默认的条件是把一个参数设为0，比如 $\alpha_3=0$，这样和它有相对意义的 α_1 和 α_2 就可以估计出来了。

对于例4.1，对 β_0，β_1，α_1，α_2，α_3 的估计分别为28.708，0.688，-11.066，-4.679，0。这说明对于初三成绩这个变量的系数（斜率）还和没有虚拟变量时（前面得到的0.65）差不多，为0.688；而收入和成绩成反比（相对于高收入的0来说，中低收入的系数均为负值：$\alpha_1-\alpha_3=-11.066$，$\alpha_2-\alpha_3=-4.679$），这里的各项检验也都显著。这时的拟合直线对三种家庭收入各有一条：

$$y=28.708+0.688x-11.066,\text{（低收入家庭）}$$

$$y=28.708+0.688x-4.679,\text{（中等收入家庭）}$$

$$y=28.708+0.688x,\text{（高收入家庭）}$$

显然，这三条线是平行的（仅截距不同）。这个模型显然比没有包括家庭收入时更加准确。

【例6.2】 现有200个不同年龄和性别的人对某项服务产品的认可的数据（数据见表6-5），年龄是连续变量，性别是男和女（分别用1和0表示）两个水平的定性变量，而变量观点则为包含认可（用1表示）和不认可（用0表示）两个水平的定性变量。

根据表6-5中数据，可以画出年龄和观点的散点图（如图6-9左）。这里仅有年龄是连续变量，而观点为仅仅有两个代码0和1的定量变量。该图看上去很怪异。当然，容易从图中看出来，大年龄的不认可的多，小年龄的认可的多。图6-9的右边是性别与观点的条形图；可以看出，男性认可的大大少于不认可的，而女性相反（但认可和不认可的差距小些）。

表6-5 200个不同年龄和性别的顾客对某项服务产品的认可数据

年龄	性别	认可度	年龄	性别	认可度	年龄	性别	认可度	年龄	性别	认可度	年龄	性别	认可度
51	1	0	66	1	0	68	1	0	65	1	0	28	0	1
57	1	0	24	0	0	58	1	0	39	1	0	58	1	0
46	1	0	38	0	1	56	1	1	64	0	0	69	1	0
20	1	1	24	1	0	30	0	0	39	0	1	35	1	0
50	0	0	40	1	1	20	0	1	30	0	1	56	0	1
22	1	0	33	1	1	67	1	0	64	1	0	25	0	1
40	1	0	36	1	1	60	1	0	33	1	0	37	0	1
29	0	1	68	1	0	21	1	0	38	1	0	35	0	1
68	1	0	28	0	1	55	1	0	58	0	1	51	1	0
66	0	0	43	0	1	55	0	0	66	0	0	25	1	0
28	1	1	58	1	1	47	1	0	20	1	1	18	1	1
43	0	1	28	0	1	58	1	0	40	1	0	66	0	0
43	0	0	27	0	1	64	1	0	60	1	0	33	1	0
53	0	1	38	0	0	64	1	0	60	1	0	23	0	1

（续）

年龄	性别	认可度	年龄	性别	认可度	年龄	性别	认可度	年龄	性别	认可度	年龄	性别	认可度
69	1	0	40	1	0	60	0	0	43	0	1	42	0	1
63	0	1	64	0	1	59	1	0	34	1	1	35	1	0
47	0	1	63	1	0	41	0	1	40	0	0	27	1	0
67	0	0	26	0	1	32	1	0	25	1	1	64	1	0
65	0	0	43	0	0	33	1	0	19	0	1	68	1	0
56	1	0	42	1	1	55	0	0	52	1	0	54	0	1
51	1	0	31	1	1	39	0	0	66	0	1	21	0	1
22	0	1	43	1	0	61	1	0	23	0	1	52	1	0
29	0	1	38	0	1	42	1	0	45	1	0	54	1	0
69	1	0	30	1	0	25	0	1	47	1	0	60	1	0
64	0	0	68	1	0	46	1	0	20	1	1	60	1	0
21	1	0	34	1	0	55	0	0	42	0	0	22	1	0
61	0	0	33	1	1	24	1	1	24	1	1	67	1	0
45	1	0	35	1	1	66	1	0	45	0	0	45	1	1
51	0	0	52	1	0	40	0	1	21	1	0	63	1	0
36	1	1	70	1	0	67	1	0	67	1	0	33	1	1
26	1	1	63	1	0	51	0	0	27	0	1	36	1	1
43	1	0	23	0	1	49	1	0	63	1	0	41	0	1
63	1	0	63	1	0	50	1	0	45	0	0	49	1	0
58	1	0	51	1	1	29	1	0	48	1	1	51	0	1
60	0	0	34	1	0	20	0	1	21	0	1	20	1	0
53	1	1	62	1	0	38	0	1	56	1	0	30	1	0
58	1	0	42	1	1	51	0	1	57	1	0	29	1	0
66	1	0	68	1	0	51	1	0	33	1	0	51	1	0
19	1	0	37	0	0	34	0	1	66	1	0	51	1	0
40	1	0	41	1	0	53	1	0	30	0	0	33	0	0

由于观点是因变量。它只有两个值，所以可以把它看作成功概率为 p 的 Bernoulli 试验的结果。但是和单纯的 Bernoulli 试验不同，这里的概率 p 为年龄和性别的函数。对此，人们通常会考虑 logistic 回归模型。

$$\ln\left(\frac{p}{1-p}\right)=\beta_0+\beta_1 x+\alpha_i\text{，这里 } i=0\text{，1 分别代表女性和男性}$$

显然，当概率 p 取 0 到 1 之间的值时，方程左边在整个实数轴上变动。为了循序渐进，先拟合没有性别作为自变量（只有年龄 x）的模型。

$$\ln\left(\frac{p}{1-p}\right)=\beta_0+\beta_1 x\text{，或者等价地 } p=\frac{e^{\beta_0+\beta_1 x}}{1+e^{\beta_0+\beta_1 x}}$$

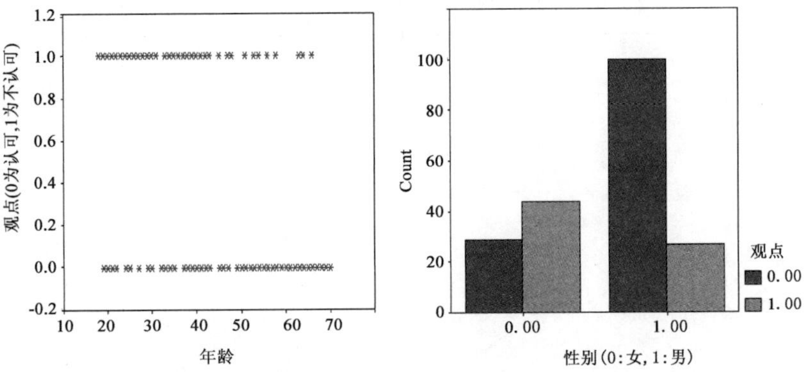

图 6-9　观点与年龄(左)及观点与性别关系的散点图

得到 β_0 和 β_1 的估计分别为 2.381 和 -0.069。拟合的模型为

$$\ln\left(\frac{p}{1-p}\right)=2.381-0.069x$$

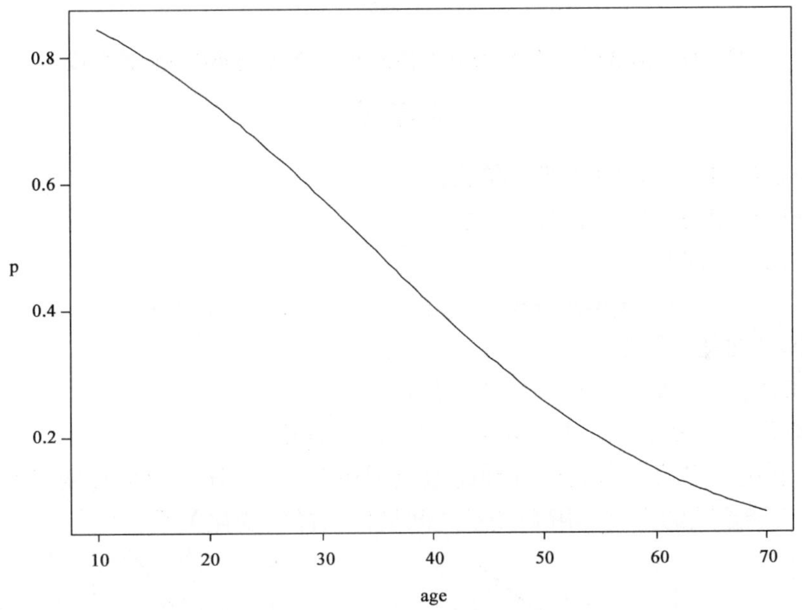

图 6-10　拟合的 *p* 与年龄 age 的曲线。

根据这个模型得到概率 p 和年龄的曲线图(如图 6-10 所示)。可以看出，年龄的增长对观点中的“认可”有负面影响。下面再加上性别变量进行拟合，得到的 β_0，β_1 和 α_0，α_1 的估计(同样事先确定为 $\alpha_1=0$)分别为 1.722，-0.072，1.778，0。可以看出在年龄和性别混和的模型中，年龄影响和没有性别变量时($\beta_1=0.069$)差不多，而女性相对于男性来说“认可”的可能性大($\alpha_0-\alpha_1=1.778$)。对于女性和男性，该拟合模型分别可以表示为：

$$\ln\left(\frac{p}{1-p}\right)=1.722-0.072x+1.778$$

$$\ln\left(\frac{p}{1-p}\right)=1.722-0.072x$$

和图 6-10 类似，可以分别对男性和女性画出两条 p 与年龄 age 的曲线(如图 6-11 所示)。

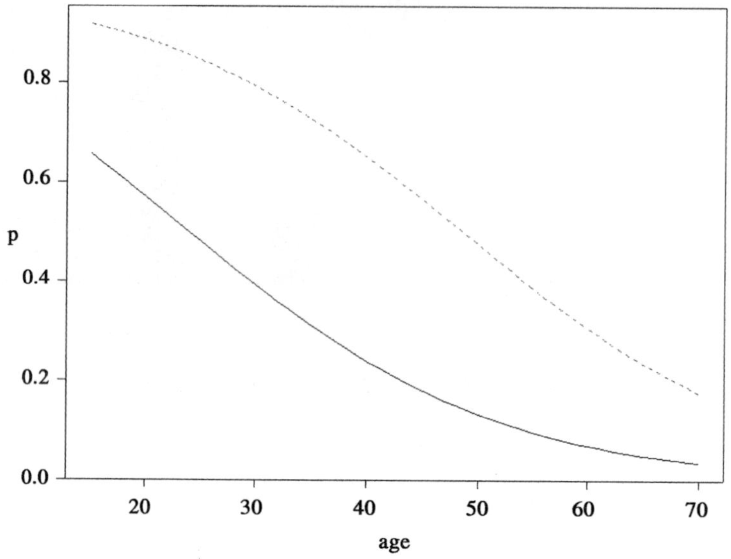

图 6-11 拟合对于两个性别(女性为虚线)的 p 与年龄 age 的曲线。

思考题

1. 相关关系与因果关系的区别与联系。
2. 回归分析与相关分析的区别与联系。
3. 给定一元线性回归模型：

$$Y_t = \beta_0 + \beta_1 X_t + \mu_t \qquad t = 1,\ 2,\ \cdots,\ n$$

(1)叙述模型的基本假定；

(2)写出参数 β_0 和 β_1 的最小二乘估计公式；

(3)说明满足基本假定的最小二乘估计量的统计性质。

4. 在下面利用给定的样本数据得到的散点图中，X、Y 分别为解释变量和被解释变量。试问各图中随机误差项的方差与解释变量之间呈什么样的变化关系？

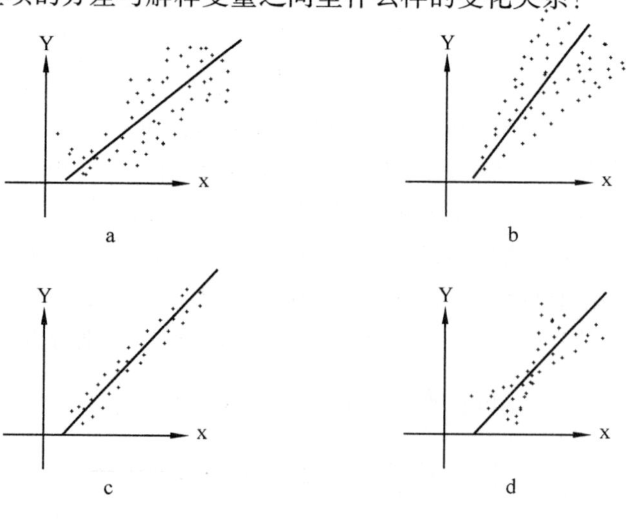

5. 下表给出某地区 1970～1991 年固定资产投资(y)与销售额(x)的资料(单位：亿元)。

年份	y	x	年份	y	x
1970	36.99	52.805	1981	128.68	168.129
1971	33.60	55.906	1982	123.97	163.351
1972	35.42	63.027	1983	117.35	172.547
1973	42.35	72.931	1984	139.61	190.682
1974	52.48	84.790	1985	152.88	194.538
1975	53.66	86.589	1986	137.95	194.657
1976	58.53	98.797	1987	141.06	206.326
1977	67.48	113.201	1988	163.45	223.541
1978	78.13	126.905	1989	183.80	232.724
1979	95.13	143.936	1990	192.61	239.459
1980	112.60	154.391	1991	182.81	235.142

以 y 为因变量，估计回归模型参数。

第七章

时间序列分析

统计所研究和处理都是有实际意义的数据。从数据的形成来看，可以分为两类：截面数据和时序数据。截面数据是由若干相关现象在某一时点上所处的状态组成的，它反映一定时间、地点等客观条件下诸相关现象之间存在的内在数值联系。时序数据是由某一现象或若干现象在不同时刻上的状态所形成的数据，它反映的是现象以及现象之间关系的发展变化规律性。本章讨论时序数据的分析方法。

第一节　时间序列分析简介

一、时间序列的含义

时间序列，也称为动态数列或时间数列，从统计意义上讲，就是将某一个指标在不同时间上的不同数值，按照时间的先后顺序排列而成的数列。时间数列可以表明社会经济现象的发展变化过程及其趋势，用以预测现象的发展方向及前景。时间数列从形式上一般由两个基本要素组成，一个是反映客观现象特征的数值（观测值），另一个是观测值所属的时间。如我国各年份的国内生产总值见表 7-1。

表 7-1　我国国内生产总值的时间序列

年份 t	1996	1997	1998	1999	2000
国内生产总值（亿元）	7408.0	8651.1	9876.0	11444.1	13380.1

时间序列中通常用 t 来表示时间，它既可以是指数值所属的真实时间，也可以是时间的代号。在以时间为变量建立趋势模型时通常用 t 表示时间序号。通常用 X_t 表示指标（变量）。需要强调的是，时间顺序中的“时间”也可以具有不同的物理意义，例如可以是长度、温度、速度等。时间序列强调顺序的重要性，并非必须以时间顺序排列，比如材料裂纹长度与其承受的压力有关，将材料裂纹长度按其所受压力周期数排列，也是一个时间序列。

时间序列按照指标性质的不同可以分为绝对数时间序列、相对数时间序列和平均数时间序列。各观测值都是绝对数的时间序列称为绝对数时间序列，它是基本序列，反映被研究现象在各时期的总水平或规模及其发展变化过程。依据其所反映现象的时间状况不同，绝对数时间序列可以分为时期序列和时点序列两种。时期序列中的观测值反映现象在一段时期内发展过程的总量，不同时期的观测值可以相加，相加结果表明现象在更长一段时间内的活动总量，如表 7-1 所示的我国国内生产总值时间序列；时点序列中的观测值反映现象在某一瞬间上所达到的水平，不同时点的观测值不能相加，相加结果没有实际意义，表 7-2 所示的某企业 1995～2000 年年末职工人数时间序列。各观测值是相对数(或平均数)的时间序列称为相对数(或平均数)时间序列，如我国历年年底乡村人口占全国总人口的比重序列，相对数时间序列反映被研究现象之间相互关系的发展变化过程。各观测值是平均数的时间序列称为平均数时间序列，如某地区历年谷物单位面积产量序列，平均数时间序列反映被研究现象平均水平的发展变化过程。由于相对数和平均数一般是两个绝对数之比，因此相对数时间序列和平均数时间序列都是绝对数时间序列的派生序列，序列中的各观测值也不能直接相加。

表 7-2 某企业 1995～2000 年年末职工人数

年 份	1995	1996	1997	1998	1999	2000
职工人数(人)	800	802	900	905	920	930

二、时间序列分析

我们在实际工作中会遇到大量的时间序列，如经济领域中每年的产值、国民收入、某一商品在某一市场上的销量、某一商品在某一市场上的价格变动等，社会领域中某一地区的人口数、医院患者人数、铁路客流量等，自然领域的太阳黑子数、月降水量、河流流量等等。每一个序列都是一个客观现象过去的历史记录，包含了产生该序列的系统的历史行为的全部信息。我们所关心的是怎样才能根据这些时间序列，较精确地找出相应系统的内在统计特性和发展规律性，尽可能多地从中提取出我们所需要的准确信息。用来实现上述目的的整个方法称为时间序列分析。它是一种根据动态数据揭示系统动态结构和发展变化规律的统计方法，是统计学科的一个分支。

三、时间序列分析方法分类

时间序列分析方法如果按其采用的手段不同可概括为数据图法，指标法和模型法三类。数据图法是将时间序列在平面坐标系中绘出坐标图，根据图形直接观察序列的总体趋势和周期变化以及异常点，升降转折点等。这种方法简单、直观、易懂易用，但获取的信息少且肤浅和粗略，分析结果的主观性较大，实践中常与其他方法结合使用。指标法是指通过计算一系列核心指标来反映所研究系统的动态特征。如反映变化率的发展速度和增长速度，反映均衡性和节奏性的动态平均指标和变异指标等等。虽然指标法较数据图法客观，但它所提取的信息仍是肤浅的、有限的。模型法是对给定的时间序列，根据统计理论和数学方法，建立描述该序列变化特征的适应统计模型，并据以进行预测或控制。模型法是本章要介绍的主要内容。

【例 7.1】 表 7-3 是某企业 1990～2002 年各月销售额数据(单位：百万元)，共 156 个观测值。试用数据图法进行分析。

在 SPSS 窗口打开销售额数据集，依次点击 Analyze—Forecasting—Sequence Charts，选入销售额变量和横轴日期变量，即可得到图 7-1。从这个数据图可以看出。销售额总的变化趋势是增长的，但增长并不是单调上升的，而是有涨有落，交替起伏。这种起伏有着某种规律，似乎和季节或月份的周期有关系。除了增长的趋势和季节周期之外，还有些无规律的随机因素的作用。采用指标法可以计算年平均增长速度、月同比(平均)增长速度等。如果要揭示序列具体的动态变化规律则需要建立该序列的适应统计模型。

表 7-3 某企业 1990 ~ 2002 年各月销售额数据

年份	Jan	Feb	Mar	Apr	May	Jun	Jul	Aug	Sep	Oct	Nov	Dec
1990	39.01	44.24	39.50	38.25	38.04	44.15	43.52	46.65	42.30	41.87	39.52	35.18
1991	44.25	43.42	38.90	39.81	39.25	40.96	42.71	45.06	42.49	43.14	43.04	35.31
1992	40.09	46.62	39.65	37.19	39.08	43.70	44.49	49.65	44.46	44.69	42.01	38.17
1993	44.72	47.35	40.44	42.56	44.10	45.65	45.48	50.65	47.37	48.99	46.14	42.03
1994	48.94	52.56	41.40	44.72	41.85	50.92	51.47	55.87	49.91	51.23	50.44	44.63
1995	50.77	53.79	47.13	46.29	50.47	53.00	53.55	53.49	51.34	55.42	50.94	47.73
1996	55.45	59.83	50.91	50.55	51.18	56.49	60.57	61.63	56.86	57.02	56.34	50.29
1997	58.36	62.29	55.88	57.32	56.39	63.28	63.69	65.90	64.45	65.09	60.57	58.17
1998	67.68	68.83	62.67	63.16	61.96	68.44	72.08	68.76	70.98	71.81	68.36	62.73
1999	69.59	75.00	70.08	68.14	68.97	77.88	77.40	78.73	78.40	80.69	72.46	73.21
2000	78.21	82.27	77.18	75.03	77.68	80.97	85.07	88.33	83.34	85.70	80.50	77.18
2001	86.72	90.20	85.22	80.38	82.78	90.55	92.07	92.74	91.77	92.96	89.69	83.62
2002	94.28	98.89	91.09	93.84	94.17	103.06	102.29	102.31	100.15	101.03	101.27	97.94

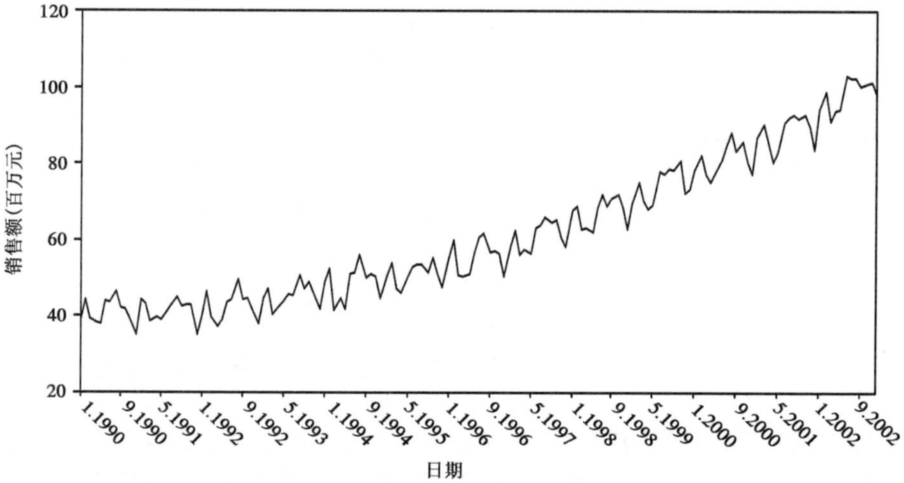

图 7-1 某企业从 1990 年 1 月到 2002 年 12 月的销售额数据图

对时间序列建立适应的统计模型就必须考虑时间序列变化的影响因素。人们在实践中认识到时间序列的变动，主要是由长期趋势(随着时间的变化，按照某种规则稳步地增长、下降或保持在某一水平上)、季节变动(在一个年度内依一定周期规则性变化)、循环波动(以若干年为周期的波动变化)和随机变动(许多不可控的偶然因素共同作用的结果)而形成的。前三种变动的一个共同特点，就是依一定的规则而变化。基于这种认识，设法消除随机型波动，拟合确定型趋势模型，就形成了一系列确定型时间序列分析方法，如长期趋势分析、季节变动分析和循环波动测定等。虽然确定型趋势控制着时间序列变动的基本样式，但毕竟不是时间序列变动模式的全貌。另一方面，用随机过程理论来考察，时间序列可以看做是一个随机过程的一次样本实现，时间序列在每一时间点上的取值具有一定的随机性，根据随机过程理论研究刻画时间序列的动态规律性(前后期的相关性)，就形成随机时间序列分析方法。随机时间序列分析方法较确定型时间序列分析方法能更为精确地刻画时间序列变化的规律。

第二节　确定性时间序列分析

确定型时间序列分析也称为传统的时间序列分析，包括时间序列的构成分析、测定季节变动与循环变动、建立时间序列的确定性趋势模型并对未来取值进行预测等。

一、时间序列的构成成分

时间序列的变化是多种因素综合作用的结果。为了分析各个因素的作用大小，准确、客观地分析和预测现象的变化，需要对影响时间序列变化的各种因素进行分类，通常将时间序列的构成成分区分为长期趋势、季节变动、循环变动和不规则变动四种。一个时间序列往往是以这几类变化形式的叠加或耦合。

1. 长期趋势(T_t)

长期趋势是指时间序列朝着一定的方向持续上升或下降，或停留在某一水平上的倾向，它反映了客观事物的主要变化趋势。例如，随着资金和劳动力的增加，技术的不断进步以及劳动生产率的不断提高，我国的经济不断增长，呈向上发展趋势。

2. 季节变动(S_t)

季节变动指一年或更短的时间之内，由于受某种固定周期性因素的影响而呈现出有规律的周期性波动。比如，多数商品的销售量随季节交替出现的周期性波动。

3. 循环变动(C_t)

通常是指周期为一年以上的有规律的波动。比如经济发展周期等。循环变动与季节变动不同，它的波动周期较长，周期的长短不一，变动的规则性和稳定性较差。

4. 不规则变动(I_t)

不规则变动是指由于偶然事件引起的变动，如气候变化、自然灾害、战争、政治事件、国际形势、消费心理、社会舆论、经济政策调整等原因影响经济的变动。通常把不规则变动分为突然变动和随机变动。突然变动是指战争、自然灾害或是其他意外事件引起的变动。随机变动是指由于大量的随机因素导致的变动。根据中心极限定理，通常认为随机变动近似服从正态分布。

将时间序列包含的因素进行分解，有利于把握时间序列的变动规律。时间序列可用多种模型进行分解，常见的有：

(1)加法模型

$$Y_t = T_t + S_t + C_t + I_t \tag{7-1}$$

(2)乘法模型

$$Y_t = T_t \times S_t \times C_t \times I_t \tag{7-2}$$

(3)加乘混合模型，比如

$$Y_t = S_t + T_t \times C_t \times I_t \tag{7-3}$$

加法模型假设时间序列中每一个指标数值都是长期趋势、季节变动、循环变动和不规则变动四种成分的总和。在加法模型中，四种成分之间是相互独立的，某种成分的变动并不影响其他成分的变动。乘法模型是假设时间序列中每一个指标数值都是长期趋势、季节变动、循环变动和不规则变动四种成分的乘积。在乘法模型中，四种成分之间保持着相互依存的关系。

二、时间序列长期趋势分析

长期趋势反映了客观事物的主要变化趋势，是时间序列分析首先要研究的变动趋势。通过测定和分析长期趋势可以认识和把握现象发展变化的规律性，并为季节变动和循环变动的测定以及时间序列预测奠定基础。测定长期趋势的方法主要有移动平均法和时间回归法。

1. 移动平均法

移动平均法是对原时间序列求连续若干期的平均数作为某一期的趋势值，逐期移动可求得一系列的移动平均数，形成一个新的、派生的序时平均数时间序列。设观测序列为 Y_t，$1 \leqslant t \leqslant T$，平均期数为 N。一次 N 期移动平均的计算公式为：

$$M_t^{(1)} = \frac{1}{N}(Y_t + Y_{t-1} + \cdots + Y_{t-N+1}) \tag{7-4}$$

在这个新的时间序列 $M_t^{(1)}$ 中，短期偶然因素引起的变动被削弱，从而呈现出客观现象在较长时间的基本发展趋势。移动平均法可以作为测定长期趋势的一种较为简单的方法，在股市技术分析中有广泛的应用。比如对原股价序列分别求一次 5 日、10 日、一个月的移动平均就可以得到 5 日、10 日、一个月的移动平均股价序列，进而得到 5 日线、10 日线、月线，用以反映股价变动的长期趋势。移动平均的期数一般取序列的某种周期长度，比如 4（季节）、12（月份）等。(6.4) 中把时间序列连续 N 期的平均数作为最近一期（第 t 期）的趋势值，也可以作为 N 期的中间一期的趋势值（即中心化移动平均）。当 N 为偶数时，中心化移动平均需要进行 $N+1$ 项移动平均，首末两个数据的权重为 0.5，中间数据权重为 1，即

$$M_{t-N/2}^{(1)} = \frac{1}{N}(0.5Y_t + Y_{t-1} + \cdots + Y_{t-N+1} + 0.5Y_{t-N}) \quad (N \text{ 为偶数}) \tag{7-5}$$

考虑例 7.1 的销售额时间序列，从图 7-1 可以看出时间序列有一定的长期趋势。可取 N = 12，利用(7-5)可以得到销售额时间序列的 12 期中心化移动平均序列。在 SPSS 窗口依次点击 Analyze—Transform—Create Time Series，在 Function 菜单选择 Centered moving average，Span 选 12，再选入销售额变量就可以得到销售额时间序列的 12 期中心化移动平均序列。再依次点击 Analyze—Forecasting—Sequence Charts，选入销售额和移动平均序列及横轴日期变量，即可得到图 7-2。

2. 时间回归法

当时间序列明显包含某种趋势时，通常用时间回归法描述其变化趋势并对未来取值进行预测。时间回归法是以所研究的时间序列为因变量，以时间 t 为自变量，利用回归分析原理建立时间序列随时间变化的趋势模型并对未来取值进行预测。这里的时间变量并不具有普通回归中自变量的确切含义，仅仅是时间序列随时间而变化。实际建模中时间变量取值一般用代号（时期数）表示，即 $t = 1, 2, 3, \cdots$。

常用来描述时间序列趋势变动的模型有以下几种：

(1) 线性方程：$\hat{Y}_t = a + bt$

(2) 二次曲线：$\hat{Y}_t = a + bt + ct^2$

(3) 指数曲线：$\hat{Y}_t = ab^t$

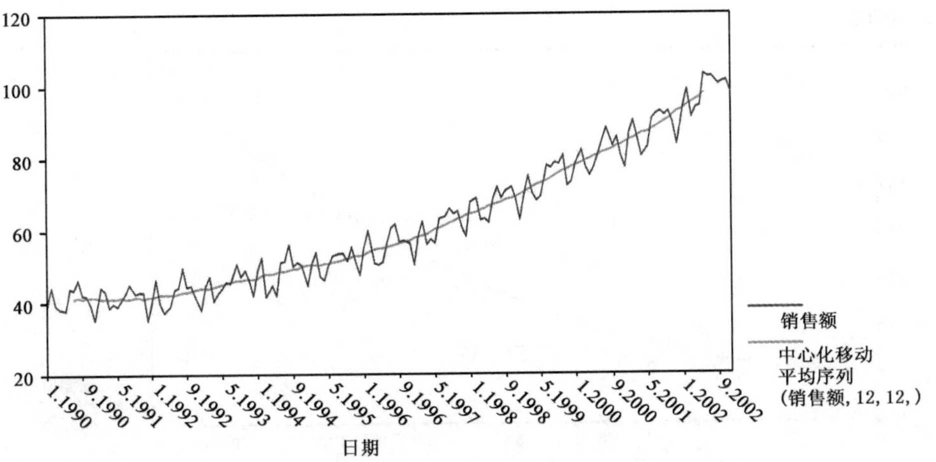

图 7-2 销售额数据的移动平均序列图

(4)修正指数曲线：$\hat{Y}_t = K + ab^t$，($K>0$，$a\neq 0$，$0<b\neq 1$)

(5)Gompertz(龚帕兹)曲线：$\hat{Y}_t = Ka^{b^t}$，($K>0$，$0<a\neq 1$，$0<b\neq 1$)

(6)Logistic(逻辑斯谛)曲线：$\hat{Y}_t = \dfrac{1}{K+ab^t}$，($K>0$，$a>0$，$0<b\neq 1$)

(7)振动曲线：$\hat{Y}_t = f(t) + A\cos(\omega t+\varphi)$，($f(t)$为直线或某种曲线)

实际中通常先采用数据图法直接观察数据变化的趋势特征，然后选择一类合适的模型进行拟合。选择哪一类模型为宜，往往凭借经验确定，当直观难以确定时用多项式较为方便，也可以拟合几种模型进行比较，利用判定系数 R^2 选择合适的模型。上述模型中的(5)和(6)常被用来描述事物的成长过程，产品的成长与发展过程、社会对某种产品的需求等一般符合这种变化过程。

再次考虑例 7.1 的销售额时间序列，根据图形特征，分别拟合二次曲线和指数曲线。在 SPSS 窗口依次点击 Analyze—Regression—Curve Estimation，Dependent 选销售额，independent 选 time，Models 选 quadratic 和 exponential，就可以得到估计结果，R^2 表明二次曲线效果较好，如图 7-3 所示。拟合的方程为

$$\hat{Y}_t = 40.8508 - 0.009t + 0.0026t^2$$

三、时间序列季节变动分析

时间序列季节变动分析主要是通过计算季节指数测定季节变动，反映时间序列的季节变动规律，同时为消除时间序列中的季节性因素提供依据。测定季节变动，一般需要先从原时间序列中除去可能存在的长期趋势，因此需要在一定的模型假定下进行，也有不同的计算方法。下面以乘法模型为例，介绍移动平均剔除法。

首先，对原时间序列进行 N(周期长度)期中心化移动平均，求得反映长期趋势的移动平均序列；其次，将原时间序列各观测值除以相应的中心化移动平均值，得到剔除长期趋势后的时间序列；再计算剔除长期趋势后的时间序列的同期(同月或季度等)平均值，即为未调整的季节指数；最后，用未调整的季节指数除以剔除长期趋势后的时间序列的总平均值，

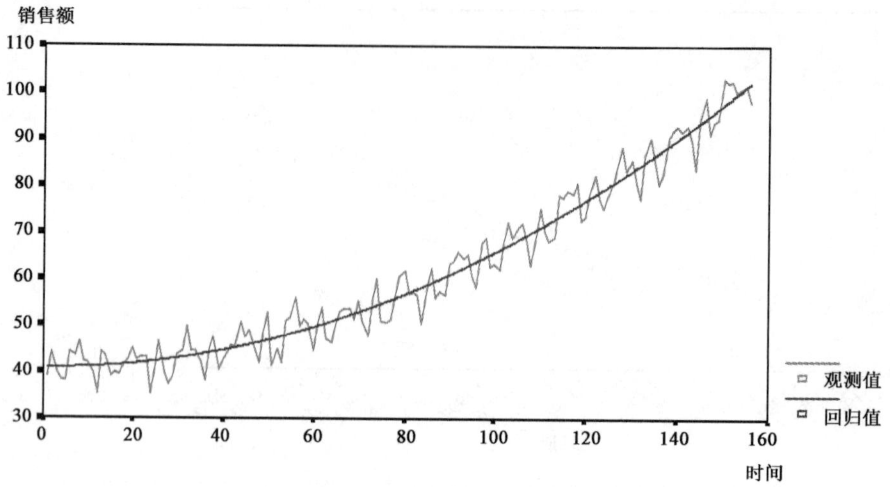

图 7-3 对例 7.1 时间序列数据拟合二次曲线

得到调整后的季节指数，调整后的季节指数之和为 1 或 100%。

对例 7.1 的销售额时间序列，在 SPSS 窗口依次点击 Analyze—Forecasting—Seasonal Decomposition，选入销售额变量，Model Type 选 Multiplicative，Moving Average Weight 选 Endpoints weighted by 0.5，即可得到销售额时间序列的季节指数和经季节调整的销售额时间序列。季节指数见表 7-4，季节变动如图 7-4 所示。经季节调整的销售额时间序列(不包含季节因素)如图 7-5 所示，该序列能更好地反映出长期趋势。

表 7-4 销售额时间序列的季节指数

月份	季节指数	月份	季节指数
1	101.640	7	104.569
2	106.828	8	108.162
3	94.727	9	102.209
4	94.091	10	103.599
5	94.781	11	97.455
6	102.898	12	89.041

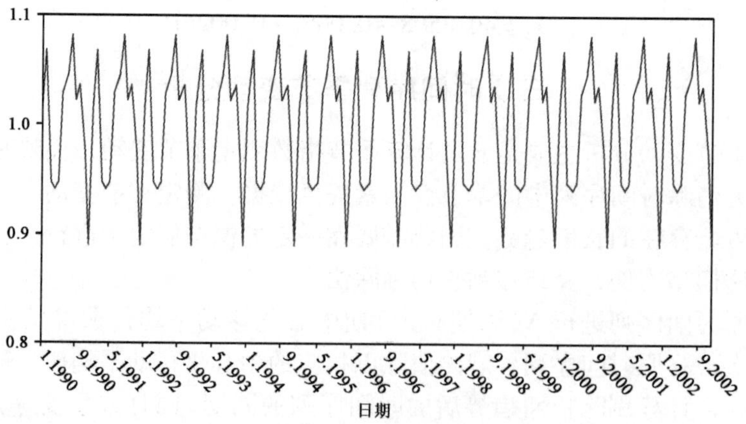

图 7-4 销售额时间序列的季节变动

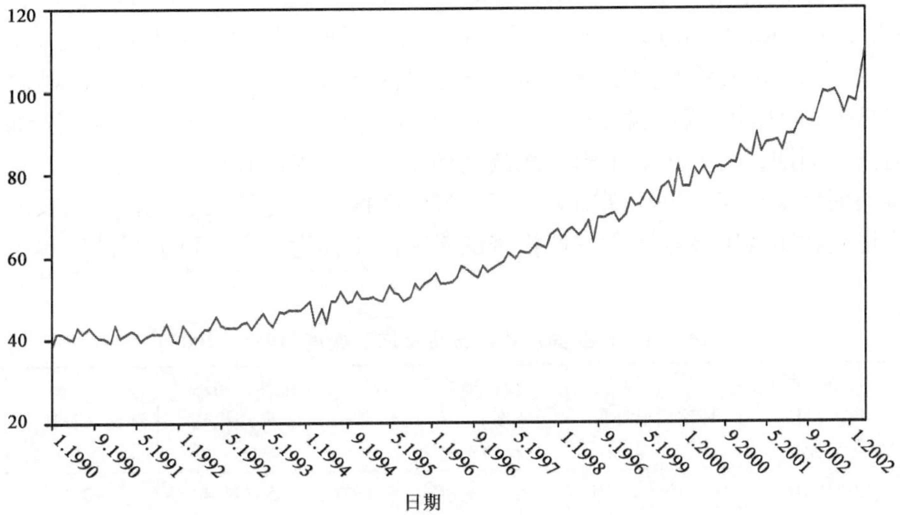

图 7-5 经季节调整的销售额时间序列

四、时间序列循环变动分析

时间序列循环变动分析主要是通过测定时间序列循环变动把握时间序列的周期变动规律，通常较多地应用于经济周期波动和商业景气循环研究。实际中常采用剩余法和直接法测定循环变动。

剩余法的思路是：先求出原时间序列 Y_t 的长期趋势(T_t)和季节指数(S_t)，再从时间序列中除去长期趋势和季节变动，以乘法模型为例，有

$$C_t \times I_t = \frac{Y_t}{T_t \times S_t} \tag{7-6}$$

最后用移动平均法除去 $C_t \times I_t$ 中的不规则变动 I_t，就得到循环变动 C_t。

直接法是通过同期环比的方法消除长期趋势和季节变动，即每年各月(或季度)的数值直接与上一年同月(或季度)的数值相比，得到不包含长期趋势和季节变动的时间序列(即年距发展速度)，再对该序列进行移动平均，消除其中的不规则变动，得到反映循环变动的循环系数。

【例 7.2】 对我国 1951 ~ 2003 年林业固定资产投资额(见表 7-5)时间序列进行循环变动分析。

下面采用直接法测定林业固定资产投资的循环变动，分析林业固定资产投资周期波动特征。该例为年度数据，没有季节变动，因此只需用每年的林业固定资产投资增长额直接与上一年的投资额相比(由于资料所限，这里计算的是林业固定资产投资的名义环比增长速度)就可消除长期趋势。再计算环比增长速度的 3 年移动平均以消除不规则因素的影响，得到循环变动。

在 SPSS 窗口打开数据集，依次点击 Analyze—Transform—Create Time Series，在 Function 菜单选择 Lag，Order 选 1，再选入投资额变量就可以得到投资额序列的 1 期滞后序列。再依次点击 Analyze—Computer variable，输入环比增长速度表达式和变量名称就可以得到环比增

长速度序列。依次点击 Analyze—Transform—Create Time Series，在 Function 菜单选择 Centered moving average，Span 选 3，选入环比增长速度序列，即可得到循环变动。表 7-5 是有关的计算结果。图 7-6 为林业固定资产投资增长循环变动图。从图中可以直观地看出，我国 1951～2003 年林业固定资产投资增长呈周期性的变化。总的来看林业固定资产投资经历了 6 个明显的波动周期，目前正处于第 7 次波动周期之中。周期长度变化较大，最长的周期是 9 年，最短的周期是 4 年，平均周期为 7 年；波动幅度变化也较大。这种周期长度和波动幅度变化的不规则说明我国林业固定资产投资的影响因素较为复杂，可能受政策等主观因素影响较大。

表 7-5 林业固定资产投资及增长速度(1951～2003)

年份	林业固定资产投资（万元）	环比增长速度	环比增长速度的 3 年移动平均	年份	林业固定资产投资（万元）	环比增长速度	环比增长速度的 3 年移动平均
1950	1009.70			1977	58757.40	-0.14	0.12
1951	1665.60	0.65		1978	105729.90	0.80	0.32
1952	5523.90	2.32	1.49	1979	138976.50	0.31	0.39
1953	13873.60	1.51	1.24	1980	144953.80	0.04	0.11
1954	12414.90	-0.11	0.44	1981	140752.30	-0.03	0.07
1955	11482.80	-0.08	0.12	1982	168724.50	0.20	0.05
1956	17732.90	0.54	0.23	1983	164399.30	-0.03	0.09
1957	21393.20	0.21	0.43	1984	180111.40	0.10	0.03
1958	32666.00	0.53	0.54	1985	183303.00	0.02	0.13
1959	61239.80	0.87	0.59	1986	231994.00	0.27	0.19
1960	84021.00	0.37	0.22	1987	295048.00	0.27	0.14
1961	34396.30	-0.59	-0.03	1988	261413.00	-0.11	0.02
1962	39329.20	0.14	0.06	1989	237553.00	-0.09	-0.06
1963	63497.60	0.61	0.35	1990	246131.00	0.04	0.02
1964	81208.60	0.28	0.30	1991	272236.00	0.11	0.12
1965	80974.10	0.00	0.09	1992	329800.00	0.21	0.19
1966	79469.00	-0.02	-0.09	1993	409238.00	0.24	0.21
1967	60233.40	-0.24	-0.16	1994	476997.00	0.17	0.20
1968	47492.10	-0.21	-0.09	1995	563972.00	0.18	0.16
1969	56251.60	0.18	0.03	1996	638626.00	0.13	0.16
1970	62234.50	0.11	0.17	1997	741802.00	0.16	0.16
1971	76122.50	0.22	0.17	1998	874648.00	0.18	0.19
1972	89978.20	0.18	0.15	1999	1084077.00	0.24	0.32
1973	93597.30	0.04	0.09	2000	1677712.00	0.55	0.35
1974	99316.70	0.06	0.03	2001	2095636.00	0.25	0.43
1975	98806.30	-0.01	-0.08	2002	3152374.00	0.50	0.35
1976	68668.90	-0.31	-0.15	2003	4072782.00	0.29	

注：数据由《中国林业统计年鉴》的历年林业系统固定资产投资数据计算所得。

五、时间序列预测

时间序列分析的主要目的之一是对其未来取值进行预测，而时间序列的长期趋势往往是

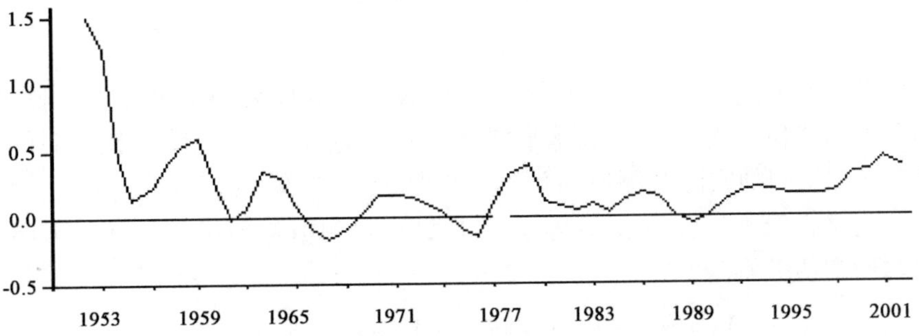

图 7-6　林业固定资产投资环比增长速度 3 年移动平均变化图

事物的本质特征在数量上的反映，因此，把握住时间序列的长期趋势是进行科学预测的前提。

如果时间序列各观测值基本上在某个固定水平上波动，没有明显的长期趋势、循环变动和季节变动，就称为平稳序列；反之，如果时间序列有明显的长期趋势、循环变动或季节变动，就称为非平稳序列。下面分别讨论平稳时间序列和非平稳时间序列预测。

1. 平稳时间序列预测

(1)简单移动平均法。对事物发展的未来状态进行预测是基于这样一种认识：事物的发展存在一定程度的惯性(延续性)。对于平稳发展变化的现象来说，就可以用过去发展水平的简单平均作为对未来发展水平的预测，这就是简单平均法。之所以用过去发展水平的简单平均而不用最近一期的水平，是为了消除随机因素的影响。简单平均法考虑了事物发展较远期的水平并把事物发展远期的水平与近期水平同等对待。事实上，事物发展的惯性随着时间的推移在逐渐减弱，事物发展较远期的水平对未来的发展水平几乎没有什么影响。遵循这种思路，就产生了简单(加权)移动平均法。

对于平稳时间序列 Y_t，设当前时刻为 T，第 $T+1$ 期预测值为

$$\hat{Y}_{T+1}=M_t^{(1)}=\frac{1}{N}(Y_t+Y_{t-1}+\cdots+Y_{t-N+1})$$

利用得到预测值和序列的历史值还可以得到以后若干期预测值。当时间序列的基本趋势变化不大且序列中随机变动成分较多时移动平均的期数取值应较大一些。否则移动平均的期数的取值应小一些。在有确定的季节变动周期的资料中，移动平均的项数应取周期长度。选择最佳移动平均的期数的一个有效方法是，比较若干不同移动平均期数模型的预测误差，均方预测误差最小者为好。

(2)指数平滑预测法。简单移动平均法在预测时，对时间序列每个值都给予相同的权数。考虑到不同时期数据的重要性不同，加权移动平均法对时间序列的近期值和远期值赋予了不同的权数，一般而言，当时间序列波动较大时，最近期观测值赋予最大的权数，较远期观测值的权数依次递减。当时间序列波动不大时，不同时期观测值权数差别不大。所选各期权数之和必须等于 1。

指数平滑预测法是加权移动平均法的一种特殊形式，从最近期观测值开始，权数呈现指数形式的下降，因而称为指数平滑。一次(简单)指数平滑模型为：

$$F_t = \alpha Y_t + (1-\alpha) F_{t-1} \tag{7-7}$$

$$\hat{Y}_{t+1} = F_t$$

其中：F_t 表示时间序列第 t 期的平滑值；Y_t 表示时间序列第 t 期的实际观测值；F_{t-1} 表示时间序列第 $t-1$ 期的平滑值；α 表示平滑系数，并且 $\alpha<1$。也就是说，时间序列第 $t+1$ 期的预测值等于第 t 期的实际观测值与预测值的加权平均数。在开始计算时，因为没有第 1 期的预测值，通常设第 1 期的预测值等于第 1 期的观测值，即设 $F_1=Y_1$。则第 2 期、第 3 期、第 4 期的预测值分别为：

$$\hat{Y}_2 = \alpha Y_1 + (1-\alpha) F_1 = \alpha Y_1 + (1-\alpha) Y_1 = Y_1$$

$$\hat{Y}_3 = \alpha Y_2 + (1-\alpha) F_2 = \alpha Y_2 + (1-\alpha) Y_1$$

$$\hat{Y}_4 = \alpha Y_3 + (1-\alpha) F_3 = \alpha Y_3 + \alpha(1-\alpha) Y_2 + (1-\alpha)^2 Y_1$$

同理，其他时期的预测值以此类推，一般的

$$\hat{Y}_{t+1} = \sum_{k=0}^{\infty} \alpha(1-\alpha)^k Y_{t-k}$$

可见，任何预测值 $\hat{Y}_{t+1}$ 都是以前各期实际观测值加权平均的结果。并且

$$\sum_{k=0}^{\infty} \alpha(1-\alpha)^k = 1$$

指数平滑预测模型是以当前时刻 T 为起点，综合历史序列的信息，对未来进行预测的。选择合适的平滑系数 α 是提高预测精度的关键。根据实践经验，α 的取值范围一般以 0.1 ~ 0.3 为宜。如何进一步确定 α 的最佳取值，通常要结合理论分析和模型对比的方法来进行。一般遵循如下的基本准则：如果序列的基本趋势比较平稳，则 α 值应取小一些，不同时期数据的权数差别小一些，使预测模型能包含更多历史数据的信息；如果序列趋势波动较大，则 α 值应取得大一些。这样，可以给近期数据较大的权数，以使预测模型更好地适序列趋势的变化。上述原则可结合模型对比方法来进行。通常将历史数据分成两段，前一段 Y_1，…，Y_k，用于建立预测模型，第二段 Y_{k+1}，…，Y_T 用于事后预测，以事后预测误差平方和为评价标准，确定最佳 α 值。

2. 非平稳序列预测

非平稳时间序列通常包含有长期趋势、季节变动或循环变动。下面主要介绍包含有长期趋势和季节变动的非平稳时间序列的预测方法。

(1) 高次指数平滑法。由 Y_t 利用(6.7)得到的 F_t 称为一次指数平滑，可记为 $F_t^{(1)}$，对 $F_t^{(1)}$ 再次进行平滑就得到二次指数平滑 $F_t^{(2)}$，同样还有三次甚至更高次的指数平滑。

利用指数平滑法进行趋势预测的基本思想是：首先对 Y_t 选定其随时间变化的非线性形式(通常为线性或二次模型)，再通过对 Y_t 进行平滑消除不规则因素影响，设法用 Y_t 的平滑值将模型的参数表示出来，最后用模型进行预测。常用的有布朗(Brown)二次指数平滑法和霍尔特(Holt)指数平滑法。

布朗二次指数平滑法预测公式为[在 t 时刻进行第 $t+l(l=1, 2, \cdots)$ 期的预测]

$$\hat{Y}_{T+l} = a_t + b_t l \qquad l=1, 2, \cdots \tag{7-8}$$

其中

$$a_t = 2F_t^{(1)} - F_t^{(2)}$$

$$b_t = \frac{\alpha}{1-\alpha}(F_t^{(1)} - F_t^{(2)})$$

$$F_t^{(1)} = \alpha Y_t + (1-\alpha)F_{t-1}^{(1)}$$

$$F_t^{(2)} = \alpha F_t^{(1)} + (1-\alpha)F_{t-1}^{(2)}$$

初始值取为 $F_1^{(1)} = F_1^{(2)} = Y_1$。布朗二次指数平滑法是通过对原序列连续进行两次平滑来估计模型中的参数，只有一个平滑系数，是一种单参数平滑法。

霍尔特指数平滑法包含两个平滑系数，是通过对序列水平和增长量分别进行平滑来估计模型中的参数，是一种双参数平滑法。其预测公式为

$$\hat{Y}_{T+l} = F_t + b_t l \qquad l = 1, 2, \cdots$$

其中

$$F_t = \alpha Y_t + (1-\alpha)(F_{t-1} + b_{t-1})$$

$$b_t = \beta(F_t - F_{t-1}) + (1-\beta)b_{t-1}$$

α 和 β 是平滑系数，第一个平滑方程得到原序列经趋势调整的平滑值，第二个平滑方程是对增量 $F_t - F_{t-1}$ 进行指数平滑。初始值取为 $F_1 = Y_1$，$b_1 = \frac{Y_m - Y_1}{m-1}$，即前 m 期的平均增长量。

需要说明的是，指数平滑模型(7-8)不同于整体线性模型 $Y_t = a + bt$，整体线性模型决定的关系是整个一条直线，而(7-8)所决定的直线仅限于和两个时点之间，就整体关系而言，是一条折线。因此线性趋势回归模型只适合于线性趋势数据，而指数平滑模型对非线性趋势数据也有相当的适应性。

对于既包含长期趋势又包含季节变动的非平稳时间序列进行预测常用温特(Winter)指数平滑法，该法包含三个平滑系数。温特指数平滑法是依据时间序列的乘法(或加法)结构模型，在每一步平滑中将原始时间序列分解成趋势成分和季节成分并对它们分别进行平滑。其预测公式为

$$\hat{Y}_{T+l} = (F_t + b_t l)S_{t+l-L} \qquad l = 1, 2, \cdots$$

其中

$$F_t = \alpha \frac{Y_t}{S_{t-L}} + (1-\alpha)(F_{t-1} + b_{t-1})$$

$$b_t = \beta(F_t - F_{t-1}) + (1-\beta)b_{t-1}$$

$$S_t = \gamma \frac{Y_t}{F_t} + (1-\gamma)S_{t-L}$$

α、β 和 γ 是平滑系数，L 是季节变动的周期长度。第一个平滑方程得到不包含季节变动的序列 Y_t/S_{t-L} 经趋势调整的平滑值，第二个平滑方程是对增量 $F_t - F_{t-1}$ 进行指数平滑，第三个平滑方程对不包含趋势变动的序列 Y_t/F_t(含有不规则影响的季节指数)进行平滑，得到消除不规则影响的季节指数 S_t。季节指数共有 L 个的初始值，可由序列的第一个周期数据算得，即

$$\bar{Y} = \frac{1}{L}\sum_{i=1}^{L} Y_i \quad S_i = \frac{Y_i}{\quad} \quad (i = 1, 2, \cdots, L)$$

F_t 的初始值取为 $F_L=\overline{Y}$，b_t 的初始值可取为第二个周期头三期数据同第一个周期头三期数据之差的平均值，即

$$b_L=[(Y_{L+1}-Y_1)+(Y_{L+2}-Y_2)+(Y_{L+3}-Y_3)]/3L$$

再次考虑销售额时间序列，该序列包含长期趋势、季节变动和不规则变动，用温特指数平滑法对2003年各月份的销售额进行预测。在SPSS窗口打开销售额数据集，依次点击Analyze—Forecasting—Create Models，在Options菜单下定义Forcast Period至2003年12月，打开Variables菜单，将销售额变量选入Dependent variables，Method选Exponential Smoothing，Criteria选Winters' multiplicative，即可得到预测结果。SPSS软件搜索出的最终平滑系数 α、β 和 γ 分别是0.10、0.19和0.34。2003年各月份预测结果依次是：

105.15　110.80　102.27　101.48　102.83　112.29

113.97　115.54　113.00　115.11　111.04　105.67

结果如图7-7所示。

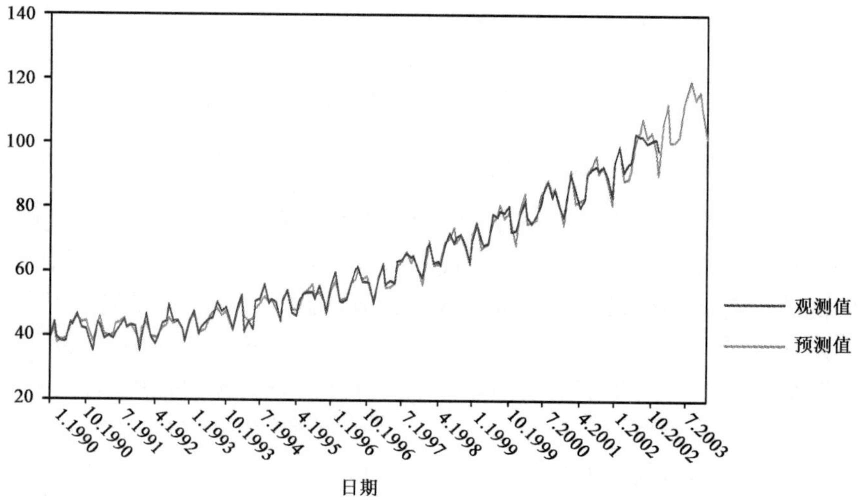

图7-7　销售额时间序列与温特指数平滑预测值

（2）时间序列分解预测法。分解预测法是依据时间序列的结构模型将序列中的各种非随机成分分离出来，分别进行预测，最后将各部分预测值合成总的预测值。这种方法比较复杂，但直观易懂并可以提供更多有用的信息，从不同的方面把握数据的变化特征。

假定时间数列 Y_t 包含长期趋势 T_t、季节变动 S_t、循环变动 C_t 和不规则 I_t 变动四种成分，分解预测法基本步骤是：①对原时间序列进行 N（周期长度）期中心化移动平均，求得反映长期趋势和循环变动的移动平均序列 T_tC_t；②将原时间序列各观测值除以相应的中心化移动平均值，得到剔除长期趋势和循环变动后的时间序列 S_tI_t；③计算剔除长期趋势和循环变动后的时间序列 S_tI_t 的同期（同月或季度等）平均值，消除不规则影响，得到未调整的季节指数和调整后的季节指数 S_t，反映季节变动；④对反映长期趋势和循环变动的移动平均序列 T_tC_t 用时间回归法建立合适的趋势模型，得到长期趋势值 T_t；⑤从反映长期趋势和循环变动的移动平均序列 T_tC_t 中分离出长期趋势值 T_t，得到循环变动指数 C_t；⑥合成预测值

$$\hat{Y}_{t+l}=\hat{T}_{t+l}S_{t+l}C_{t+l}$$

其中 $\hat{T}_{t+l}$ 由第④步建立的趋势模型得到，S_{t+l} 可用同期季节指数代替，C_{t+l} 可用半定量化方法

预测，即根据分离出的循环变动指数 C_t 的变化趋势，主观判断 C_{t+l} 取值的大小。

考虑例 7.1 中的销售额数据，首先对原始序列进行 12 期中心化移动平均，得到 T_tC_t；季节指数前面已经计算出；再对 T_tC_t 序列建立合适的趋势模型，通过比较，二次模型比较合适，估计出的模型为：

$\hat{Y}_t = 40.70 - 0.0034t + 0.0025t^2$

该序列的循环变动趋势不明显，循环变动指数 C_t 不用考虑。利用估计出的二次模型预测出 2003 年各月份的销售额的趋势值，再乘以季节指数，就可以得到 2003 年各月份的销售额的预测值：

104.40　110.58　98.82　98.91　100.41　109.84

112.49　117.25　111.64　114.03　108.09　99.51

预测结果如图 7-8 所示。

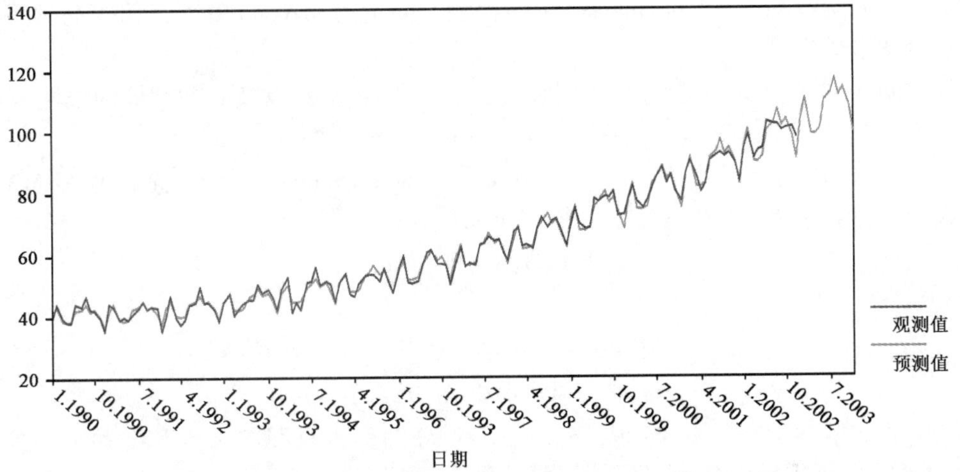

图 7-8 销售额时间序列与分解法预测值

如果要对时间序列进行更为精确的预测与分析，就需要用到下面的随机时间序列模型。

第三节 随机时间序列分析

作为一种精预测分析方法，随机时间序列分析在实际中有广泛的应用。随机时间序列分析把普通时间序列当做随机过程的一次样本实现，用随机过程理论进行分析与建模。前面把没有明显的长期趋势、循环变动和季节变动的时间序列称为平稳序列，这里首先从随机过程角度给出平稳随机时间序列的严格定义：设 X_t($t=1, 2, \cdots$)是一个随机时间序列，即对每一个固定的 t，X_t 是一个随机变量，如果 X_t 的概率分布与时间 t 无关，则称该序列为严格的(狭义的)平稳时间序列。如果序列的一、二阶矩存在，而且对任意时刻 t 满足：①均值为常数；②协方差为时间间隔 τ 的函数，则称该序列为宽平稳时间序列，也叫广义平稳时间序列。实际中研究的时间序列主要是宽平稳时间序列。如果不明确提出严平稳，所谓的平稳即指宽平稳。反之，不具有平稳性即序列均值或协方差与时间有关的序列称之为非平稳序列。下面分别介绍平稳随机时间序列模型和非平稳随机序列模型。

一、平稳时间序列模型

1. 平稳时间序列模型的基本形式

下面假定 X_t 为平稳的零均值时间序列。如果时间序列 X_t 可以表示为其前期值和一个随机冲击 a_t 的线性函数，即

$$X_t = \varphi_1 X_{t-1} + \cdots + \varphi_p X_{t-p} + a_t \tag{7-9}$$

则(7-9)称为 p 阶自回归(autoregressive)模型，简记为 AR(p)模型，相应地时间序列 X_t 称为 p 阶自回归序列。其中 a_t 是相互独立的，且均值为零，方差为 σ_a^2(即 a_t 为白噪声序列)，一般假定 a_t 服从正态分布。

如果时间序列 X_t 可以表示为其当期和过去的随机冲击 a_t 的线性函数，即

$$X_t = a_t - \theta_1 a_{t-1} - \cdots - \theta_q a_{t-q} \tag{7-10}$$

则(7-10)称为 q 阶滑动平均(moving average)模型，简记为 MA(q)模型，相应地时间序列 X_t 称为 q 阶滑动平均序列。

如果时间序列 X_t 可以表示为其当期和过去的随机冲击 a_t 以及其前期值的线性函数，即

$$X_t = \varphi_1 X_{t-1} + \cdots + \varphi_p X_{t-p} + a_t - \theta_1 a_{t-1} - \cdots - \theta_q a_{t-q} \tag{7-11}$$

则(7-11)称为自回归滑动平均(autoregressive and moving average)模型，简记为 ARMA(p, q)模型。应用后移算子 B，ARMA(p, q)模型可简记为

$$\Phi(B)X_t = \Theta(B)a_t$$

其中

$$\Phi(B) = 1 - \varphi_1 B - \varphi_2 B^2 - \cdots - \varphi_p B^p$$

$$\Theta(B) = 1 - \theta_1 B - \theta_2 B^2 - \cdots - \theta_q B^q$$

以上模型中的 φ_1，φ_2，…，φ_p 与 θ_1，θ_2，…，θ_q 分别称为自回归参数和滑动平均参数，与 σ_a^2 一起构成模型的待估计参数。

2. ARMA 模型的识别与估计

对一个平稳时间序列$\{X_t\}$，建立其适合模型的第一步就是模型识别，即判断该序列所适合的模型类型。这里需要用到时间序列的自相关函数(ACF)和偏自相关函数(PACF)，自相关函数描述时间序列观测值与其过去的观测值之间的线性相关性，偏自相关函数描述在给定中间观测值的条件下时间序列观测值与其过去的观测值之间的线性相关性。关于这两个概念，有兴趣的读者可以参阅相关的时间序列分析方面的著作。可以证明，三类平稳时间序列的自相关函数和偏自相关函数具有不同的统计特性：

模型(序列)	AR(p)	MA(q)	ARMA(p, q)
自相关函数	拖尾	截尾	拖尾
偏自相关函数	截尾	拖尾	拖尾

如果一个时间序列是由某一类模型所生成，理论上它就应该具有相应的自相关特征，因而我们可以计算出平稳时间序列的样本自相关函数和样本偏自相关函数，将其特性与不同类型序列的理论自相关函数和偏自相关函数的特性进行比较，进而初步判断序列 X_t 所适合的模型类型。这种方法可以对 AR 模型和 MA 模型以及低阶 ARMA 模型进行初步识别。

(1)若时间序列的自相关函数 ρ_k 在 m 步截尾(即 $k>m$ 时，$\rho_k=0$)并且偏自相关函数 φ_{kk} 被负指数函数控制收敛到零，则可判断时间序列为 MA(m)序列。实际计算的样本自相关函数 $\hat{\rho}_k$ 不会在 m 步后全为零，而是在零的上下波动。可以证明，$k>m$ 时，$\hat{\rho}_k$ 渐近于正态分布：

$$\hat{\rho}_k \sim N\left[0, \frac{1}{N}\left(1+2\sum_{l=1}^{m}\rho_l^2\right)\right] \tag{7-12}$$

因此

$$P\left\{\hat{\rho}_k \leqslant \left[\frac{1}{N}\left(1+2\sum_{l=1}^{m}\rho_l^2\right)\right]^{\frac{1}{2}}\right\}=68.3\% \tag{7-13}$$

$$P\left\{\hat{\rho}_k \leqslant 2\left[\frac{1}{N}\left(1+2\sum_{l=1}^{m}\rho_l^2\right)\right]^{\frac{1}{2}}\right\}=95.5\% \tag{7-14}$$

可由此来检验 $\hat{\rho}_k$ 是否显著地等于零。对于每个 $k>0$，分别考察 $\hat{\rho}_{k+1}\hat{\rho}_{k+2}$，…，$\hat{\rho}_{k+M}$(通常取 $M=[\sqrt{N}]$，或 $M=[N/10]$)中满足

$$|\hat{\rho}_{k+i}| \leqslant \left[\frac{1}{N}\left(1+2\sum_{l=1}^{m}\hat{\rho}_l^2\right)\right]^{\frac{1}{2}},\ i=1,\ 2,\ \cdots M \tag{7-15}$$

的比例是否达到68.3%，若 $k=1$，2，…，$m-1$ 都未达到，而 $k=m$ 达到了，我们就说 ρ_k 在 m 步截尾。

(2)若时间序列的自相关函数 φ_{kk}在 n 步截尾，并且 ρ_k 序列被负指数函数控制收敛到零，则可判断时间序列为 AR(n)序列。具体做法是：

若 $k>n$，应有 $\varphi_{kk}=0$。此时，$\hat{\varphi}_{kk}$的分布渐近于 $N(0,\ \frac{1}{N})$，于是有

$$P\left(|\hat{\varphi}_{kk}|>\frac{1}{\sqrt{N}}\right)=31.7\%,\ P\left(|\hat{\varphi}_{kk}|>\frac{2}{\sqrt{N}}\right)=4.5\% \tag{7-16}$$

对于每个 $k>0$，分别考察 $\hat{\varphi}_{k+1,k+1}$，$\hat{\varphi}_{k+2,k+2}$，…，$\hat{\varphi}_{k+M,k+M}$中满足 $|\hat{\varphi}_{kk}|>\frac{1}{\sqrt{N}}$的个数所占的百分比是否超过31.7%，或者满足 $|\hat{\varphi}_{kk}|>\frac{2}{\sqrt{N}}$的个数所占的百分比是否超过4.5%，若 $k=1$，2，…，$n-1$ 时都超过了，而 $k=n$ 时没有超过，则可以认为 φ_{kk}在 n 步截尾。

(3)若 ρ_k 序列与 φ_{kk}序列皆不截尾，但都被负指数函数控制收敛到零，则时间序列很有可能是 ARMA 序列。

(4)若 ρ_k 序列与 φ_{kk}序列无以上特征，而是出现了缓慢衰减或周期性衰减等情况，则说明序列不是平稳的。

在利用样本自相关函数和样本偏自相关函数判定模型类型的同时也就初步断定了模型的阶数。对于混合的 ARMA 模型来说，用 ACF 和 PACF 判定其阶次有一定的困难，需要用其他的方法来判定。另外，即使对 AR 或 MA 模型，用该法判定的阶数也只能是作为初步的参考值，还需结合其他方法确定出精确的阶数。常用的是准则函数定阶法，即确定一个准则函数，建模时按照该准则函数的取值大小确定模型的优劣，使准则函数达到极小的是最佳模型。该准则函数既考虑到用某一模型拟合时对原始数据的接近程度，同时又考虑到模型中所含待定参数的个数。下面介绍两个常用的定阶准则。

(1)AIC 准则。设$\{X_t: 1 \leqslant t \leqslant N\}$为一随机时间序列，用 AR($n$)模型进行拟合，$\hat{\sigma}_a^2(n)$是模型拟合的残差方差，可以认为它是模型阶数 n 的函数，AIC 准则函数定义如下：

$$AIC(n) = \ln[\hat{\sigma}_a^2(n)] + 2n/N \tag{7-17}$$

可以看出，AIC 准则函数由两部分构成，第一部分反映模型拟合的好坏，第二部分表明模型参数的多少。我们总是希望模型拟合得越精确越好，并且模型中的参数尽可能少一些。AIC 准则函数就是将这两个目标进行适当的综合。当阶数 n 增高时，(7-16)式中的第一项拟合残差方差 $\hat{\sigma}_a^2(n)$是下降的。式中 ln 表示取自然对数，它是单调函数，因此整个第一部分是单调下降的；对给定的观察数据个数 N，(7-16)式中的第二项随 n 而增长。可以想象，从 $n=1$ 开始，逐次增加模型阶数对数据进行自回归模型拟合时，AIC(n)的值是有下降趋势的，因为这时模型的残差方差下降较快，起决定性作用的是第一部分。当达到某一阶数 n_0 时，AIC(n_0)值达到极小。随后，随着模型阶数继续增高，残差方差改进甚微，于是第二部分(模型阶数)起关键性作用，AIC(n)的值随 n 而增长。对事先给定的最高阶数 $M(N)$，如果

$$AIC(n_0) = \min_{1 \leqslant n \leqslant M(N)} AIC(n)$$

我们便取 n_0 为最佳自回归模型阶数。拟合模型的最高阶数 $M(N)$ 通常取为$[N/3] \sim [2N/3]$之间的某个整数。

将 AIC 准则函数用于 ARMA 模型定阶，方法与前述完全类似，假定我们用 ARMA(n, m)模型对随机序列$\{X_t: 1 \leqslant t \leqslant N\}$进行拟合，$\hat{\sigma}_a^2(n, m)$是残差方差，参数个数为 $n+m$，AIC 函数定义为

$$AIC(n_0, m_0) = \ln[\hat{\sigma}_a^2(n, m)] + 2(n+m)/N \tag{7-18}$$

由低阶到高阶选取不同的 n、m 及模型参数，对$\{X_t: 1 \leqslant t \leqslant N\}$进行拟合，并用(7-18)计算该模型相应的 AIC 值，AIC 达到极小的模型，认为是最佳模型。

(2)BIC 准则。另外一个与 AIC 类似的准则函数是由舒瓦兹(Schwarz)提出来的 BIC 信息准则(也称为 Schwarz 信息准则，记为 SIC)，对于 AR 模型定阶，BIC 准则函数定义如下：

$$BIC(n) = \ln[\hat{\sigma}_a^2(n)] + n\ln(N)/N \tag{7-19}$$

若某一阶数 n_0^1 满足

$$BIC(n_0^1) = \min_{1 \leqslant n \leqslant M(N)} BIC(n)$$

其中 $M(N)$含义同前，则取 n_0^1 为最佳阶数。与 AIC 准则函数相比，式(7-19)右边第一项用 $\ln N$ 代替了系数 2，一般说来，$\ln N > 2$，因此，与 AIC 准则相比，BIC 准则对模型参数考虑得更多，BIC 达到极小时所对应的阶数往往比 AIC 准则相应定出的阶数低。

对时间序列 X_t 所适合的 ARMA 模型进行初步识别后，接下来就需要估计出其中的参数(包括 μ，φ，θ，σ_a^2)，以便进一步识别和应用模型。主要的参数估计方法有矩估计法、最小二乘估计法和极大似然估计法等，一般都由计算机软件实现，这里不作介绍。

3. ARMA 模型的适应性检验

完成模型的识别、定阶和参数估计后，剩下的问题就是判断这个模型用于描述时间序列是否恰当，也就是模型的适应性检验。所谓模型的适应性是指一个时间序列模型解释系统动态性(即数据序列的相关性)的程度。一个时间序列的适合模型应该完全或基本上解释了系统的动态性(即数据序列的相关性)，从而模型中残差序列$\{a_t\}$应该是白噪声序列。模型的

适应性检验实质上就是检验$\{a_t\}$序列是否为白噪声序列。其中最主要的是$\{a_t\}$序列的独立性检验。残差序列$\{a_t\}$可由估计出来的模型计算得到。通常采用逆推方法得到残差序列$\{a_t\}$：

$$\begin{aligned}\hat{a}_t &= X_t - \hat{\varphi}_1 X_{t-1} - \hat{\varphi}_2 X_{t-2} - \cdots - \hat{\varphi}_n X_{t-n} \\ &+ \hat{\theta}_1 a_{t-1} + \hat{\theta}_2 a_{t-2} + \cdots + \hat{\theta}_m a_{t-m} \\ t &= 0,\ 1,\ 2,\ \cdots\end{aligned} \tag{7-20}$$

递推的初值$\hat{a}_0$，$\hat{a}_{-1}$，…，$\hat{a}_{1-m}$，X_0，X_{-1}，…，X_{1-n}可取为零。计算出$\{\hat{a}_t\}$后就可通过计算并考察$\{\hat{a}_t\}$的自相关函数$\hat{\rho}_k$来判断残差序列的独立性。如果残差序列$\{a_t\}$为白噪声序列，可以证明，样本个数充分大时，$\hat{\rho}_k$是互不相关的，且近似于正态分布，即

$$\hat{\rho}_k \sim N(0,\ 1/N)$$

因此，如果

$$|\hat{\rho}_k| \leqslant 1.96/\sqrt{N}$$

则在0.05的显著性水平下无法拒绝$\rho_k = 0$的假设，认为$\{a_t\}$是独立的。也可以将自相关函数ρ_k放在一起整体进行检验，为此，构造如下的Ljung-Box-Pierce统计量：

$$Q(L(N)) = N(N+2)\sum_{k=1}^{L(N)} (N-k)^{-1}\hat{\rho}_k^2 \tag{7-21}$$

$L(N)$取得充分大，实际中一般取$L(N) = [N/10]$或$[\sqrt{N}]$。可以证明，在模型适合的条件下(7-20)近似为$\chi^2(L(N)-n-m)$分布。在给定的显著性水平α下，如果统计量$Q(L(N)) \leqslant \chi^2_{1-\alpha}(L(N)-n-m)$或者相伴概率不小于$\alpha$，就认为模型是适合的，否则不能认为模型是适合的，模型还需要进一步修正。

在前面的讨论中，我们假定所讨论的平稳过程$\{X_t\}$是零均值的(即$\mu=0$)。实际中我们所遇到的是一段样本观测数据序列，即过程的一个实现，而过程的均值是未知的，我们并不知道过程的均值是否为零。对此通常有两种处理方法：一种方法是用样本的均值$\bar{X}$作为过程均值μ的估计，建模前先用样本数据减去其均值，然后对所得到的零均值数据序列建模。另一种方法是把过程均值μ当作模型的另外一个未知参数进行估计，模型可写为

$$\begin{aligned}&(X_t-\mu) - \varphi_1(X_{t-1}-\mu) - \varphi_2(X_{t-2}-\mu) - \cdots - \varphi_n(X_{t-n}-\mu) \\ &= a_t - \theta_1 a_{t-1} - \theta_2 a_{t-2} - \cdots - \theta_m a_{t-m}\end{aligned} \tag{7-22}$$

可变形为

$$\begin{aligned}&X_t - \varphi_1 X_{t-1} - \varphi_2 X_{t-2} - \cdots - \varphi_n X_{t-n} \\ &= \theta_0 + a_t - \theta_1 a_{t-1} - \theta_2 a_{t-2} - \cdots - \theta_m a_{t-m}\end{aligned} \tag{7-23}$$

此时，过程均值μ为

$$\mu = \frac{\theta_0}{1-\varphi_1-\varphi_2-\cdots-\varphi_n} \tag{7-24}$$

因此，具体建模时，只需给ARMA模型加一个截距项θ_0即可。

二、非平稳时间序列模型

平稳序列的直观含义就是序列中不存在任何趋势性和周期性，其统计意义就是一阶矩为常数，二阶矩存在且为时间间隔τ的函数。但是在实际问题中我们常遇到的序列，特别是反映社会、经济现象的序列，大多数并不平稳，而是呈现出一定的趋势性或周期性。对于包含

趋势的时间序列，其非平稳性通常表现为两种情况：趋势平稳和差分平稳。趋势平稳时间序列的趋势性较为明显，剔除掉其中的确定性趋势后序列表现平稳；差分平稳的时间序列也表现出趋势性，但随机性的成分相对更大一些，只有通过差分后序列才表现平稳。趋势平稳和差分平稳两类序列可以通过单位根检验方法加以区分。对于包含周期的非平稳时间序列也有类似的两种情形。对单位根检验方法有兴趣的读者可以参阅时间序列分析或计量经济方面的著作。对于后一类非平稳时间序列可以采用差分平稳化后再进行建模分析。

1. ARIMA 模型

ARIMA 模型需要用到差分工具。用原序列的每一个观测值减去其前面的一个观测值，就形成原序列的差分序列，记为

$$\nabla^1 X_t = X_t - X_{t-1} \tag{7-25}$$

称之为一阶差分。如果时间序列有一个线性趋势，经过一阶差分之后，该趋势就会被消除了。有时候需要进行多次差分(高阶差分)，才能够使得变换后的时间序列平稳。一般地，对于 d 阶差分序列 $\nabla^d X_t$，设其适合 ARMA(p, q)模型，即

$$\Phi(B)(\nabla^d X_t) = \Theta(B) a_t \tag{7-26}$$

该模型称为求和(或单整 integrated)自回归滑动平均模型，记为 ARIMA(p, d, q)。之所以称为求和自回归滑动平均模型，是因为求和是差分运算的反运算。

如果序列 X_t 含有指数趋势，则可以通过取对数将指数趋势转化为线性趋势，然后再进行差分以消除线性趋势。

【例 7.3】 对某城市房产价格数据(2001 年 1 月 ~2005 年 5 月，见表 7-6)，试建立适应的 ARIMA 模型，并进行预测。

表 7-6 某城市房产价格数据(单位：元/平方米)

年份	Jan	Feb	Mar	Apr	May	Jun	Jul	Aug	Sep	Oct	Nov	Dec
2001	1889. 57	1832. 33	1825. 18	1672. 03	1630. 83	1403. 38	1706. 54	1546. 25	1860. 89	1842. 31	1372. 88	1772. 14
2002	1874. 45	1859. 82	2040. 55	1742. 26	1823. 27	2252. 42	1861. 83	1951. 21	2136. 11	2124. 55	2629. 48	2213. 94
2003	2374. 11	2226. 5	2687. 83	2374. 88	2483. 15	2341. 8	2417. 31	2175. 36	2377. 02	2447. 25	2471. 37	2595. 96
2004	2560. 83	2667. 09	2636. 74	2808. 5	2533. 52	2273. 82	2337. 59	2544. 08	2770. 01	2772. 98	2636. 42	2868. 9
2005	2830. 82	2973. 76	2875. 72	3400. 51	2941. 64							

该序列有增长的趋势，首先对其进行差分，原序列 X_t 及差分后序列 Y_t 如图 7-9 所示。

在 SPSS 窗口打开价格数据集，依次点击 Analyze—Forecasting—Autocorrelations，选入价格变量，选择 1 阶 Difference，可得差分后序列的自相关和偏自相关函数如图 7. 10 所示。可以看出 ACF 步一截尾，PACF 呈拖尾状[(如果运用(7-14)和(7-15)判断，ACF 和 PACF 均符合一步截尾，但相对而言 PACF 呈一定拖尾状)]，初步判定差分后序列适合 MA(1)模型，即原序列适合 ARIMA(0, 1, 1)模型。

在 SPSS 窗口依次点击 Analyze—Forecasting—Create Models，在 Options 菜单下定义 Forcast Period 至 2005 年 12 月，打开 Variables 菜单，将价格变量选入 Dependent variables，Method 选 ARIMA，打开 Criteria 菜单，输入模型阶数 Nonseasonal(0, 1, 1)，即可得到模型参数估计和预测结果。模型表达式为：

$$X_t - X_{t-1} = 25.38 + a_t - 0.70a_{t-1}$$
$$(2.90)\quad (6.48)$$

图 7-11 为残差序列的自相关函数，Ljung-Box-Pierce 统计量 $Q(18)$ 的相伴概率 0.977，可以认为 a_t 是独立的，对房地产价格数据建立的 ARIMA(0，1，1)模型是适应的。利用该模型可以对房地产价格进行预测，图 7-12 是房地产价格数据实际值、拟合值以及预测值图示。

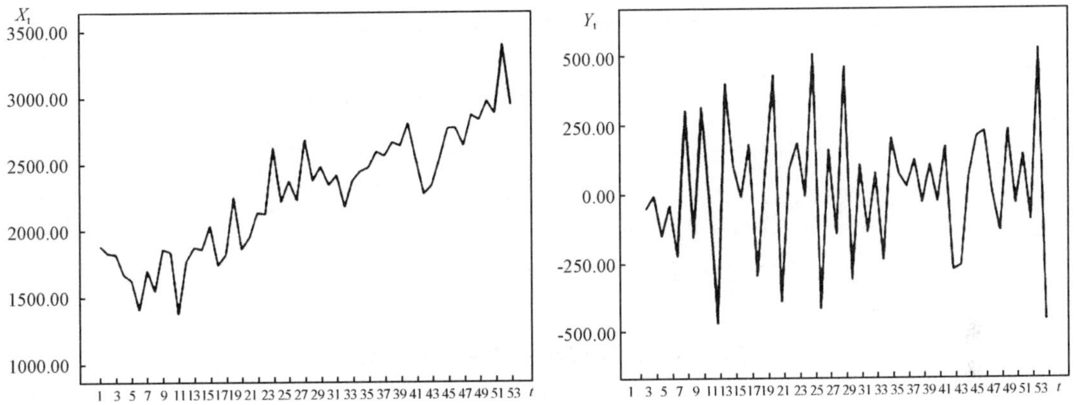

图 7-9　例 7.3 时间序列图

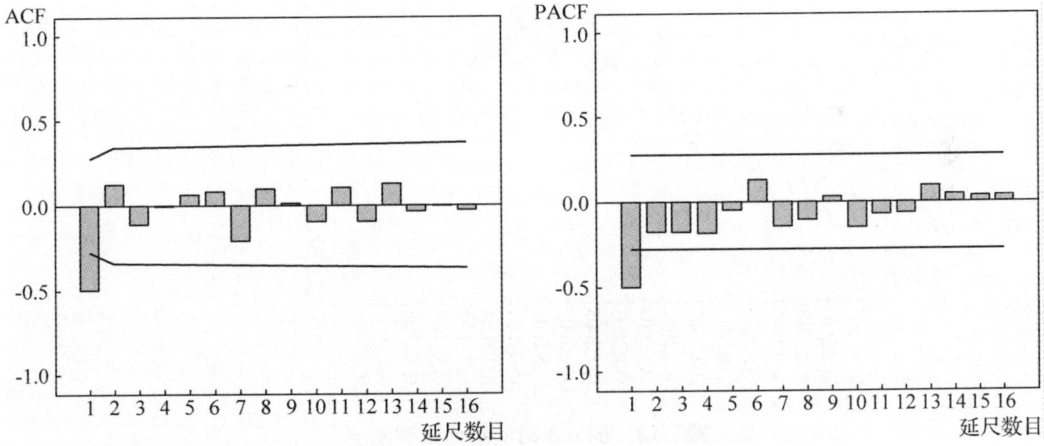

图 7-10　例 7.3 自相关和偏自相关函数图

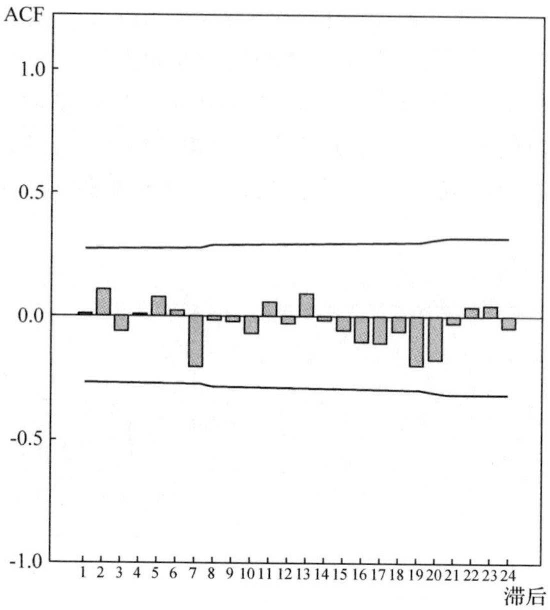

图 7-11　例 7.3 残差序列的自相关函数

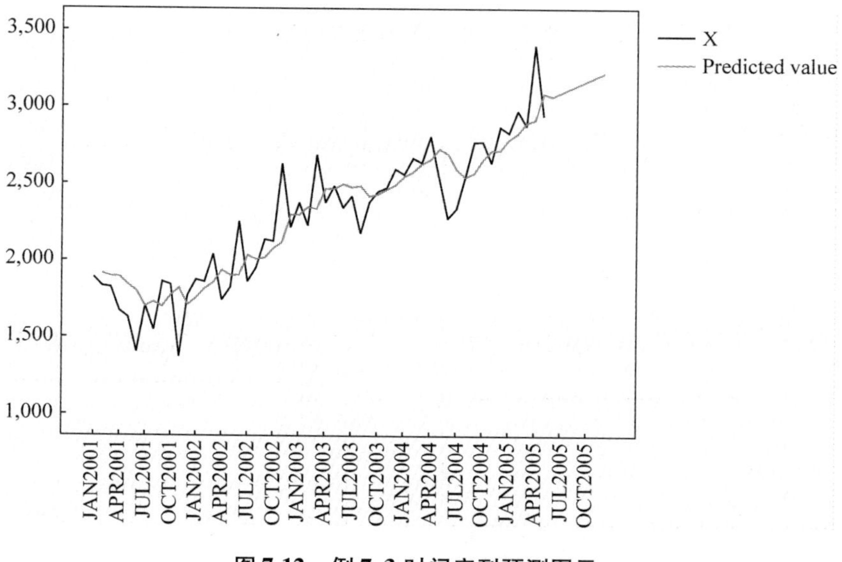

图 7-12　例 7.3 时间序列预测图示

2. 随机季节模型

在许多实际问题中，随机时间序列的变化包含很明显的周期性规律，比如，我们前面提到的企业销售额。一般地，在一个时间序列中，若经过 s 个时间间隔后呈现出相似性，我们就说该序列具有以 s 为周期的周期特性。具有周期特性的序列就称为季节时间序列。s 为周期长度，一个周期内所包含的时间点称为周期点。对于月份资料来说，基本时间间隔为 1 个月，周期为 12(即 $s=12$)，同一个周期内有 12 个周期点，对于季度资料、基本时间间隔为一个季度，周期为 4(即 $s=4$)，同一个周期内有四个周期点：一季度、二季度、三季度、四季度。s 也可能取其他一些值，例如，$s=7$（星期因素）等。

对于季节时间序列，一般通过季节差分消除季节成分。对于周期为 s 的时间序列，一阶季节差分为

$$\nabla_s^1 X_t = X_t - X_{t-s} \tag{7-27}$$

这样就可以把以 s 为周期的季节成分消除掉。对于季节差分后的平稳序列可以再考虑拟合 ARMA 模型。

随机季节模型就是对季节性随机序列中不同周期的同一周期点之间的相关关系的拟合。如周期为 12 个月的月份资料，就是研究不同年份的同一个月份的观察值之间的相关性。对于 D 阶季节差分序列$\nabla_s^D X_t$，季节 ARMA 模型为

$$U(B^s)(\nabla_s^D X_t) = V(B^s)e_t \tag{7-28}$$

其中

$$U(B^s) = 1 - u_1 B^s - u_2 B^{2s} - \cdots - u_P B^{Ps}$$

$$V(B^s) = 1 - v_1 B^s - v_2 B^{2s} - \cdots - v_Q B^{Qs}$$

这里的 e_t 是经季节差分后的原序列消除了周期点之间相关性（即季节分量）之后的剩余序列。需要注意的是序列 e_t 不一定独立，因为除了不同周期的同一周期点之间具有一定相关关系外，同一周期的不同周期点之间也有可能具有一定的相关关系。以周期为一年的月份资料为例，不同年份的同月资料（即各年同月的资料）可能存在一定的依存关系，同年各月的资料也有可能有一定的相关性。因此，还需要对序列 e_t 进一步拟合合适的模型。

3. 乘积季节模型

在随机季节模型中，由于序列 e_t 不一定是独立的，因此不妨假设 e_t 适合一个 ARIMA (p, d, q)。则有

$$\Phi(B)(\nabla^d e_t) = \Theta(B)a_t \tag{7-29}$$

其中，a_t 为白噪声序列。将(7-28)和(7-29)结合起来，

$$\Phi(B)U(B^s)(\nabla^d \nabla_s^D X_t) = V(B^s)\Theta(B)a_t \tag{7-30}$$

该模型不仅刻画了同一周期内不同周期点的相关关系，而且也描述了不同周期的同一周期点上的相关关系。从(7-29)式的结构形式上看，它是随机季节模型与 ARIMA 模型的结合，故称之为乘积季节模型，其阶数用 $(p, d, q)\times(P, D, Q)^s$ 表示，可简记为 ARIMA$(p, d, q)\times(P, D, Q)s$。如果将将(7-30)式展开，则可得到一般的高阶的 ARIMA 模型形式，其中许多系数为零，因此(7-30)也称为疏系数模型。

下面是几个常用的乘积季节模型：

(1) $(1-B^{12})(1-B)X_t = (1-\theta_1 B)(1-\theta_{12}B^{12})a_t$

该模型最早应用于国际航运资料，故也称为 Airline 模型，是一个应用最广泛的模型。

(2) $(1-B^{12})X_t = (1-\theta_1 B)(1-\theta_{12}B^{12})a_t$

(3) $(1-B^{12})X_t = C + (1-\theta_1 B)(1-\theta_{12}B^{12})a_t$

(4) $(1-B)X_t = (1-\theta_{12}B^{12})a_t$

(5) $(1-\varphi B)(1-B^{12})X_t = (1-\theta_{12}B^{12})a_t$

不同的季节模型有不同的自协方差特征，这些特征是我们选择模型的重要依据。以 Airline 模型为例，左方表示对原序列进行一阶差分和一阶季节差分，记差分后的序列为

$$W_t=(1-B^{12})(1-B)X_t$$

展开右方为

$$W_t=a_t-\theta_1 a_{t-1}-\theta_{12}a_{t-12}-\theta_1\theta_{12}a_{t-13} \tag{7-31}$$

如果某序列适合模型(7-31)，可以证明其理论自相关函数应满足

$$\rho_1\neq 0,\ \rho_{12}\neq 0,\ \rho_{11}=\rho_{13}=\rho_1\rho_{12},\ \text{其他}\ \rho_k=0 \tag{7-32}$$

有关其他模型的自相关函数特征极其推导可参阅相关文献。

再次考虑例7.1的销售额时间序列，由于有明显的季节性，首先对其进行间隔12期的季节差分，结果如图7-13所示。可以看出，季节性基本消除，还存在一定的线性上升趋势，再进行一阶差分，结果如图7-14所示，序列基本平稳，该序列的自相关函数如图7-15所示。其中

$$\hat{\rho}_1=-0.415\ ,\ \hat{\rho}_{12}=-0.529\ ,\ \hat{\rho}_{12}\hat{\rho}_{12}=-0.219\ ,\ \hat{\rho}_{13}=0.188$$

基本满足(7-31)。因此，可以对销售额时间序列拟合 Airline 模型(即 ARIMA(0, 1, 1)(0, 1, 1)^{12})。

在 SPSS 窗口依次点击 Analyze—Forecasting—Create Models，在 Options 菜单下定义 Forcast Period 至 2003 年 12 月，打开 Variables 菜单，将销售额变量选入 Dependent variables，Method 选 ARIMA，打开 Criteria 菜单，输入模型阶数 Nonseasonal(0, 1, 1)和 Seasonal(0, 1, 1)，即可得到模型参数估计和预测结果。模型表达式为：

$$(1-B^{12})(1-B)X_t=0.062+(1-0.993B)(1-0.876B^{12})a_t$$

$$(36.21)\qquad(6.84)\qquad(8.35)$$

拟合的结果和预测如图7-16所示。图7-17是残差的ACF和PACF，Ljung－Box－Pierce统计量Q(18)的相伴概率0.695，可以看出所选模型选择是适当的。

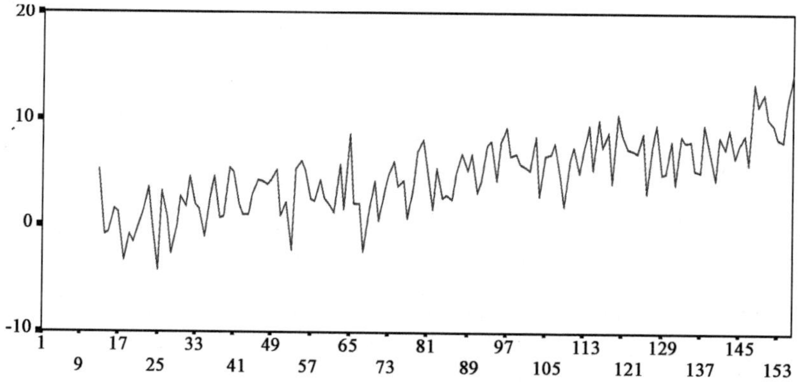

图7-13　季节差分后的销售额时间序列

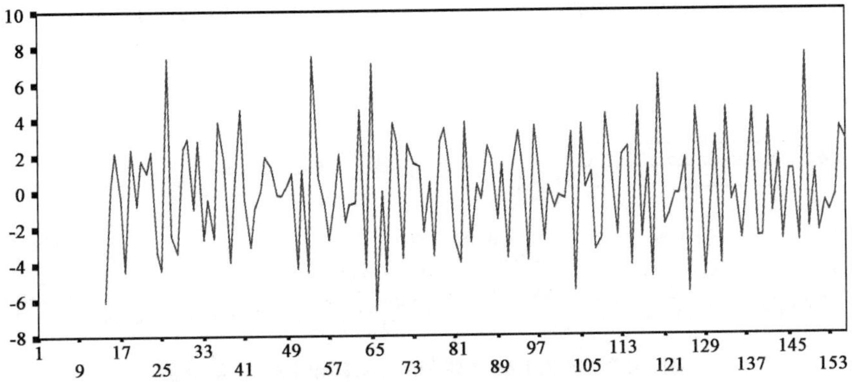

图 7-14　季节差分与一阶差分后的销售额时间序列

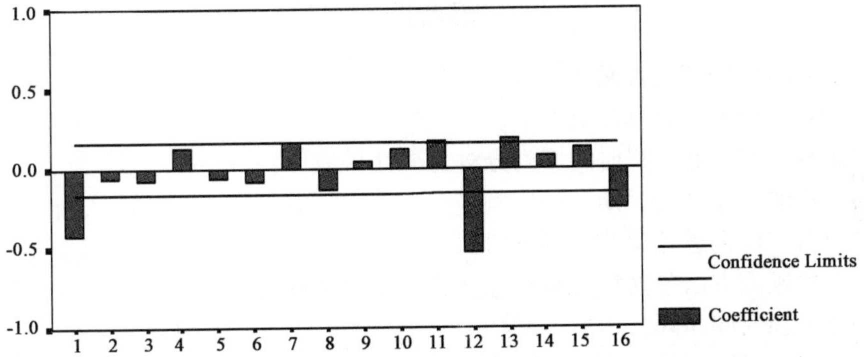

图 7-15　季节差分与一阶差分后的销售额时间序列的自相关函数

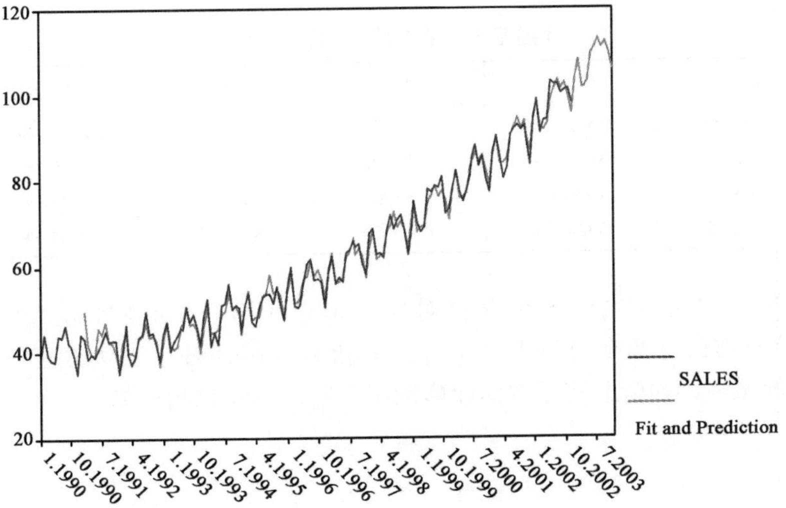

图 7-16　例 7.1 的原始序列和由模型得到的拟合值及对未来 12 个月的预测图

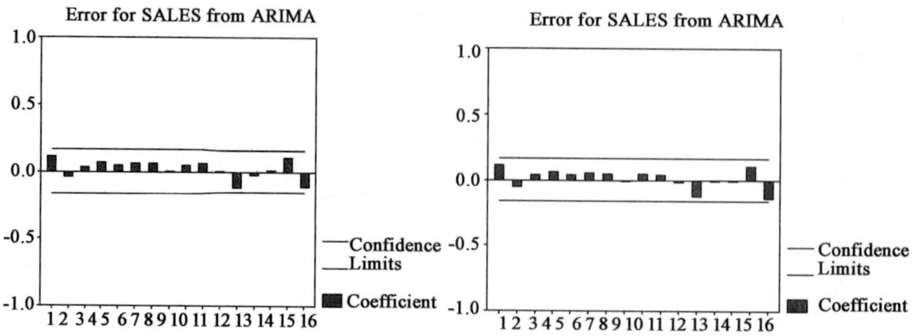

图 7-17 例 7.1 残差序列的 ACF 和 PACF 条形图

思考题

1. 举例说明时间序列的含义。
2. 时间序列分析方法有哪几类？
3. 根据影响因素，通常将时间序列分解为哪几种成分？
4. 如何测定时间序列的长期趋势？
5. 如何对时间序列进行季节变动分析？
6. 指数平滑预测方法包括哪几种？分别适合于什么场合？
7. 何为宽平稳时间序列？
8. 建立 ARMA 模型包括哪几个步骤？
9. 我国第一产业季度增加值数据如下表所示，试分析其长期趋势和季节变动。

我国第一产业季度增加值(亿元)

季度＼年份	2001	2002	2003	2004	2005	2006
1	1556.00	1592.00	1630.70	2029.00	2287.00	3242.00
2	2960.00	3041.00	3122.90	4148.00	4420.00	5046.00
3	4183.00	4326.00	4733.00	6384.00	6803.00	7282.00
4	5910.90	5924.30	7760.50	8183.00	9208.00	9130.00

10. 运用指数平滑法借助于 SPSS 软件对我国 2007 年第一产业季度增加值进行预测。

11. 搜集北京市最近两个月每天的空气污染指数数据，对其建立适应的 ARIMA 模型，进行超前一期的预测，并借助实际数据计算预测误差，检验预测结果。

第八章

面板数据分析

面板数据常常指的是一部分家庭、国家或企业等在一段时期内的观测值所构成的集合。这样的数据可以通过在一段时期内对一些家庭或个体进行跟踪调查来获得。从横截面看，面板数据是由若干个体在某一时点构成的截面观测值，并且，从纵剖面看每个个体都是一个时间序列。本章讨论面板数据的分析法。

第一节　面板数据分析简介

一、面板数据的含义

时间序列数据或截面数据都是一维数据。时间序列数据是变量按时间得到的数据；截面数据是变量在固定时点的一维数据。面板数据是同时在时间和截面上取得的二维数据，因此，面板数据(panel data)也称作时间序列与截面混合数据(pooled time series and cross section data)。

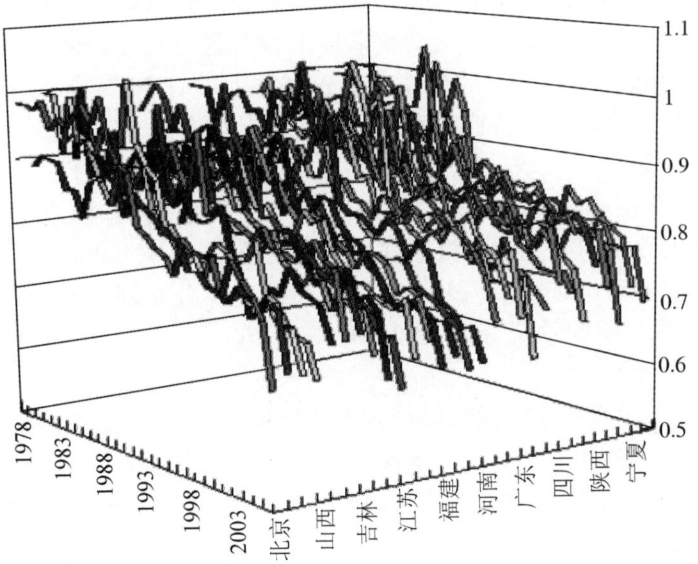

图 8-1　1978～2005 中国各省级地区消费性支出占可支配收入比例走势图

面板数据从横截面(cross section)看，是由若干个体(entity，unit，individual)在某一时点构成的截面观测值，从纵剖面(longitudinal section)看每个个体都是一个时间序列。

面板数据通常分为两类：由个体调查数据得到的面板数据通常被称为微观面板(*micro*

panels)。微观面板数据的特点是个体数 N 较大(通常是几百或几千个)，而时期数 T 较短(最少是 2 年，最长不超过 10 年或 20 年)。由一段时期内不同国家的数据得到的面板数据通常被称为宏观面板(macro panels)。这类数据一般具有适度规模的个体 N(从 7 到 100 或 200 不等，如七国集团，OECD，欧盟，发达国家或发展中国家)，时期数 T 一般在 20 年到 60 年之间。因数据结构上的区别，微观面板和宏观面板要求使用不同的计量方法。

二、面板数据的优点和局限性

1. 面板数据的优点

使用面板数据具有下列一些好处：

(1)可以控制个体异质性。面板数据能反映个体、企业、州或国家之间存在的异质性，即时间上和空间上的异质效应。而时间序列数据和横截面分析没有控制这种异质性，因而其结果很可能是有偏的。

(2)面板数据模型容易避免多重共线性问题。面板数据具有更多的信息；面板数据具有更大的变异；面板数据的变量间更弱的共线性；面板数据模型具有更大的自由度以及更高的效率。

(3)面板数据更适合于研究动态调整过程。面板数据适用于研究失业、贫困等经济状态的持续性问题的研究。如果这些面板数据的时期数足够长，它们就能够清楚地反映对经济政策变化的调整速度。比如，在衡量失业问题时，横截面数据可以估计出人口中多大一部分比例在给定的时间处于失业状态，多个截面可以反映这一比例如何随时间而变化。但是，只有面板数据才能估计出在某个时期失业人中有多大一部分在另一个时期仍处于失业状态。

(4)面板数据还可以识别、测量单纯使用横截面或时间序列数据无法估计的影响。对于由妇女组成的横截面样本，其中年平均就业率是 50%，这可能是由于下面两种原因导致的：①每个妇女在任一给定年份有 50% 的概率就业；②样本中有 50% 的人一直有工作，50% 的人根本不工作。情况①中的工作转换频率很高，而情况②中没有工作转换，只有使用面板数据才能区分这两种情况。

(5)与纯横截面数据或时间序列数据相比，面板数据模型允许构建并检验更复杂的行为模型。比如，对技术效率问题使用面板数据建模研究效果更好(Baltagi &Griffin，1988；Baltagi，Griffin &Rich，1995；Koop &Steel，2001)。另外，在分布滞后模型中使用面板数据比使用纯时间序列数据需要的约束条件更少(Hsiao，2003)，因为通常使用(teneral moment method)估计。

(6)基于个体、企业或家庭所搜集的微观面板数据与在宏观层次上所搜集的类似变量相比更加准确，而且还可能消除企业或个体数据汇总所导致的偏倚。

(7)与时间序列分析中进行单位根检验遇到的非标准分布问题不同，面板单位根检验通常具有标准的渐近分布。

2. 面板数据的局限性

面板数据也存在一定的局限性，其局限性包括以下几点：

(1)微观调查面板数据极少。Kasprzyk 等(1989)详细讨论了有关设计面板调查、数据收集和数据管理的问题。这些问题包括：覆盖面的问题(样本没覆盖研究总体)、无应答的问题(由于回答者不合作或提问者的失误)、回忆问题(回答者的记忆不准确)、采访的频率问题、采访的时间间隔问题、询问的时间问题和样本期内偏倚问题。

(2)测量误差的扭曲(distortions)严重。在面板数据调查中，问题不清晰，记忆错误，故意歪曲回答(例如期望偏倚)，不合适的被调查者，错误记录回答者的应答以及采访者的影响等导致出现严重的测量误差。

(3)面板数据的样本选择问题：

①自选择。例如，由于个人保留工资高于工作工资，人们通常选择不去工作。在这种情况下，观测到的只是这些人的特征，而观测不到他们的保留工资。由于他们的工资数据缺失，产生删失样本。但是，如果这些人的所有数据都不可观测，这就成为一个截断样本。因此，面板数据调查容易产生样本的选择有偏性。

②无应答。面板数据调查容易产生单项(或部分)无应答或完全无应答。这时，除了由于数据缺失导致的效率损失之外，面板数据调查中的未回答还可以导致严重的总体参数识别问题。

③非随机样本流失。在面板数据的随后调查，由于调查对象的非随机流动(如，低收入区域向高收入区域的流动)或发现回答的成本过高等原因，会产生调查对象的严重流失。Fitzgerald 等(1998)指出，面板数据使用价值的最大潜在威胁是有偏性流失。Lillard 和 Panis (1998)研究发现，Panel Data of Income Dynamics 美国收支动态长期追踪调查的样本流失有很强的选择性。例如，受教育程度较低的个体以及年龄较大的个体最容易从样本中剔除，而已婚的人继续留在样本内的可能性较大。被调查者在样本内的时期越长，继续参与调查的倾向就越小。在欧洲，(第一次和第二次调查之间的)样本流失率从意大利的 6% 到英国的 40% 不等。平均的样本流失率大约是 10%．为了解决样本非随机流失的影响，人们逐渐使用轮换面板(rotating panel)和伪面板(pseudo-panel)。

(4)时间维度短。微观面板通常是年度数据，每个个体的时期数较短。因此，主要依赖个体数趋于无穷进行渐近统计分析。

(5)截面相关性。国家或地区的宏观面板数据，如果时间序列较长而且没有考虑到国家之间的相关性就会导致错误的推断结论。

三、扩展的面板数据

1. 伪面板数据

1985 年，Deaton(1985)指出由于统计调查的样本轮换和样本非随机流失问题，绝大多数国家并不存在较长时间跨度的真正面板数据，或者这样的真正面板数据是难以获得的，对于发展中国家的微观经济变量尤其如此。并且，Deaton 发现“虽然某变量的统计抽样不能连续调查到各个体的观测数据，但是，如果按照某种属性(例如，年龄、职业和身份等)将各期调查对象分成不同的群(cohort)；对于各个观测期，选择各群内观测数据的均值(中位数或分位数)，即可构造以群为‘个体’单位的面板数据”。于是，对于截面时间序列的统计调查数据，基于某种属性分群，称以群为个体而构造的人工面板数据为伪面板数据(pseudo panel data)。

众所周知，面板数据的本质是在观测期内的每期都能观测到相同个体的相关数据，然而，伪面板显然并非如此。在观测期内，它允许每期观测的个体不同，并且重点关注的是个体群的统计特征，即通过群均值和群方差的发展变化，来揭示相关变量的总体分布特征。例如，为了基于城市住户抽样调查数据研究城市居民收入的动态行为，常见的分群标准是户主年龄段、户主出生年的区间和户主职业类别。户主按出生年的区间分群，在各观测期，同群中的不同家庭都是户主在同一出生年区间的家庭，不同群的家庭是户主在不同出生年区间的家庭。如，对于 1963 ~ 1967 年出生的研究群，在 1988 年调查时，该群内的家庭是户主为 21 ~ 25 岁的家庭；1989 年调查时，该群内的家庭是户主为 22 ~ 26 岁的家庭；依此类推，2008 年调查时，该群内的家庭是户主为 41 ~ 45 岁的家庭。然后，在各调查年，对该群内的家庭人均收入求均值。这样，对于 1963 ~ 1967 年出生的群体，可得到该群体的人均收入时间序列。于是，对于不同的群就可构造一个关于家庭人均收入的面板数据，称之为按出生年分群体的家庭人均收入伪面板数据。类似地，也可以构造按年龄段分群的人均收入伪面板数据。

2. 轮换面板

因为同一个家庭可能不愿被一次又一次地被回访，为了保持调查中家庭数目相同，在第二期调查中退出的部分家庭，被相同数目的新的家庭所替代，这在获得调查面板数据时是必要的。Biorn(1981)研究了这种轮换面板的情况。在 Biorn 和 Jansen(1983)的研究中，他们基于挪威家庭预算调查的数据，其中一半的样本在每次调查中被轮换掉。换句话说，就是每一期调查的样本中将有一半家庭退出调查，并被新的家庭替代。为了说明轮换面板的基本含义，我们假设 $T=2$，并且每期调查中有一半的样本被轮换，在这种情况下，不失一般性，在第 2 期，家庭 $1, 2, \cdots, N/2$ 被家庭，$N+1, N+2, \cdots, N+N/2$ 所替代，很明显，只有家庭 $N/2+1, N/2+2, \cdots, N$ 被观测了两期。这个例子中有 $3N/2$ 个不同的家庭，只有 $N/2$ 个家庭被观测了两期。最初和最后的 $N/2$ 个家庭只被观测了一期。

如果考虑建立单因素误差分量模型：

$$y_{it} = \alpha + X'_{it}\beta + u_{it} \qquad u_{it} = \mu_i + \nu_{it}$$

其中，$\mu_i \sim \prod D(0, \sigma_\mu^2)$ 和 $\nu_{it} \sim \prod D(0, \sigma_\nu^2)$ 相互独立，且与 x_{it} 也相互独立。

按照先家庭后时间的顺序对观测值进行排序，即，家庭为“快指标(faster index)”，时间为“慢指标(slower index)”这不同于从传统面板数据中的排序情况。在这种情况下，$\mu' = (\mu_{11}, \mu_{12}, \cdots, \mu_{N1}, \mu_{N/2+1,2}, \cdots, \mu_{3N/2,2})$，且

$$E(uu') = \Omega = \begin{bmatrix} \sigma^2 I_{N/2} & 0 & 0 & 0 \\ 0 & \sigma^2 I_{N/2} & \sigma^2 I_{N/2} & 0 \\ 0 & \sigma^2 I_{N/2} & \sigma^2 I_{N/2} & 0 \\ 0 & 0 & 0 & \sigma^2 I_{N/2} \end{bmatrix}$$

其中，$\sigma^2 = \sigma_\mu^2 + \sigma_\nu^2$，容易看出 Ω 是块对角矩阵，并且中间的分块具有通常的单因素误差

模型的误差形式 $\sigma_\mu^2(J_2 \otimes I_{N/2}) + \sigma_\nu^2(I_2 \otimes I_{N/2})$，因此，

$$\Omega^{-1/2} = \begin{bmatrix} \frac{1}{\sigma} I_{N/2} & 0 & 0 \\ 0 & \left(\frac{1}{\sigma_1^*}\bar{J}_2 + \frac{1}{\sigma_\nu}E_2\right) \otimes I_{N/2} & 0 \\ 0 & 0 & \frac{1}{\sigma} I_{N/2} \end{bmatrix}$$

其中，$E_2=I_2-\bar{J}_2$，$\bar{J}_2=J_2/2$ 和 $\sigma_1^{*2}=2\sigma_\mu^2+\sigma_V^2$。用 $\Omega^{-1/2}$左乘回归模型并进行 OLS 估计，即可得到轮换面板的 GLS 估计量。

3. 空间面板数据

在个体水平的随机抽样样本中，人们很少担心截面之间的相关性。然而，当考虑国家，地区，州，县等相关截面数据时，这些总量个体可能表现出必须处理的截面相关性。现在有大量运用空间数据的文献处理这种相关性。这种空间相依模型在区域科学和城市经济学中比较普遍。具体来说，这些模型使用经济距离测度设定了面板数据的空间自相关性和空间结构（空间异质性），这方面文献的详尽介绍可以参见 Anselin(1988, 2001)。

4. 计数面板数据

被解释变量是计数面板数据的例子很多。例如，一段时间内一家公司的竞标次数、一个人去看医生的次数、每天吸烟者的数量及一个研发机构登记专利的数目。

面板数据不是灵丹妙药，它并不能解决时间序列或横截面研究中解决不了的所有问题。例如，面板单位根检验比单一时间序列的单位根检验功效更高，这应该能更好地推断购买力平价(PPP)和增长收敛问题。事实上，在导致大量经验应用研究的同时，也引来了一些批评，Maddala(1999)和 Banerjee 等(2004, 2005)认为面板数据也不能解决购买力平价(PPP)以及增长收敛的问题。

第二节　面板数据回归模型

一、面板数据回归模型的一般形式

面板数据模型的一般形式如下：

$$y_{it} = \sum_{k=1}^{K}\beta_{ki}x_{kit} + u_{it} \tag{8-1}$$

其中，$i=1, 2, 3, \cdots, N$，表示 N 个个体；$t=1, 2, 3, \cdots, T$，y_{it}表示已知的 T 个时点。x_{kit}是被解释变量对个体 i 在 t 时的观测值；x_{kit}是第 k 个非随机解释变量对于个体 i 在 t 时的观测值；β_{ki}是待估计的参数；u_{it}是随机误差项。用矩阵表示为

$$Y_i = X_i\beta_i + U_i \qquad (i=1, 2, 3, \cdots, N) \tag{8-2}$$

其中，$Y_i=\begin{bmatrix} y_{i1}\\ y_{i2}\\ \vdots\\ y_{iT}\end{bmatrix}_{T\times 1}$，$X_i=\begin{bmatrix} x_{1i1} & x_{2i1} & \cdots & x_{Ki1}\\ x_{1i2} & x_{2i2} & \cdots & x_{Ki2}\\ \vdots & \vdots & \cdots & \vdots\\ x_{1iT} & x_{2iT} & \cdots & x_{kiT}\end{bmatrix}_{T\times K}$，$\beta_i=\begin{bmatrix} \beta_{1i}\\ \beta_{2i}\\ \vdots\\ \beta_{Ki}\end{bmatrix}_{K\times 1}$，$U_i=\begin{bmatrix} u_{i1}\\ u_{i2}\\ \vdots\\ u_{it}\end{bmatrix}_{T\times 1}$.

二、面板数据回归模型的分类

通常，对模型(8-1)将做许多限制性假设，使其成为不同类型的面板数据回归模型。一般来说，常用的面板数据回归模型有如下几种模型，下面分别介绍它们。

1. 混合回归模型

从时间上看，不同个体之间不存在显著性差异；从截面上看，不同截面之间也不存在显著性差异，那么就可以直接把面板数据混合在一起，用普通最小二乘法(OLS)估计参数。即

估计模型

$$y_{it} = \beta_1 + \sum_{k=2}^{K} \beta_k x_{kit} + u_{it} \tag{8-3}$$

$$Y = X\beta + U$$

其中，$Y = \begin{bmatrix} Y_1 \\ Y_2 \\ \vdots \\ Y_N \end{bmatrix}_{NT \times 1}$，$X = \begin{bmatrix} X_1 \\ X_2 \\ \vdots \\ X_N \end{bmatrix}_{NT \times K}$，$\beta = \begin{bmatrix} \beta_1 \\ \beta_2 \\ \vdots \\ \beta_K \end{bmatrix}_{K \times 1}$，$U = \begin{bmatrix} U_1 \\ U_2 \\ \vdots \\ U_N \end{bmatrix}_{NT \times 1}$.

实际上，混合回归模型(pooled regression models)假设了解释变量对被解释变量的影响与个体无关。关于参数的这种假设被广泛应用，但是，在许多问题的研究中，混合回归模型并不适用(Mairesse & Griliches，1990)。

2. 固定效应模型

在面板数据线性回归模型中，如果对于不同的截面或不同的时间序列，只是模型的截距项是不同的，而模型的斜率系数是相同的，则称此种模型为固定效应模型(fixed effects regression model)。

固定效应模型分为3种类型，即个体固定效应模型(entity fixed effects regression model)、时点固定效应模型(time fixed effects regression model)和时点个体固定效应模型(time and entity fixed effects regression model)。

(1)个体固定效应模型。个体固定效应模型是对于不同的纵剖面时间序列(个体)只有截距项不同的模型

$$y_{it} = \lambda_i + \sum_{k=2}^{K} \beta_k x_{kit} + u_{it} \tag{8-4}$$

或者表示为矩阵形式

$$Y = (I_N \otimes \iota_T)\lambda + XB + U$$

其中，$I_N \otimes \iota_T$ 是 N 阶单位矩阵 I_N 和 T 阶列向量 $\iota_T = (1,\ \cdots,\ 1)$ 的克罗内克积，

$\lambda = \begin{bmatrix} \lambda_1 \\ \lambda_2 \\ \vdots \\ \lambda_N \end{bmatrix}_{N \times 1}$，$X_i = \begin{bmatrix} x_{2i1} & x_{3i1} & \cdots & x_{Ki1} \\ x_{2i2} & x_{3i2} & \cdots & x_{Ki2} \\ \vdots & \vdots & \vdots & \vdots \\ x_{2iT} & x_{3iT} & \cdots & x_{KiT} \end{bmatrix}_{T \times (K-1)}$，$X = \begin{bmatrix} X_1 \\ X_2 \\ \vdots \\ X_N \end{bmatrix}_{NT \times (K-1)}$，$\beta = \begin{bmatrix} \beta_2 \\ \beta_3 \\ \vdots \\ \beta_K \end{bmatrix}_{(K-1) \times 1}$.

(2)时点固定效应模型。时点固定效应模型就是对于不同的截面(时点)有不同截距的模型。如果确知对于不同的截面，模型的截距显著不同，但是对于不同的时间序列(个体)截距是相同的，那么应该建立时间固定效应模型

$$y_{it} = \gamma_t + \sum_{k=2}^{K} \beta_k x_{kit} + u_{it} \tag{8-5}$$

其矩阵表示为

$$Y = (\iota_N \otimes I_T)\gamma + X\beta + U$$

其中，$\iota_N \otimes I_T$ 是 N 阶列向量 $\iota_N = (1,\ \cdots,\ 1)'$ 和 T 阶单位矩阵 I_T 的克罗内克积，

$$\gamma=\begin{bmatrix}\gamma_1\\ \gamma_2\\ \vdots\\ \gamma_T\end{bmatrix}_{T\times 1},\ X_i=\begin{bmatrix}x_{2i1} & x_{3i1} & \cdots & x_{Ki11}\\ x_{2i2} & x_{3i2} & \cdots & x_{Ki2}\\ \vdots & \vdots & \ddots & \vdots\\ x_{2iT} & x_{3iT} & \cdots & x_{KiT}\end{bmatrix}_{T\times(K-1)},\ X=\begin{bmatrix}X_1\\ X_2\\ \vdots\\ X_N\end{bmatrix}_{NT\times(K-1)},\ \beta=\begin{bmatrix}\beta_2\\ \beta_3\\ \vdots\\ \beta_K\end{bmatrix}_{(K-1)\times 1}.$$

(3)时点个体固定效应模型。时点个体固定效应模型就是对于不同的截面(时点)、不同的时间序列(个体)都有不同截距的模型。如果确知对于不同的截面、不同的时间序列(个体)模型的截距都显著地不相同，那么应该建立时点个体固定效应模型，表示如下：

$$y_{it}=\lambda_i+\gamma_t+\sum_{k=2}^{K}\beta_k x_{kit}+u_{it}$$

其矩阵表示为

$$Y=(I_N\otimes\iota_T)\lambda+(\iota_N\otimes I_T)\gamma+X\beta+U$$

其中，$i=1, 2, 3, \cdots, N$，表示 N 个个体；$t=1, 2, 3, \cdots, T$，表示已知的 T 个时点。

实际上，如果模型(2. 1)中存在缺失了随时点或个体变化的不可观测的重要确定性解释变量，则在模型中应该引入虚拟变量，设定模型为固定效应模型。对于固定效应模型可以采用在模型中加虚拟变量的方法估计回归参数，并称这种回归为最小二乘虚拟变量(the least square dummy variable)回归，简记为 LSDV 回归。也可以采用广义最小二乘法的协方差分析(analysis of covariance)法估计固定效应模型参数，简记为 ANCOVA 回归。

3. 随机效应模型

如果模型

$$y_{it}=\beta_1+\sum_{k=2}^{K}\beta_k x_{kit}+u_{it} \tag{8-6}$$

中缺失了分别随个体和时间变化的不可观测随机性因素时，可以通过对误差项的分解来描述这种信息的缺失，即，将模型误差项分解为 3 个分量

$$u_{it}=u_i+v_t+w_{it} \tag{8-7}$$

其中，u_i，v_t和 w_{it}分别表示个体随机误差分量、时间随机误差分量和混合随机误差分量。同时，还假定 u_i，v_t，w_{it}之间互不相关，各自分别不存在截面自相关、时间自相关和混合自相关。这时，模型(8-7)被称为随机效应模型或误差分解模型。对于误差分解模型可以采用广义最小二乘法(GLS)估计模型参数。

4. 确定系数面板数据模型

在面板数据模型(8-8)中，如果解释变量对被解释变量的影响随着个体的变化是不同的确定性参数时，称模型(8-8)为确定系数面板数据模型。确定系数面板数据模型的矩阵形式为 Zellner(1962)的似不相关回归模型(seemingly unrelated regressions)

$$Y=X\beta+U \tag{8-8}$$

其中，$X=\begin{bmatrix}X_1 & 0 & \cdots & 0\\ 0 & X_2 & \cdots & 0\\ \vdots & \vdots & \ddots & \vdots\\ 0 & 0 & 0 & X_N\end{bmatrix}_{NT\times NK}$，$\beta_i=\begin{bmatrix}\beta_{1i}\\ \beta_{2i}\\ \vdots\\ \beta_{ki}\end{bmatrix}_{K\times 1}$，$\beta=\begin{bmatrix}\beta_1\\ \beta_2\\ \vdots\\ \beta_N\end{bmatrix}_{KN\times 1}$

5. 随机系数面板数据模型

面板数据模型(8-9)揭示了不同个体的相同经济现象，于是，如果 N 个个体是从某个总

体随机抽取的一个样本时，面板数据模型(8-1)的参数列向量就是随机向量。另外，如果个体间是空间相关时，面板数据模型(8-1)的 N 个参数列向量的集合$\{\beta_i | i=1, 2, \cdots, N\}$可以被看成是同一个总体的 N 个样本。这时，称面板数据回归模型(9-1)为随机系数回归模型(random coefficient regression model)，即，

$$\beta_i = \bar{\beta} + \nu_i \quad (i=1, 2, \cdots, N) \tag{8-9}$$

其中，$\bar{\beta}$ 是固定向量，ν_i 是零均值的随机向量。

从而，面板数据模型(8-1)可以表示为

$$Y_i = X_i(\bar{\beta} + \nu_i) + U_i$$

$$Y_i = X\bar{\beta} + W_i \tag{8-10}$$

其中，$W_i = X_i\nu_i + U_i$。

这样，利用广义最小二乘法估计模型(8-10)得到的估计量

$$\hat{\bar{\beta}} = (X'\Omega^{-1}X)^{-1}(X'\Omega^{-1}Y) \tag{8-11}$$

比混合回归模型(8-3)的估计量更有效，其中，Ω 是 $W = \begin{pmatrix} W_1 \\ W_2 \\ \vdots \\ W_N \end{pmatrix}$的方差协方差矩阵。

有关面板数据静态回归模型的分类和模型设定可用图 8-2 概括。

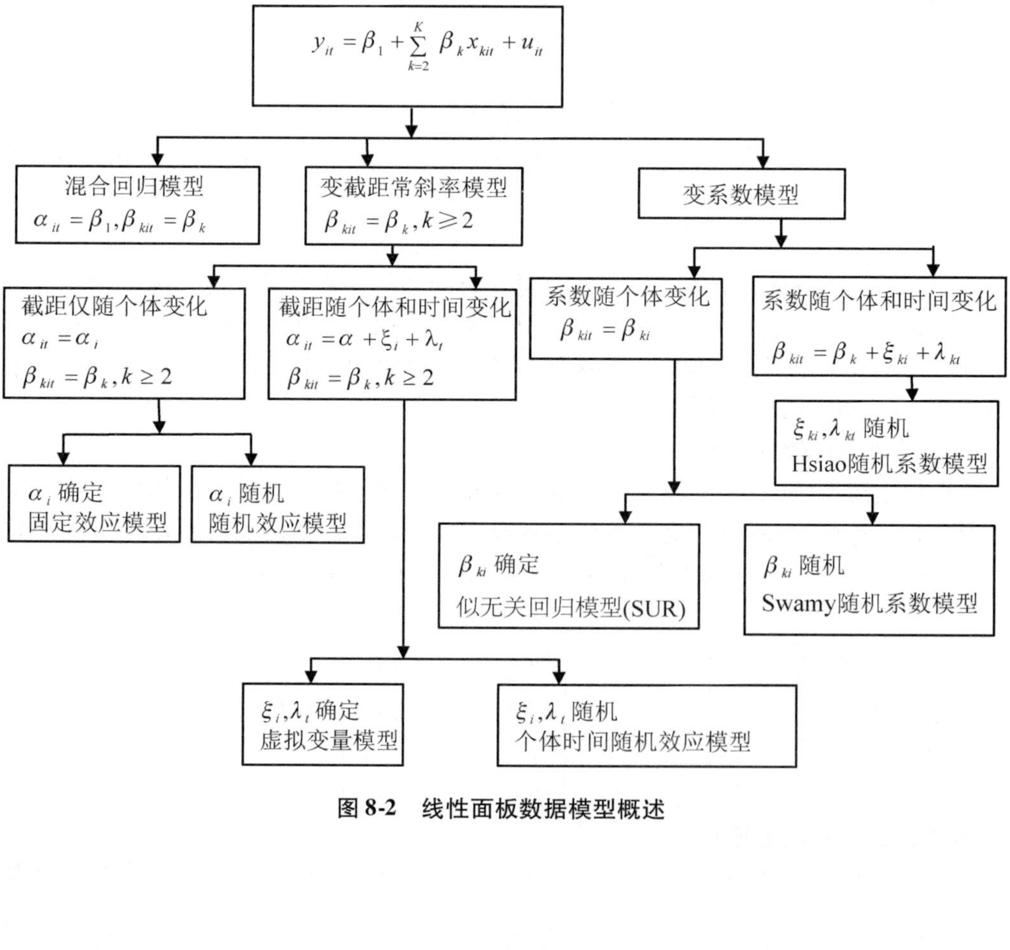

图 8-2　线性面板数据模型概述

6. 平均个体回归模型

首先，对每个个体在时点上建立模型，并估计参数。然后，计算各个体的参数估计值的平均值，将此值作为面板模型的参数估计。

对于给定的个体 i，估计多元回归模型

$$y_{it} = \sum_{k=1}^{K} \beta_{ki} x_{kit} + u_{it} \qquad (t = 1, 2, 3, \cdots, T) \tag{8-12}$$

的参数 β_{ki} 的估计量 $\hat{\beta}_{ki}$；然后，以 N 个体参数估计量的均值

$$\hat{\beta}_k = \frac{1}{N} \sum_{i=1}^{N} \hat{\beta}_{ki} \qquad (k = 1, 2, 3, \cdots, K) \tag{8-13}$$

作为模型参数 β_{ki} 的估计量。

一般来说，当面板数据的个体较少、时间序列较长，且个体差异不显著时，才会用平均个体回归方法估计模型参数。这种面板数据通常是宏观经济的面板数据。

7. 平均时间回归模型

先对各变量的数据在时间上计算平均值，然后对按时间平均的截面数据回归。即估计截面数据的多元回归模型

$$y_{i.\cdot} = \sum_{k=1}^{K} \beta_k x_{ki.\cdot} + u_i \qquad (i = 1, 2, 3, \cdots, N) \tag{8-14}$$

其中，$y_{i.}$ 和 $x_{ki.}$ 分别是被解释变量和解释变量在时间上的平均值。当面板数据的个体较多、时间序列较短，且时间差异不显著时，可用平均时间回归方法估计模型参数，且 Pesaran（1995）指出，即使对于动态面板数据模型，该估计也是无偏的和一致的。

第三节　面板数据线性回归模型估计、检验

一、单因素误差面板数据线性回归模型

对于面板数据 y_i 和 x_i，称

$$y_{it} = \alpha + X'_{it}\beta + u_{it} \qquad u_{it} = \mu_i + \nu_{it} \qquad i = 1, \cdots, N;\ t = 1, \cdots, T \tag{8-15}$$

为单因素误差面板数据线性回归模型，其中，u_i 表示不可观测的个体特殊效应，v_{it} 表示剩余的随机扰动。Grunfeld（1958）建立了下面的投资方程：

$$I_{it} = \alpha + \beta_1 F_{it} + \beta_2 C_{it} + u_{it} \tag{8-16}$$

其中 I_{it} 表示对第 i 个企业在 t 年的实际总投资，F_{it} 表示企业的实际价值（即公开出售的股份），C_{it} 表示资本存量的实际价值。基础数据是来源于 10 个大型的美国制造业公司 1935 ~ 1954 共 20 年的面板数据。

1. 混合回归模型

对于面板数据 y_i 和 X_i，无约束的线性回归模型是

$$y_i = Z_i \sigma_i + u_i \qquad i = 1, 2, \cdots, N \tag{8-17}$$

其中 $y'_i = (y_{i1}, \cdots, y_{iT})$，$Z_{Zi} = [\iota_T, X_i]$ 并且 X_i 是 $T \times K$ 的，δ'_i 是 $1 \times (K+1)$ 的，u_i 是 $T \times 1$ 的。

如果面板数据可混合，则得到有约束模型

$$y = Z\delta + u \tag{8-18}$$

其中 $Z' = (Z_1', Z_2', \cdots, Z_N')$，$u' = (u_1', u_2', \cdots, u_N')$。

2. 面板数据的可混合性检验

推断面板数据可混合的零假设是：

H_0^1：对于所有的 i 都有 $\delta_i = \delta$。

检验约束条件的统计量是 Chow 检验的 F 统计量

$$F = \frac{(SSE_{res} - SSE_{ures})/(N-1)K'}{SSE_{ures}/N(T-K')} \tag{8-19}$$

其中，$K' = K + 1$，$SSE_{ures} = \sum_{i=1}^{N} SSE_i$。

在 $H_0$①条件下，$F_{obs} \sim F[(N-1)K', N(T-K')]$分布。对于 Grunfeld 数据，在零假设 H_0^1 下，混合 OLS 估计得到 $SSE_{ures} = 1755850.48$；无约束模型的 SSE_{ures}由 10 个公司的 OLS 回归 SSE 之和得到，即 $SSE_{ures} = 324728.47$，每个回归有 17 个自由度，总的自由度为 170；共有 27(=3 ×9)个约束；Chow 检验的 F 统计量取值为 27.75；经检验拒绝了所有系数可混合性的零假设 H_0^1。

3. 斜率系数的可混合性检验

另外，还可以利用 Chow 检验的 F 统计量对斜率系数的可混合性进行检验(允许截距不完全相同)，即检验零假设 2

$$H_0^2: \beta_1 = \beta_2 = \cdots = \beta_N$$

这时，有约束模型是带有个体虚拟变量的组内回归，无约束模型与前面相同。对于 Grunfeld 数据，在零假设 H_0^2 下，组内估计得到 $SSE_{ures} = 523478$；同样，无约束模型的 SSE_{ures}由 10 个公司的 OLS 回归 SSE 之和得到，即 $SSE_{ures} = 324728.47$，每个回归有 17 个自由度，总的自由度为 170；共有 18(=2 ×9)个约束；得到 F 统计量等于 5.78；因此拒绝了斜率系数具有可混合性的零假设 H_0^2。类似地，还可以检验系数是否随时间变化的可混合性问题。

4. 个体固定效应模型(Fixed-Effects model)

面板数据混合回归模型没有考虑不可观测的非时变异质因素，当考虑了这些因素对模型参数估计的影响时，需要把面板数据回归模型设定为个体固定效应模型。

面板数据回归模型

$$y_{it} = \alpha + \beta x_{it} + \mu_i + \nu_{it} \tag{8-20}$$

被称为固定效应回归模型。其中，μ_i 即为不可观测的非时变异质因素。固定效应回归模型的估计方法：LSDV 估计、组内变换后的 OLS 估计——组内估计。

5. 固定效应检验

检验面板数据固定效应模型设定的零假设是：

---

① 对于面板数据固定效应回归模型 $y_{it} = \alpha + \beta x_{it} + \mu_i + \nu_{it}$ (*)

关于时间平均的模型被称为组间回归式 $\bar{y}_{i.} = \alpha + \beta \bar{x}_{i.} + \mu_i + \bar{\nu}_{i.}$ (* *)

用(*)式减去(* *)式，得组内回归式 $y_{it} - \bar{y}_{i.} = \beta(x_{it} - \bar{x}_{i.}) + (\nu_{it} - \bar{\nu}_i)$。

并且，模型(*)的 GLS 估计量 $\hat{\beta}_{GLS} = W_1 \tilde{\beta}_{Within} + W_2 \hat{\beta}_{Between}$

$$H_0^3: \mu_1 = \mu_2 = \cdots = \mu_{N-1} = 0$$

检验约束条件的统计量是 Chow 检验的 F 统计量

$$F = \frac{(SSE_{res} - SSE_{ures})/(N-1)^{H_0^3}}{SSE_{ures}/(NT-N-K)} \sim F(N-1,\ NT-N-K) \tag{8-21}$$

其中，$SSE_{ures} = \sum_{i=1}^{N} SSE_i$。

在 H_0^3 条件下，对应于混合回归模型，无约束模型是 LSDV 回归模型。如果 N 较大，组内均值回归的残差平方和可作为 SSE_{ures}。对于 Grunfeld 数据，$F = 49.18$，拒绝了混合回归模型的设定。

6. 固定效应模型的缺陷

固定效应模型的参数太多，影响估计自由度；固定效应模型的误差项含有未观测到的个体效应(μ_i)，并可能与 X_{it} 相关。例如，在收入方程中，μ_i 可能代表不可观测的个人能力，它可能与方程右边的受教育变量相关。

二、个体随机效应模型(GLS Random-Effects model)

面板数据回归模型

$$y_{it} = \alpha + \beta x_{it} + \mu_i + \nu_{it},\ \mu_i \sim \prod D(0,\ \sigma_\mu^2),\ \nu_{it} \sim \prod D(0,\ \sigma_\nu^2), \tag{8-22}$$

被称为随机效应回归模型。其中，μ_i 是独立于 ν_{it}，对于所有的 i 和 t，X_{it}也独立于 μ_i 和 ν_{it}. 通过设定个体效应(μ_i)为随机误差项，并假设个体效应(μ_i)与 X_{it} 独立，以避免固定效应模型参数估计的有偏。同时，增加模型估计的自由度；另外，也可将模型应用于(个体)样本之外。

1. 随机效应模型的估计

随机效应模型误差项的协方差矩阵

$$\begin{aligned}\Omega &= E(uu') = Z_\mu E(\mu\mu') Z_\mu' + E(\nu\nu') \\ &= \sigma_\mu^2 (I_N \otimes J_T) + \sigma_\nu^2 (I_N \otimes I_T)\end{aligned} \tag{8-23}$$

通过估计 Ω，利用 FGLS 估计随机效应模型。并且，

$$\hat{\beta}_{GLS} = W_1 \tilde{\beta}_{Within} + W_2 \hat{\beta}_{Between}. \text{(Baltagi, 2008, P20)} \tag{8-24}$$

2. 个体随机效应模型的 MLE

个体随机效应模型的参数估计使用最大似然估计的方法，Stata 软件和 Eviews 软件都提供了 MLE 估计的方法。对于 Grunfeld 数据，LR 检验结果拒绝了个体固定效应的零假设 H_0：$\sigma_\mu^2 = 0$，接受随机效应模型。

(三)固定效应和随机效应的 Hausman 检验

到底是选择固定效应还是随机效应模型，Hausman 提出了一种检验方法能够提供一定的参考。Hausman 检验假定：

$$H_0: E(u_{it} \mid X_{it}) = 0,\ 其中,\ u_{it} = \mu_i + \nu_{it} \qquad i = 1, \cdots, N;\ t = 1, \cdots, T$$

因素误差回归模型的一个关键假设是 $E(u_{it} \mid X_{it}) = 0$。因为误差项含有未观测到的个体效应($\mu_i$)，并可能与 X_{it}相关。例如，在收入方程中，μ_i 可能代表不可观测的个人能力，它可能与方程右边的受教育变量相关。

在 $E(u_{it} \mid X_{it}) \neq 0$ 的情况下，β 的 GLS 估计量$\hat{\beta}_{GLS}$不仅是有偏，而且也是非一致的。但是，组内变换消除了这些μ_i，因此，β 的组内估计量$\tilde{\beta}_{Within}$是无偏的和一致的。

在零假设 H_0：$E(u_{it} \mid X_{it})=0$ 下二者都是一致的，但如果 H_0 不成立，二者具有不同的概率极限。事实上，无论 H_0 是否成立，$\tilde{\beta}_{Within}$都是一致的，而$\hat{\beta}_{GLS}$仅仅在 H_0 下是 Best Linear Unbiased Estimator、一致和渐近有效的。但是，如果 H_0 不成立，则$\hat{\beta}_{GLS}$是非一致的。因此，Hausman(1978)构造了一个较自然的检验统计量

$$\tilde{q}_1 = \hat{\beta}_{GLS} - \tilde{\beta}_{Within} \tag{8-25}$$

因为，在零假设 H_0 下，$p\lim \hat{q}_1 = 0$，$\operatorname{cov}(\hat{q}_1,\ \hat{\beta}_{GLS}) = 0$，于是可得都类似于 Wald 型检验的 Hausman 检验统计量

$$m_1 = \hat{q}_1' \left[\operatorname{var}(\hat{q}_1)\right]^{-1} \hat{q}_1 \tag{8-26}$$

其中，$\operatorname{var}(\hat{q}_1) = \operatorname{var}(\tilde{\beta}_{Within}) - \operatorname{var}(\hat{\beta}_{GLS}) = \sigma_\nu^2\ (X'QX)^{-1} - (X'\Omega^{-1}X)^{-1}$ (8-27)

在零假设 H_0 下，m_1 渐近服从χ_K^2 分布，其中 K 表示斜率向量β 的维度。对于 Grunfeld 数据，可以看到 $m1 = 2.33$，$m1$ 不能拒绝零假设。即，选择固定效应模型较合理。另外，也可以基于组间估计量和 SWAR 的 FGLS 估计量的差$\hat{q}_2$ 构造 Hausman 统计量

（四）双因素误差面板数据线性回归模型

对于面板数据 y_i 和 X_i，称

$$y_{it} = \alpha + X'_{it}\beta + u_{it} \quad u_{it} = \mu_i + \lambda_t + \nu_{it} \quad i = 1,\ \cdots,\ N;\ t = 1,\ \cdots,\ T \tag{8-28}$$

为双因素误差面板数据线性回归模型，其中，μ_i 表示未观测到的个体效应，λ_i 表示未观测到的时间效应，ν_{it}表示剩余的随机误差项。

显然，与单因素误差面板数据线性回归模型比较，双因素误差模型包含了面板数据中不可观测的同质时变因素。双因素误差模型的估计及其检验。

以 Grunfeld 数据为例，讨论双因素误差模型的估计及其检验。

$$I_{it} = \alpha + \beta_1 F_{it} + \beta_2 C_{it} + u_{it} \qquad u_{it} = \mu_i + \lambda_t + \nu_{it} \tag{8-29}$$

这里，I_{it}表示对第 i 个企业在 t 年的实际总投资，F_{it}表示企业的实际价值(即公开出售的股份)，C_{it}表示资本存量的实际价值

1. 双因素固定效应模型检验

在估计双因素固定效应模型后，可以进行检验冗余固定效应的单项和联合检验，即检验零假设分别是：

H_0^1：$\mu_1 = \mu_2 = \cdots = \mu_{N-1} = 0$，$\lambda_1 = \lambda_2 = \cdots = \lambda_{T-1} = 0$

H_0^2：$\mu_1 = \mu_2 = \cdots = \mu_{N-1} = 0$

H_0^3：$\mu_1 = \mu_2 = \cdots = \mu_{T-1} = 0$

的 F 统计量

$$F = \frac{(SSE_{res} - SSE_{ures})/(N-1)^{H_0^1}}{SSE_{ures}/((N-1)(T-1)-K)} \sim F(N+T-2,\ (N-1)(T-1)-K) \tag{8-30}$$

$$F = \frac{(SSE_{res} - SSE_{ures})/(N-1)^{H_0^2}}{SSE_{ures}/(NT-N-K)} \sim F(N-1,\ NT-N-K) \tag{8-31}$$

$$F = \frac{(SSE_{res} - SSE_{ures})/(N-1)^{H_0^3}}{SSE_{ures}/(NT-N-K)} \sim F(T-1,\ NT-T-K) \tag{8-32}$$

和 LR 检验 χ^2 统计量

单边似然比(LR)检验采用如下形式：

$$LR^i = -2\log\frac{l(res)}{l(nures)} \tag{8-33}$$

其中，$l(res)$表示(在原假设下)有约束的极大似然值，而 $l(ures)$表示非约束的极大似然值。

2. 双因素随机效应模型

对于面板数据 y_i 和 X_i，称

$$y_{it} = \alpha + X'_{it}\beta + u_{it} \quad u_{it} = \mu_i + \lambda_t + \nu_{it} \quad i = 1, \cdots, N; \ t = 1, \cdots, T \tag{8-34}$$

为双因素误差面板数据线性回归模型，其中，μ_i 表示未观测到的个体效应，λ_i 表示未观测到的时间效应，ν_{it}表示剩余的随机误差项。

显然，与单因素误差面板数据线性回归模型比较，双因素误差模型包含了面板数据中不可观测的同质时变因素。

以 Grunfeld 数据为例，讨论双因素误差模型的估计及其检验。根据个体随机效应项、时间效应项和剩余误差项方差的三种不同估计方法(Swamy & Arora 估计、Wallace & Hussain 估计和 Wansbeek & Kapteyn 估计)，随机效应模型的估计有三种，选择的原则是保证这三个方差估计大于零。

3. 双因素随机效应模型的 Huasman 检验

在估计双因素随机效应模型后，需要进行检验单项和联合随机效应的 Huasman 检验，比较两个估计量，其中一个假定 μ_i 和 λ_i 都是固定的，另一个假设二者都是随机的，即基于差值$\hat{\beta}_{GLS} - \tilde{\beta}_W$ 构造 Hausman 统计量 m_1，检验零假设

$$H_0: E(\lambda_{it} \mid X_{it}) = E(\mu_i \mid X_{it}) = 0$$

其中，$\hat{\beta}_{GLS}$是双随机效应模型的 FGLS 估计，$\tilde{\beta}_W$ 是双固定效应的组内估计。

(1)基于双随机效应和双固定效应的 Hausman 检验统计量 $m_1 = 8.842$，其 $p = 0.012$，在 5% 的显著性水平下，Hausman 检验拒绝了零假设 H_0^5；

(2)另外还有其他两种 Hausman 检验，第一种是基于双随机效应模型和 λ_t 随机 μ_i 固定的混合效应模型估计量的差构造 Hausman 统计量 m_2，对于 Grunfeld 数据，在零假设下认为双随机效应模型是有效的，$m_2 = 0.715$，所以，Hausman 检验不能拒绝零假设。第二种是基于双随机效应模型 μ_i 和随机 λ_t 固定的固定混合效应模型估计量的差构造 Hausman 统计量 m_3，对于 Grunfeld 数据，在零假设下认为双随机效应模型是有效的，$m_3 = 7.209$，所以，Hausman 检验拒绝了零假设。

思考题

1. 简要介绍面板数据的含义及分类。
2. 简要介绍面板数据的优点和局限性。
3. 简要介绍面板数据回归模型的估计与检验。

第九章

聚类分析

实际中我们经常会遇到物以类聚的问题。比如说，把我国所有的省(自治区、直辖市)分成若干类。根据什么来分呢？既可以按照各地区的自然条件(比如考虑降水、土地、日照、湿度等各方面)来分类，也可以按照各地区的社会发展水平(比如考虑可支配收入、教育水准、医疗条件、基础设施等方面)来分类；既可以按照某一项指标来分类，也可以同时考虑多项指标来分类。本章介绍解决这类问题的方法：聚类分析(cluster analysis)。

聚类分析又称群分析，是对多个样本(或指标)进行定量分类的一种多元统计分析方法。对样本进行分类称为 Q 型聚类分析，对指标进行分类称为 R 型聚类分析。比如我们有 100 名学生(样本)的各科考试成绩(指标)，根据学生的各科考试成绩(或某一科成绩或总成绩)将 100 名学生分成若干类属于 Q 型聚类分析，根据 100 名学生的各科考试成绩将考试科目分成两到三类属于 R 型聚类分析。R 型聚类分析常用于在多个指标(变量)中间选择主要的变量以便做进一步的分析。Q 型聚类分析可以综合利用多个变量的信息对所研究样本进行分类以便做进一步的分类研究与分析。

聚类分析的基本思想是根据样本(或指标)之间的远近程度，把相近的样本(或指标)归入同一类，尽量使得同一类的样本(或指标)相近程度大，而不同类的样本(或指标)有较大的差异。这就很自然地涉及两个问题：①如何度量样本(或指标)之间的远近程度？②如何度量类之间的远近程度？事实上这是聚类分析方法的两个基本问题。本章首先介远近程度的度量方法，然后介绍三种常用的聚类分析方法：分层聚类、k-均值聚类和两步聚类。

第一节　远近程度的度量方法

一、样本(或指标)之间的远近程度的度量

(一)样本之间的远近程度的度量

假定想要对 100 个学生根据考试成绩进行分类。如果仅仅知道他们的数学成绩(或总成绩)，则可以将成绩排序，这些成绩在直线上形成 100 个点。这样就可以把直线上距离近的点放到一起，这本质上是个一维有序聚类问题。如果除了数学之外还知道他们的物理成绩，于是，100 个学生的数学和物理成绩就形成二维平面上的 100 个点，也可以按照平面上的距离远近来分类。三维或者更高维的情况也是类似，只不过三维以上的图形无法直观地画出来而已。

一般地，设有 n 个样本，每个样本有 p 个指标(连续型变量)描述，其数据矩阵为

$$X=\begin{bmatrix} x_{11} & x_{12} & \cdots & x_{1p} \\ x_{21} & x_{22} & \cdots & x_{2p} \\ \vdots & \vdots & \vdots & \vdots \\ x_{n1} & x_{n2} & \cdots & x_{np} \end{bmatrix}$$

n 个样本(X 中的 n 行)可以看成 p 维(p 个指标)空间中的 n 个点，因而两个样本之间的远近程度可以用 p 维空间中两点间的距离来度量。用 d_{ij}表示第 i 个样本和第 j 个样本间的距离，常用的距离有以下几种：

1. 明氏距离

$$d_{ij}(q) = \left(\sum_{a=1}^{p} |x_{ia} - x_{ja}|^{q}\right)^{\frac{1}{q}} \tag{9-1}$$

当 $q=1$ 时，即为绝对值距离

$$d_{ij}(1) = \sum_{a=1}^{p} |x_{ia} - x_{ja}| \tag{9-2}$$

当 $q=2$ 时，即欧氏距离

$$d_{ij}(2) = \left(\sum_{a=1}^{p} |x_{ia} - x_{ja}|^{2}\right)^{\frac{1}{2}} \tag{9-3}$$

当 $q=\infty$时，即为切氏距离

$$d_{ij}(\infty) = \max_{1\leqslant a\leqslant p} |x_{ia} - x_{ja}| \tag{9-4}$$

2. 马氏距离

$$d_{ij}^2 = (x_{(i)} - x_{(j)})^T S^{-1} (x_{(i)} - x_{(j)}) \tag{9-5}$$

其中　$x_{(i)} = (x_{i1}, x_{i2}, \cdots, x_{ip})^T$，$S=(s_{ij})_{p\times p}$

$$s_{ij} = \frac{1}{n-1}\sum_{a=1}^{n}(x_{ai}-\bar{x}_i)(x_{aj}-\bar{x}_j)\ ,\quad \bar{x}_j = \frac{1}{n}\sum_{i=1}^{n} x_{ij}$$

S^{-1}为样本协方差矩阵的逆矩阵。

3. 兰氏距离

$$d_{ij}(L) = \frac{1}{p}\sum_{a=1}^{p}\frac{|x_{ia}-x_{ja}|}{x_{ia}+x_{ja}} \tag{9-6}$$

在以上距离中，明氏距离特别是其中的欧氏距离是人们较为熟悉且使用较多的距离，但存在两个不足之处：第一，它与各指标数据的量纲有关；第二，它没有考虑指标间存在的相关性。马氏距离中包含了样本协方差矩阵，一定程度上可以排除指标间相关性的干扰，而且不受指标数据的量纲的影响。兰氏距离适合与样本数据大于零的情况，也有助于克服指标数据的量纲的影响，但没有考虑指标间的相关性。

实际中通常首先选用一种方法(比如标准化、均值化等)对各指标原始数据进行变换以消除量纲的影响，然后选用一种合适的距离度量样本间的远近程度。一般而言，数据变换方法和距离的不同选择都会导致不同的聚类结果，实际中需要依据方法的特点和分析者的意愿灵活选用。比如，相对于标准化而言，均值化不会改变原指标数据的变异信息，这样变异大的指标在聚类分析中会起较大作用。如果指标间存在较大相关性，就可以选择马氏距离以减弱信息重叠对聚类结果的影响。

(二)指标(变量)之间远近程度的度量

如果想要对 p 个指标进行分类(R 型聚类分析)，如何衡量两个指标(变量)的远近程度呢？对于连续型变量常用的度量方法有 Pearson 相关系数和 Cosine 相似度(夹角余弦)，度量值越大，指标(变量)之间越相近。设 x 和 y 表示两个指标(变量)，每个变量有 n 个取值，$\bar{x}$ 和 $\bar{y}$ 表示两个指标(变量)的平均值，x 和 y 的 Pearson 相关系数为

$$r_{xy} = \frac{\sum_i (x_i - \bar{x})(y_i - \bar{y})}{\sqrt{\sum_i (x_i - \bar{x})^2 \sum_i (y_i - \bar{y})^2}} \tag{9-7}$$

x 和 y 的 cosine 相似度(夹角余弦)为：

$$\cos\theta_{xy} = \frac{\sum_i x_i y_i}{\sqrt{\sum_i {x_i}^2 \sum_i {y_i}^2}}; \tag{9-8}$$

另外，对于离散变量(计数变量)，常用的度量方法有基于频数列联表的 χ^2 统计量和 φ^2 统计量，对于二值变量也有一些基于四格表的相似性度量方法。有兴趣的读者可参阅相关文献。

二、类之间的远近程度的度量

合并后的新类中不止一个样本点，如何计算类之间的远近程度呢？一般思路是在类中选取代表样本(代表点)，将类之间的远近程度的度量转化为不同类的点之间的距离。设 p 和 q 表示两类样本，分别有 n_1 和 n_2 个样本，$x_{(i)}$ 和 $x_{(j)}$ 表示样本点，$x_{(i)} \in p$，$x_{(j)} \in q$，$\bar{x}_{(i)}$ 和 $\bar{x}_{(j)}$ 分别表示 p 和 q 两类样本的重心，$d(x_{(i)}, x_{(j)})$ 表示 $x_{(i)}$ 和 $x_{(j)}$ 之间的距离，D_{pq} 表示两类样本之间的距离。类之间距离的计算通常有以下方式：

(1)最短距离法。两类之间的距离定义为两类中个体(样本)之间距离的最小者。

$$D_{pq} = \min d(x_{(i)}, x_{(j)}) \tag{9-9}$$

(2)最长距离法。两类之间的距离定义为两类中个体(样本)之间距离的最大者。

$$D_{pq} = \max d(x_{(i)}, x_{(j)}) \tag{9-10}$$

(3)重心法。每类中所有样本的均值为该类的重心，两类之间的距离定义为两个重心之间的距离。

$$D_{pq} = d(\bar{x}_{(i)}, \bar{x}_{(j)}) \tag{9-11}$$

(4)类平均法。两类之间的距离定义为这两类所有个体(样本)两两之间距离的平均值。

$$D_{pq} = \frac{1}{n_1 n_2} \sum_{x_{(i)} \in p} \sum_{x_{(j)} \in q} d(x_{(i)}, x_{(j)}) \tag{9-12}$$

(5)离差平方和法。两类之间的距离定义合并前后离差平方和的增加量。

$$D_{pq} = D_{p+q} - D_p - D_q \tag{9-13}$$

其中

$$D_p = \sum_{x_{(i)} \in p} d(x_{(i)}, \bar{x}_p),$$

$$D_q = \sum_{x_{(j)} \in q} d(x_{(j)}, \bar{x}_q),$$

$$D_{p+q} = \sum_{x \in p \cup q} d(x, \bar{x}),$$

$\bar{x}$ 为两类合并后的中心，该法要求用欧氏距离。

以上类间距离中，前两种利用样本的信息量很少，实际中不常采用，后三种充分利用了各样本点的信息，其中后两种实际中应用较为广泛。

第二节　分层聚类

聚类分析的方法比较多，比如分层聚类法、动态聚类法、图论聚类法、模糊聚类法、有序聚类法等，最常用的还是分层聚类(系统聚类)方法。分层聚类(hierarchical cluster)方法首先将 n 个样本(或指标)各自看成一类，共 n 类，然后计算任何两类之间的远近程度，可得 $\frac{n(n-1)}{2}$ 个度量值，从中找出最相近的一对，把它们合并为一个新类，此时共 $n-1$ 类；再计算这 $n-1$ 类中任何两类之间的远近程度，将最相近的两类合并，此时共 $n-2$ 类；……这样一直进行下去，每次减少一类，直至所有的样本都合并为一类。分层聚类方法的另一种思路与上述思路正好相反，即首先将 n 个样本(或指标)整体看成一大类，然后逐层分解，直至参与分类的 n 个个体各自成为一类为止。分层聚类方法事先不用确定分多少个类，归类结束后可根据需要确定类别的数量。

【例 9.1】 下面是 16 种饮料的有关数据，包括每种饮料所含热量、咖啡因、钠及价格。根据这四个变量对这些饮料品牌进行分层聚类分析。

表 9-1　16 种饮料的相关数据

饮料编号	热量	咖啡因	钠	价格
1	207. 20	3. 30	15. 50	2. 80
2	36. 80	5. 90	12. 90	3. 30
3	72. 20	7. 30	8. 20	2. 40
4	36. 70	0. 40	10. 50	4. 00
5	121. 70	4. 10	9. 20	3. 50
6	89. 10	4. 00	10. 20	3. 30
7	146. 70	4. 30	9. 70	1. 80
8	57. 60	2. 20	13. 60	2. 10
9	95. 90	0. 00	8. 50	1. 30
10	199. 00	0. 00	10. 60	3. 50
11	49. 80	8. 00	6. 30	3. 70
12	16. 60	4. 70	6. 30	1. 50
13	38. 50	3. 70	7. 70	2. 00
14	0. 00	4. 20	13. 10	2. 20
15	118. 80	4. 70	7. 20	4. 10
16	107. 00	. 00	8. 30	4. 20

聚类分析的计算过程比较复杂，这里仅给出利用 SPPP 软件计算的过程和最后结果及分析。从表 9-1 可以看出，四个变量的数据量纲不同，数量级也有较大差异，因此，首先需要对每个变量的数据分别进行标准化处理。样本间远近采用欧氏距离度量，类间距离的计算选用类平均法。在 SPSS 窗口依次点击 Analyze—Classify—Hierarchical Cluster，选入四个变量，把序号作为样本标签，在 Plots 窗口选择 Dendrogram，在 Method 窗口依次选择 between-groups linkag、squared Euclidean distance、z scores（by variable），计算机输出会显示具体每一步合并的过程和每次合并的两类的距离等，这里仅给出非常直观的聚类树型图(图 9-1)。

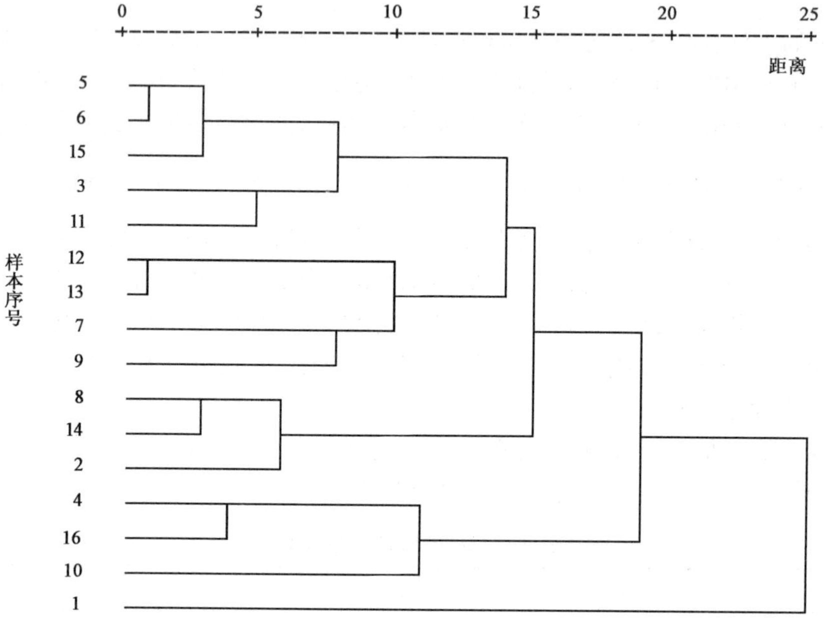

图 9-1 聚类树型图

图 9-1 最上面的横线是距离刻度(SPSS 将实际距离转换为 0 到 25 之间的数值)，可以看出，5 号饮料与 6 号饮料、12 号饮料与 13 号饮料之间的距离很小，较早地聚到一类，随着类的合并，类不断减少，类与类间的距离也逐渐增大，直至最后所有 16 个样本都归为一类。如果要分成两类，则在右边只有两条横线处纵向“切开”，得到饮料 1 为一类，其他为另一类；而如果要分成三类，则在只有三条横线处“切开”，得到饮料 1 为一类，饮料 10、16、4、为一类，而剩下的饮料为第三类。就本例而言，分三类或五类比较合适。

下面对分三类的结果进行分析：第一类为 1 号饮料，特征非常明显，即高热量和高含钠量，咖啡因含量和价格适中；第二类为 10 号、16 号和 4 号饮料，特征是咖啡因含量非常低，含钠量与价格十分接近；第三类为其余的饮料，各方面表现差不多，没有异常的特征。

【例 9.2】 表 9-2 是我国某年各地区普通高等教育发展状况的 10 项指标数据，10 项指标分别为：x_1：每百万人口高等院校数；x_2：每十万人口高等院校毕业生数；x_3：每十万人口高等院校招生数；x_4：每十万人口高等院校在校生数；x_5：每十万人口高等院校教职工数；x_6：每十万人口高等院校专职教师数；x_7：高级职称占专职教师的比例；x_8：平均每所高等院校的在校生数；x_9：国家财政预算内普通高教经费占国内生产总值的比重；x_{10}：平均教育经费。试对这 10 个变量进行 R 型聚类分析。

表 9-2 我国各地区普通高等教育发展状况

地区	x_1	x_2	x_3	x_4	x_5	x_6	x_7	x_8	x_9	x_{10}
北京	5.96	310	461	1557	931	319	44.36	2615	2.20	13631
上海	3.39	234	308	1035	498	161	35.02	3052	0.90	12665
天津	2.35	157	229	713	295	109	38.40	3031	0.86	9385
陕西	1.35	81	111	364	150	58	30.45	2699	1.22	7881
辽宁	1.50	88	128	421	144	58	34.30	2808	0.54	7733
吉林	1.67	86	120	370	153	58	33.53	2215	0.76	7480
黑龙江	1.17	63	93	296	117	44	35.22	2528	0.58	8570
湖北	1.05	67	92	297	115	43	32.89	2835	0.66	7262
江苏	0.95	64	94	287	102	39	31.54	3008	0.39	7786
广东	0.69	39	71	205	61	24	34.50	2988	0.37	11355
四川	0.56	40	57	177	61	23	32.62	3149	0.55	7693
山东	0.57	58	64	181	57	22	32.95	3202	0.28	6805
甘肃	0.71	42	62	190	66	26	28.13	2657	0.73	7282
湖南	0.74	42	61	194	61	24	33.06	2618	0.47	6477
浙江	0.86	42	71	204	66	26	29.94	2363	0.25	7704
新疆	1.29	47	73	265	114	46	25.93	2060	0.37	5719
福建	1.04	53	71	218	63	26	29.01	2099	0.29	7106
山西	0.85	53	65	218	76	30	25.63	2555	0.43	5580
河北	0.81	43	66	188	61	23	29.82	2313	0.31	5704
安徽	0.59	35	47	146	46	20	32.83	2488	0.33	5628
云南	0.66	36	40	130	44	19	28.55	1974	0.48	9106
江西	0.77	43	63	194	67	23	28.81	2515	0.34	4085
海南	0.70	33	51	165	47	18	27.34	2344	0.28	7928
内蒙古	0.84	43	48	171	65	29	27.65	2032	0.32	5581
西藏	1.69	26	45	137	75	33	12.10	810	1.00	14199
河南	0.55	32	46	130	44	17	28.41	2341	0.30	5714
广西	0.60	28	43	129	39	17	31.93	2146	0.24	5139
宁夏	1.39	48	62	208	77	34	22.70	1500	0.42	5377
贵州	0.64	23	32	93	37	16	28.12	1469	0.34	5415
青海	1.48	38	46	151	63	30	17.87	1024	0.38	7368

首先对每个变量的数据分别进行标准化处理。变量间远近度量采用 Pearson 相关系数，类间远近度量的计算选用类平均法。在 SPSS 窗口依次点击 Analyze—Classify—Hierarchical Cluster，选入十个变量，在 Cluster 菜单下选 Variables，在 Plots 窗口选择 Dendrogram，在 Method 窗口依次选择 Between-groups linkag、Pearson correlation、z scores（by variable），聚类树型图如图 9-2。

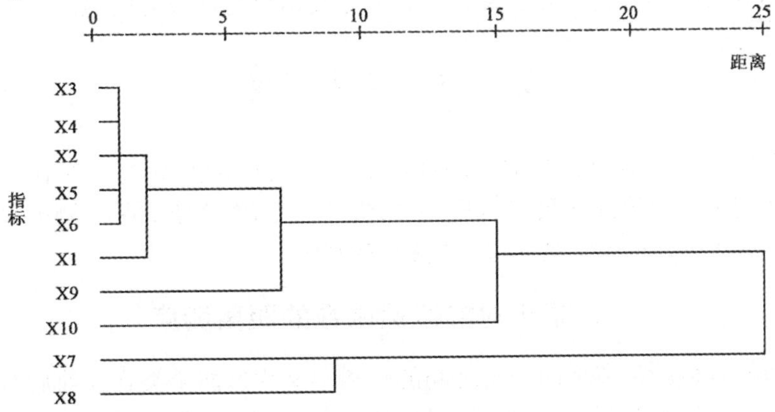

图 9-2 聚类树型图

图 9-2 最上面的横线是距离刻度(SPSS 将实际的相关系数由大到小反向转换为 0 到 25 之间的数值)，可以看出，每百万人口高等院校数与每十万人口高等院校毕业生数、每十万人口高等院校招生数、每十万人口高等院校在校生数、每十万人口高等院校教职工数、每十万人口高等院校专职教师数 6 个指标之间有较大的相关性，最先被聚到一起。如果将 10 个指标分为 5 类，其他 4 个指标各自为一类。

第三节 *k*-均值聚类

k-均值聚类(k-means cluster)，也叫快速聚类(quick cluster)，适合样本数量较大的情形，它要求事先确定分多少类。一般需要事先对样本有一定的先验信息，比如可以将 1000 名学生根据各科成绩分三类(好、中、差)，当然也可以多进行几次聚类，再比较确定最后的分类结果。确定分多少类(不妨设为 m 类)后，再确定 m 个样本作为“聚类种子”。然后以这 m 个样本为基础，根据每个样本与这 m 个点的欧氏距离远近，采用就近归类的方式，把所有点分成 m 类。再把这 m 类的中心(均值)作为新的种子，重新按照每个样本与这 m 个新种子的距离就近归类。如此一直进行下去，新种子的变化会越来越小，分类结果也趋于稳定，达到一定的精度(比如，各类最后变化不大了，或者叠代次数足够多)即可停止。*k*-均值聚类是一种动态聚类，相对于分层聚类，计算量小一些，适合于对大样本进行聚类。下面对例 10. 1 的数据进行 *k*-均值聚类。

假定要把这 16 种饮料分成 3 类。首先对每个变量的数据分别进行标准化处理，这个过程需要事先在描述统计部分完成。在 SPSS 窗口依次点击 Analyze—Descriptive Statistics— Descriptives，选入四个变量，再选择 Save standardized value as variables 即可在原数据集中获得四个变量的标准化数据。在 SPSS 窗口依次点击 Analyze—Classify—k-means cluster，选入四个标准化变量，输入类的数量，再由计算机指定初始类中心，第一次迭代完成后形成的三个新类中心点与初始中心点的欧氏距离分别为 1. 346，1. 064 和 1. 462，第二次迭代完成后形成的三个新类中心与上次确定的中心几乎没有什么差别。经过两次迭代，快速聚类完成。最后结果是：第一类为饮料 1、8；第二类为饮料 4、5、6、10、15、16；第三类为剩下的饮料 2、3、7、9、11、12、13、14。第一类饮料为高含钠量，价格适中，第二类饮料表现为高价格。这个结果与采用分层聚类方法所得结果有所不同，可以看出方法对结果的影响。本例样本较少，适合用分层聚类方法，分层聚类方法的分类结果特征较为明显。

第四节 两步聚类

分层聚类方法和 k-均值聚类要求刻画样本的变量为连续型变量。本节介绍能够处理由分类变量和连续变量刻画的混合数据的两步聚类方法。前面介绍的距离测度仅适合连续型变量，当变量包含分类变量时则需要定义新的距离测度。

一、基于对数似然函数的距离测度

基于对数似然函数的距离将两个类之间的距离定义为这两个类合并前后对数似然函数的减少。计算对数似然函数时假定连续型变量服从正态分布，分类变量服从多项分布，各变量之间相互独立。

设 p 和 q 表示两类样本，$\langle p, q\rangle$ 表示合并后的样本，$d(p, q)$ 表示两类样本之间的对数似然距离，定义如下：

$$d(p, q)=\xi_p+\xi_q-\xi_{\langle p,q\rangle}$$

其中

$$\xi_v=-N_v\left(\sum_{k=1}^{m}\frac{1}{2}\ln(\hat{\sigma}_k^2+\hat{\sigma}_{vk}^2)-\sum_{k=1}^{n}\sum_{l=1}^{r_k}\frac{N_{vkl}}{N_v}\ln\frac{N_{vkl}}{N_v}\right)$$

上式中，m 表示连续型变量的个数，n 表示分类变量的个数，r_k 表示第 k 个分类变量类(取值)的个数，N_v 表示 $v(v=p, q, \langle p, q\rangle)$ 类中样本的个数，$\hat{\sigma}_k^2$ 表示第 k 个连续变量的样本方差，$\hat{\sigma}_{vk}^2$ 表示第 k 个连续变量的 v 类样本方差，N_{vkl} 表示 v 类中第 k 个分类变量取第 l 个值的个数。式中加上 $\hat{\sigma}_k^2$ 项是为了保证当 $\hat{\sigma}_{vk}^2=0$ 时自然对数有意义。

二、两步聚类方法

两步聚类方法基于对数似然距离，分为两个步骤：第一步为预聚类，第二步以预聚类结果为对象进行分层聚类。

(一) 预聚类

预聚类采用序贯聚类方法，逐个扫描每个样本。根据指定的距离准则，每个后续样本被并入先前形成的类中，或者为它形成一个新类，最终把样本分成很多子类。这个过程是通过构建并不断更新聚类特征树(cluster feature, CF)实现的。CF 树包含不同水平的节点(node)，最上面为根节点，最下面为叶子节点，每个节点包含一些通路(entry)，位于叶子节点的通路代表最后分好的子类。每个非叶子节点都记录有经过样本的相关信息。每个后续样本从 CF 树根节点开始按照距离最近原则找到相应通路，沿着 CF 树下行到达位于叶子节点的通路(子类)。扫描完成后，所有样本被分成若干子类。

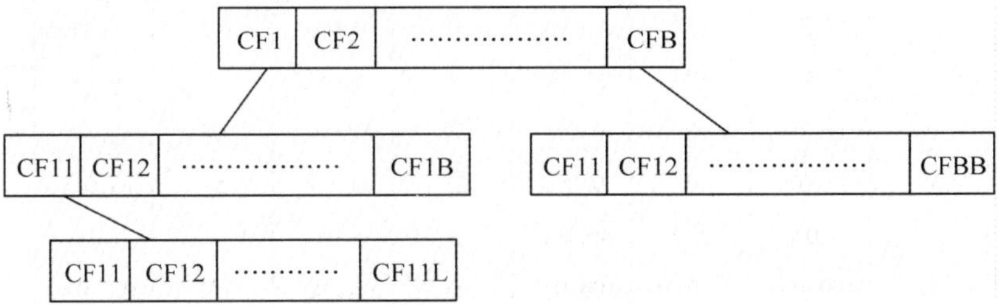

图 9-3 聚类特征树

(二) 分层聚类

预聚类已经把全部样本分成若干子类，再以这些子类作为样本，对其使用分层聚类的方法进行再聚类，得到所需要的类数的最终聚类结果。也可以利用舒瓦兹贝叶斯信息准则(BIC)确定最终分类的数量。

【例 9.3】 SPSS 自带的数据集 GSS93 subset. sav 是对 1500 名受访者的综合社会调查数据，其中包含分类变量：性别(sex)、读报频率(news)、最高学位(degree)，连续变量是年龄(age)，试用两步聚类方法对其中的报纸读者进行聚类分析。

在 SPSS 窗口打开数据集 GSS93 subset. sav，依次点击 Analyze—Classify—TwoStep Cluster，选入分类变量 sex、news、degree 和连续变量 age，距离测度默认为对数似然距离，由软件运用 BIC 准则自动确定合适的类的数量，最后将受访者中的报纸读者分成 5 类，各类的频数分布见表 9-3。有 494 名受访者被排除在外，因为他们没有回答关于读报方面的问题。为了分析各类读者的特征，软件分别输出了每个分类变量和类之间的交叉频数分布表以及连续型变量各类的均值与标准差，见表 9-4 至表 9-7。从受访者最高学位来看，第 5 类仅包含高中(High school)，其他类的教育背景特征不明显；从受访者性别来看，第 1 和 4 类都为男性，第 2 和 3 类都为女性，第 5 类性别特征不明显；从受访者读报频率来看，第 5 类每天都读报，第 4 类中大部分每天都读报；从受访者年龄来看，从第 1 到第 5 类年龄逐渐增大。通过设置 Output 选项，SPSS 还可以输出直观的统计图形，这里从略。

表 9-3 聚类结果分布

		N	% of Combined	% of Total
Cluster	1	181	18. 0%	12. 1%
	2	202	20. 1%	13. 5%
	3	214	21. 3%	14. 3%
	4	170	16. 9%	11. 3%
	5	239	23. 8%	15. 9%
	Combined	1006	100. 0%	67. 1%
Excluded Cases		494		32. 9%
Total		1500		100. 0%

表 9-4 聚类结果和受访者最高学位的频数分布

		Less than HS		High school		Junior college		Bachelor		Graduate	
		Frequency	Percent	Frequency	Percent	Frequency	Percent	Frequency	Percent	Frequency	Percent
Cluster	1	33	17. 7%	113	21. 3%	0	0. 0%	22	14. 4%	13	17. 3%
	2	14	7. 5%	179	33. 7%	4	6. 6%	5	3. 3%	0	0. 0%
	3	85	45. 7%	0	0. 0%	32	52. 5%	68	44. 4%	29	38. 7%
	4	54	29. 0%	0	0. 0%	25	41. 0%	58	37. 9%	33	44. 0%
	5	0	0. 0%	239	45. 0%	0	0. 0%	0	0. 0%	0	0. 0%
	Combined	186	100. 0%	531	100. 0%	61	100. 0%	153	100. 0%	75	100. 0%

表 9-5 聚类结果和受访者性别的频数分布

		Male		Female	
		Frequency	Percent	Frequency	Percent
Cluster	1	181	40. 0%	0	0. 0%
	2	0	0. 0%	202	36. 5%
	3	0	0. 0%	214	38. 7%
	4	170	37. 5%	0	0. 0%
	5	102	22. 5%	137	24. 8%
	Combined	453	100. 0%	553	100. 0%

表 9-6　聚类结果和受访者读报频率的频数分布

		Everyday		Few Times a Week		Once a Week		Less Than Once a Week		Never	
		Frequency	Percent	Frequency	Percent	Frequency	Percent	Frequency	Percent	Frequency	Percent
Cluster	1	0	0. 0%	112	42. 1%	50	38. 5%	15	16. 7%	4	6. 9%
	2	0	0. 0%	85	32. 0%	36	27. 7%	62	68. 9%	19	32. 8%
	3	88	19. 0%	66	24. 8%	41	31. 5%	1	1. 1%	18	31. 0%
	4	135	29. 2%	3	1. 1%	3	2. 3%	12	13. 3%	17	29. 3%
	5	239	51. 7%	0	0. 0%	0	0. 0%	0	0. 0%	0	0. 0%
	Combined	462	100. 0%	266	100. 0%	130	100. 0%	90	100. 0%	58	100. 0%

表 9-7　各类受访者年龄的描述统计

		Age of Respondent	
		Std. Deviation	Mean
Cluster	1	37. 71	12. 504
	2	39. 36	15. 729
	3	49. 07	18. 877
	4	51. 24	16. 489
	5	52. 15	17. 550
	Combined	46. 17	17. 565

第五节　聚类分析需要注意的问题

首先需要根据研究的目的确定合适的分类依据。对样本聚类时依据的是指标(变量)，所选变量不同，结果也会不同。比如，如果在例 9. 1 的饮料分类的问题仅选择其中的两个或三个变量，或者再加上含钙(钾、镁)量等变量，得到的就会是另外一种结果。选择分类变量时一定要根据研究的目的选择能反映事物本质特征的变量。对变量聚类时依据的是样本的数据。无论是横截面数据，还是时间序列数据，样本数据都具有特定的主体、时间、空间等限制，样本数据不同，对同样的变量聚类也可能会得到不同的结果。应该明确对变量聚类的结果是在特定样本数据下的结果。

其次要注意克服数据量纲不同所导致的数据数量级差异对聚类结果的影响。有的远近性度量不能克服数据数量级差异的影响，比如最常用的欧氏距离，因此，计算距离之前一定要对数据进行无量纲化(同质化)处理。有一些远近性度量的计算结果与数据的某些变换无关，比如，Pearson 相关系数等。是否需要对数据进行变换与所选择的远近性度量有关。当然，为了方便，在聚类之前统一对数据进行变换也是可以的。

最后，聚类分析是一种定量分类方法，定量分析始终都需要与定性分析相结合。分类之前需要定性选择合适的分类标志(也可以辅之以定量方法)，收集有代表性的数据；分成多少类也需要由研究目的和先验信息来确定；分类结果也要有令人信服的解释。因此，实际中聚类分析一定要在定性分析基础上进行，切忌拿到数据就照搬硬套。

思考题

1. 试述分层聚类分析的基本思想。

2.（续例 9.2）根据各地区普通高等教育发展状况对 30 个地区进行聚类分析。

3. 第二十四届奥运会的部分径赛成绩如下（前三个项目成绩单位为秒，后五个项目成绩单位为分钟）：

国家或地区	序号	100M	200M	400M	800M	1500M	5000M	10KM	马拉松
阿根廷	1	10.39	20.81	46.84	1.81	3.7	14.04	29.36	137.72
澳大利亚	2	10.31	20.06	44.84	1.74	3.6	13.28	27.66	128.3
奥地利	3	10.44	20.81	46.82	1.79	3.6	13.26	27.72	135.9
比利时	4	10.34	20.68	45.04	1.73	3.6	13.22	27.45	129.95
百慕大	5	10.28	20.58	45.91	1.8	3.8	14.68	30.55	146.62
巴西	6	10.22	20.43	45.21	1.73	3.7	13.62	28.62	133.13
缅甸	7	10.64	21.52	48.3	1.8	3.9	14.45	30.28	139.95
加拿大	8	10.17	20.22	45.68	1.76	3.6	13.55	28.09	130.15
智利	9	10.34	20.8	46.3	1.79	3.7	13.61	29.3	134.03
苏联	10	10.07	20	44.6	1.76	3.6	13.2	27.53	130.55
哥伦比亚	11	10.43	21.05	46.1	1.82	3.7	13.49	27.88	131.55
捷克	12	10.35	20.65	45.64	1.76	3.6	13.42	28.19	134.32
丹麦	13	10.56	20.52	45.89	1.78	3.6	13.5	28.11	137.8
多米尼亚	14	10.14	20.65	46.8	1.82	3.6	17.91	31.45	154.12
芬兰	15	10.43	20.69	45.49	1.74	3.6	13.27	27.52	130.87
法国	16	10.11	20.38	45.28	1.73	3.6	13.34	27.92	132.3
民主德国	17	10.12	20.33	44.87	1.73	3.6	13.17	17.42	129.92
联邦德国	18	10.16	20.37	44.5	1.73	3.5	13.21	27.61	132.23
英国	19	10.11	20.21	44.93	1.7	3.5	13.01	27.51	129.13
希腊	20	10.22	20.71	46.56	1.78	3.6	14.59	28.45	134.6
危地马拉	21	10.98	21.82	48.4	1.89	3.8	14.16	30.11	139.33
匈牙利	22	10.26	20.62	46.02	1.77	3.6	13.49	28.44	132.58
印度	23	10.6	21.42	45.73	1.76	3.7	13.77	28.81	131.98
印度尼西亚	24	10.59	21.49	47.8	1.84	3.9	14.73	30.79	148.83
爱尔兰	25	10.61	20.96	46.3	1.79	3.6	13.32	27.81	132.35
以色列	26	10.71	21	47.8	1.77	3.7	13.66	28.93	137.55
意大利	27	10.01	19.72	45.26	1.73	3.6	13.23	17.52	131.08
日本	28	10.34	20.81	45.86	1.79	3.6	13.41	27.72	128.63
肯尼亚	29	10.46	20.66	44.92	1.73	3.6	13.1	27.38	129.75

（续）

国家或地区	序号	100M	200M	400M	800M	1500M	5000M	10KM	马拉松
韩国	30	10. 34	20. 89	46. 9	1. 79	3. 8	13. 96	29. 23	136. 25
朝鲜	31	10. 91	21. 94	47. 3	1. 85	3. 8	14. 13	29. 67	130. 87
卢森堡	32	10. 35	20. 77	47. 4	1. 82	3. 7	13. 64	29. 08	141. 27
马来西亚	33	10. 4	20. 92	46. 3	1. 82	3. 8	14. 64	31. 01	154. 1
毛里求斯	34	11. 19	22. 45	47. 7	1. 88	3. 8	15. 06	31. 77	152. 23
墨西哥	35	10. 42	21. 3	46. 1	1. 8	3. 7	13. 46	27. 95	129. 2
荷兰	36	10. 52	20. 95	45. 1	1. 74	3. 6	13. 36	27. 61	129. 02
新西兰	37	10. 81	20. 88	46. 1	1. 74	3. 5	13. 21	27. 7	128. 98
挪威	38	10. 55	21. 16	46. 71	1. 76	3. 6	13. 34	27. 69	131. 48
新几内亚	39	10. 96	21. 78	47. 9	1. 9	4	14. 72	31. 36	148. 22
菲律宾	40	10. 78	21. 64	46. 24	1. 81	3. 8	14. 74	30. 64	145. 27
波兰	41	10. 16	20. 24	45. 7	1. 76	3. 6	13. 29	27. 89	131. 58
葡萄牙	42	10. 53	21. 17	46. 7	1. 79	3. 6	13. 13	27. 38	131. 58
罗马尼亚	43	10. 41	20. 98	45. 87	1. 76	3. 6	13. 25	27. 67	132. 5
新加坡	44	10. 38	21. 28	47. 4	1. 88	3. 9	15. 11	31. 32	157. 77
西班牙	45	10. 42	20. 77	45. 98	1. 76	3. 6	13. 29	27. 73	131. 57
瑞典	46	10. 25	20. 61	45. 63	1. 77	3. 6	13. 29	27. 94	130. 63
瑞士	47	10. 59	20. 46	45. 78	1. 78	3. 6	13. 22	27. 91	131. 2
中国台湾	48	10. 59	21. 29	46. 8	1. 79	3. 8	14. 07	30. 07	139. 27
泰国	49	10. 39	21. 09	47. 91	1. 83	3. 8	15. 23	32. 56	149. 9
土耳其	50	10. 71	24. 43	47. 6	1. 79	3. 7	13. 56	18. 58	131. 5
美国	51	9. 93	19. 74	43. 86	1. 76	3. 5	13. 2	27. 43	128. 22
中国	52	10. 51	21. 04	47. 3	1. 81	3. 7	13. 9	29. 13	133. 53

试用聚类方法分析各成员的径赛竞技水平。

第十章

判别分析

判别分析（discriminatory analysis）是判别样品所属类型的一种统计方法，是在已知的分类之下，遇到有新的样本时，可以利用此法选定一判别标准，以判定将该新样品放置于哪个类中。判别分析内容很丰富，方法很多，按判别的组数来区分，有两组判别分析和多组判别分析；按区分不同总体的所用的数学模型来分，有线性判别和非线性判别；按判别时所处理的变量方法不同，有逐步判别和序贯判别等。判别分析可以从不同角度提出问题，因此有不同的判别准则，如马氏距离最小准则、Fisher 准则、平均损失最小准则、最小平方准则、最大似然准则、最大概率准则等，按判别准则的不同又提出多种判别方法。本章仅介绍四种常用的判别方法即距离判别法、Fisher 判别法、Bayes 判别法和逐步判别法。

第一节　距离判别法

距离判别思想是根据各样品与各总体之间的距离远近作出判别，即根据资料建立关于各总体的距离判别函数式，将各样品数据逐一代入计算，得出各样品与各总体之间的距离值，判定样品属于距离值最小的那个总体，距离判别法，对总体的分布，并无特定的要求。

一、两总体距离判别

设有两个总体 G_1、G_2，从第一个总体中抽取 n_1 个样品，从第二个总体中抽取 n_2 个样品，每个样品测量 p 个指标。取任一个样品实测指标为：$X=(x_1, x_2, \cdots, x_p)'$。分别计算样品 X 到 G_1、G_2 总体的距离 $D(X, G_1)$ 和 $D(X, G_2)$，按距离最近准则判别归类，即：

$$\begin{cases} \text{当 } D(X, G_1) < D(X, G_2)，\text{则 } X \in G_1， \\ \text{当 } D(X, G_1) > D(X, G_2)，\text{则 } X \in G_2， \\ \text{当 } D(X, G_1) = D(X, G_2)，\text{待判。} \end{cases}$$

具体地，设 μ_1、μ_2，Σ_1、Σ_2 分别为 G_1、G_2 的均值向量和协方差阵。通常采用马氏距离进行判别，即：

$$D(X, G_i)=(X-\mu_i)'(\Sigma_i)^{-1}(X-\mu_i)，i=1, 2，\text{则：}$$

（1）当 $\Sigma_1 = \Sigma_2 = \Sigma$ 时，

$$\text{设 } W(X) = D(X, G_2) - D(X, G_1)$$
$$= 2[X - 1/2(\mu_1+\mu_2)]'\Sigma^{-1}(\mu_1-\mu_2)$$

令 $=\bar{\mu}(\mu_1+\mu_2)/2$，则 $W(X) = b_o + b_1 X$ 为一线性判别函数（为了方便，省略常数 2），其中 $b_0 = -1/2\ (\mu_1-\mu_2)'\Sigma^{-1}(\mu_1+\mu_2)$，$b_1 = \Sigma^{-1}(\mu_1-\mu_2)$，
于是可根据 $W(X)$ 的正负性判定所取样品的类别。

$$\begin{cases} 当\ W(X) > 0，则\ X \in G_1 \\ 当\ W(X) < 0，则\ X \in G_2 \\ 当\ W(X) = 0，待判 \end{cases}$$

(2)当$\Sigma_1 \neq \Sigma_2$时，仍然用

$$\begin{aligned} W(X) &= D(X,\ G_2) - D(X,\ G_1) \\ &= (X-\mu_2)'(\Sigma_2)^{-1}(X-\mu_2) \\ &\quad -(X-\mu_1)'(\Sigma_1)^{-1}(X-\mu_1) \end{aligned}$$

作为判别函数，不过它是 X 的二次函数，而不是上面那种情况下的线性函数。类似的，可将两个总体的讨论推广到多个总体。

二、多总体距离判别

1. 协方差矩阵相同

设有 k 个总体 G_1，G_2，…，G_k，它们的均值分别为 μ_1，μ_2，…，μ_k，有相同的协方差矩阵Σ，对任一个样品实测指标 $X=(x_1,\ x_2,\ \cdots,\ x_p)'$，计算其到类 i 的马氏距离，

$$\begin{aligned} D(X,\ G_i) &= (X-\mu_i)'\Sigma^{-1}(X-\mu_i) \\ &= X'\Sigma^{-1}X - 2\mu_i'\Sigma^{-1}X + \mu_i'\Sigma^{-1}\mu_i \\ &= X'\Sigma^{-1}X - 2(b_iX + b_0) \\ &= X'\Sigma^{-1}X - 2Z_i \end{aligned}$$

于是得线性判别函数 $Z_i = b_0 + b_iX$，$i=1,\ 2,\ \cdots,\ k$。

其中，$b_0 = -1/2\mu_i'\Sigma^{-1}\mu_i$ 为常数项，$b_i = \mu_i'\Sigma^{-1}$为线性判别系数。

相应的判别规则为：当 $Z_i = (Z_j)$，则 $X \in G_i$。

2. 协方差矩阵不同

设有 k 个总体 G_1，G_2，…，G_k，它们的均值分别为 μ_1，μ_2，…，μ_k，且它们的协方差矩阵Σ_i不全相同，对任一个样品实测指标 $X=(x_1,\ x_2,\ \cdots,\ x_p)'$，计算其到类 i 的马氏距离，

$$D(X,\ G_i) = (X-\mu_i)'\Sigma_i^{-1}(X-\mu_i),\ i=1,\ 2,\ \cdots,\ k$$

由于各Σ_i不同，所以从该式推不出线性判别函数，其本身是一个二次函数。相应的判别规则为：

当 $D(X,\ G_i) = D(X,\ G_j)$，则 $X \in G_i$。

【例 10.1】 人文发展指数是联合国开发计划署于 1990 年 5 月发表的第一份《人类发展报告》中公布的。该报告建议，目前对人文发展的衡量应当以人生的三大要素为重点，衡量人生三大要素的指示指标分别要用出生时的预期寿命、成人识字率和实际人均 GDP，将以上三个指示指标的数值合成为一个复合指数，即为人文发展指数(资料来源：UNDP《人类发展报告》1995 年)。今从 1995 年世界各国人文发展指数的排序中，选取高发展水平、中等发展水平的国家各五个作为两组样品，另选四个国家作为待判样品进行距离判别(数据选自《世界经济统计研究》1996 年第 1 期)。所选样本国家三项指标值见表 10-1。

表 10-1 部分国家三项指标值

类别	序号	国家名称	出生时的预期寿命(岁) X_1	成人识字率(%) 1992 X_2	调整后人均 GDP 1992 X_3
第一类(高发展水平国家)	1	美 国	76	99	5374
	2	日 本	80	99	5359
	3	瑞 士	78	99	5372
	4	阿根廷	72	96	5242
	5	阿联酋	74	78	5370
第二类(中等发展水平国家)	6	保加利亚	71	93	4250
	7	古 巴	75	95	3412
	8	巴拉圭	70	91	3390
	9	格鲁吉亚	73	99	2300
	10	南 非	63	81	3799
待判样品	11	中 国	69	79	1950
	12	罗马尼亚	70	97	2840
	13	希 腊	78	94	5233
	14	哥伦比亚	69	90	5158

本例中变量个数 $p=3$，两类总体各有 5 个样品，有 4 个待判样品，假定两总体协差阵相等。由于统计软件 SPSS 没有给出距离判别分析，因此利用统计软件 SAS 来实现，分析过程中采用马氏距离，类间距离为 20.28955，并且两类总体均值之间的差异是显著的，判别分析有意义。根据运行结果可以写出线性判别函数如下：

高发展水平：$Y_1=-236.04+5.14034X_1+0.25167X_2+0.02533X_3$

中等发展水平：$Y_2=-323.22+5.14034X_1+0.25167X_2+0.02533X_3$

表 10-2 待判样品判别归类结果

样品号	国 家	判别函数的值	判别类别
11	中 国	-24.47899	2
12	罗马尼亚	-15.58135	2
13	希 腊	10.29443	1
14	哥伦比亚	4.18289	1

从表 10-2 可以看出：中国、罗马尼亚为中等发展水平国家即第二类，希腊、哥伦比亚为高发展水平国家即第一类，这是符合当时实际的，即与当时世界各国人文发展指数的水平相吻合。

第二节 费歇判别分析法

费歇(Fisher)判别分析法是 1936 年提出来的，其核心思想就是通过投影使多维问题简化为一维问题来处理，既选择一个适当的投影轴，使所有的样品点都投影到这个轴上得到一个投影值。对这个投影轴的方向的要求是：使每一类内的投影值所形成的类内离差尽可能小，而不同类间的投影值所形成的类间离差尽可能大。该法对总体的分布并未提出什么特定的要求。

设有 k 个总体 G_1，…，G_k，抽取样品分别为

$$\begin{cases} G_1: x_1^{(1)}, \cdots, x_{n1}^{(1)} \\ \quad\cdots \\ G_K: x_k^{(1)}, \cdots, x_{k1}^{(1)} \end{cases} \qquad n = n_1 + n_2 + \cdots + n_k$$

令 α 为任一 p 维实向量，$W(x) = \alpha' x$ 为 x 向以 α 为法线方向的投影，那么，上述样本的投影为：

$$\begin{cases} G_1: \alpha' x_1^{(1)}, \cdots, \alpha' x_{n1}^{(1)} \\ \quad\cdots \\ G_K: \alpha' x_k^{(1)}, \cdots, \alpha' x_{k1}^{(1)} \end{cases}$$

首先考虑组间平方和与组内平方和，组间平方和为：

$$\begin{aligned} SSG &= \sum_{i=1}^{k} n_i(\alpha'\bar{x}^{(i)} - \alpha'\bar{x})^2 \\ &= \alpha' \left[\sum_{i=1}^{k} n_i(\bar{x}^{(i)} - \bar{x})(\bar{x}^{(i)} - \bar{x})' \right] \alpha \\ &= \alpha' B \alpha \end{aligned}$$

其中，$B = \left[\sum_{i=1}^{k} n_i(\bar{x}^{(i)} - \bar{x})(\bar{x}^{(i)} - \bar{x})' \right]$。组内平方和为：

$$\begin{aligned} SSG &= \sum_{i=1}^{k} \sum_{j=1}^{m} (\alpha' x_j^{(i)} - \alpha'\bar{x}^{(i)})^2 \\ &= \alpha' \left[\sum_{i=1}^{k} \sum_{j=1}^{m} (x_j^{(i)} - \bar{x}^{(i)})(x_j^{(i)} - \bar{x}^{(i)})' \right] \alpha \\ &= \alpha' E \alpha \end{aligned}$$

其中，$E = \left[\sum_{i=1}^{k} \sum_{j=1}^{m} (x_j^{(i)} - \bar{x}^{(i)})(x_j^{(i)} - \bar{x}^{(i)})' \right]$。

总体之间的差异程度由

$$F = \frac{SSG/(k-1)}{SSE/(n-k)} = \frac{n-k}{k-1} \cdot \frac{\alpha' B \alpha}{\alpha' E \alpha}$$

或

$$\Delta(\alpha) = \frac{\alpha' B \alpha}{\alpha' E \alpha}$$

来衡量。如果总体之间差异越显著，$\Delta(\alpha)$越大，一般称 $\Delta(\alpha)$为判别效率，它的取值并不唯一，我们应该选择使 $\Delta(\alpha)$达到极大的 α 对应的判别函数$\alpha' x$，关于 α 的取值遵循如下定理：费歇准则下的线性判别函数 $W(x) = \alpha' x$ 的解 α 为方程 $|B - \lambda E| = 0$ 最大特征根 λ_1 所对应的特征向量 l_1，且相应的判别效率为 $\Delta(l_1) = \lambda_1$。

在有些问题中，仅采用一个线性判别函数不能很好区别各个总体，可取最大特征根 λ_2 所对应的特征向量 l_2，建立第二个判别函数 $l_2' x$，当然，如果还没有满足要求，可建立第三个线性判别函数 $l_3' x$，依次类推。

以上仅仅给出了费歇判别法的判别函数，而没有给出判别准则，如我们前面所提到的，

费歇判别函数并不唯一，但这对制定判别准则并无障碍，一旦取定一个判别函数，就可以制定相应的判别规则。

【例 10.2】 针对例 10.1，采用费歇判别进行分析。

统计软件 SPSS 中提供了费歇判别分析，表 10-3 给出了采用费歇判别法建立的判别函数的未标准化系数，表示为：$y = -19.354 + 0.144x_1 + 0.003x_2 + 0.0024x_3$

表 10-3 未标准化典型判别函数

	Function
x_1	0.144
x_2	0.003
x_3	0.002
(Constant)	-19.354

表 10-4 判别结果统计

	Case Number	Actual Group	Highest Group: Predicted Group	Highest Group: P(G = g) G = g, p	Highest Group: P(G = g) G = g, df	Highest Group: P(G = g) D = d	Highest Group: Squared Mahalanobis Distanceto Centroid	Second Highest Group: Group	Second Highest Group: P(G = g) D = d	Second Highest Group: Squared Mahalanobis Distanceto Centroid	Discriminant Scores: Function 1
Original	1	1	1	0.927	1	1.000	0.008	2	0.000	21.119	2.343
	2	1	1	0.570	1	1.000	0.322	2	0.000	25.726	2.820
	3	1	1	0.707	1	1.000	0.142	2	0.000	23.820	2.628
	4	1	1	0.461	1	0.999	0.544	2	0.001	14.189	1.515
	5	1	1	0.766	1	1.000	0.088	2	0.000	17.699	1.955
	6	2	2	0.088	1	0.922	2.903	1	0.078	7.843	-0.548
	7	2	2	0.499	1	0.999	0.457	1	0.001	14.656	-1.576
	8	2	2	0.886	1	1.000	0.020	1	0.000	21.600	-2.395
	9	2	2	0.067	1	1.000	3.349	1	0.000	40.126	-4.082
	10	2	2	0.684	1	1.000	0.165	1	0.000	24.119	-2.659
	11	ungrouped	2	0.001	1	1.000	10.167	1	0.000	59.181	-5.441
	12	ungrouped	2	0.227	1	1.000	1.459	1	0.000	32.628	-3.460
	13	ungrouped	1	0.973	1	1.000	0.001	2	0.000	20.591	2.286
	14	ungrouped	1	0.186	1	0.985	1.746	2	0.015	10.131	0.931
Gross-validated(a)	1	1	1	0.971	3	1.000	1.044	2	0.000	19.251	
	2	1	1	0.680	3	1.000	1.509	2	0.000	25.013	
	3	1	1	0.872	3	1.000	0.704	2	0.000	21.831	
	4	1	1	0.157	3	0.989	5.206	2	0.011	14.219	
	5	1	2(* *)	0.000	3	1.000	45.061	1	0.000	73.497	
	6	2	2	0.034	3	0.878	8.647	1	0.122	12.595	

（续）

	Case Number	Actual Group	Highest Group					Second Highest Group			Discriminant Scores
			Predicted Group	P(G=g) G=g		P(G=g) D=d	Squared Mahalanobis Distanceto Centroid	Group	P(G=g) D=d	Squared Mahalanobis Distanceto Centroid	Function 1
				p	df						
	7	2	2	0.279	3	0.995	3.838	1	0.005	14.367	
	8	2	2	0.998	3	1.000	0.35	1	0.000	18.966	
	9	2	2	0.000	3	1.000	28.567	1	0.000	137.185	
	10	2	2	0.007	3	1.000	12.273	1	0.000	34.415	

表 10-5　交叉验证结果表

		V1	Predicted Group Membership		Total
			1	2	
Original	Count	1	5	0	5
		2	0	5	5
		Ungrouped cases	2	2	4
	%	1	100.0	.0	100.0
		2	.0	100.0	100.0
		Ungrouped cases	50.0	50.0	100.0
Cross-validated(a)	Count	1	4	1	5
		2	0	5	5
	%	1	80.0	20.0	100.0
		2	.0	100.0	100.0

输出结果表 10-4 和表 10-5 显示的是分类的统计结果，可以看出，中国、罗马尼亚属于第二类，是中等发展水平国家；希腊、哥伦比亚属于第一类，是高发展水平国家。显然，费歇判别分析的结果与距离判别相同，

第三节　贝叶斯判别法

Fisher 判别分析方法，计算简单，结论明确，比较实用，但也存在一些缺点：一是判别方法与总体各自出现的概率大小完全无关；二是判别方法与错判后造成的损失无关，这是不尽合理的。贝叶斯(Bayes)判别法考虑了这两个因素，其基本思想是根据先验概率求出后验概率，并依据后验概率分布作出统计推断。所谓先验概率，就是用概率来描述人们事先对所研究的对象的认识的程度；所谓后验概率，就是根据具体资料、先验概率、特定的判别规则所计算出来的概率，它是对先验概率修正后的结果。

Bayes 判别对多个总体的判别考虑的不只是建立判别式，而且要计算新给样品属于各总体的条件概率 $P(l/x)$，$l=1, 2, \cdots, k$，比较这 k 个概率的大小，然后将新样品判归为来自概率最大的总体。Bayes 判别准则是以个体归属于某类的概率(或某类的判别函数值)最大或错判总平均损失最小为标准，下面给出正态总体的 Bayes 判别。

(1)判别函数的导出。设 k 个总体 G_1, G_2, …, G_k 均服从 p 维正态分布，各总体的密度函数分别为：

$$p_j(x) = (2\pi)^{-p/2}|\Sigma_{(j)}|^{-1/2}\exp\{-(1/2)(x-\mu_{(j)})'\Sigma_{(j)}^{-1}(x-\mu_{(j)})\}$$

式中：$\mu_{(j)}$ 和 $\Sigma_{(j)}$ 分别是第 j 个总体的均值向量和协方差矩阵。为了进行判别，需在 $q_jp_j(x)$ 中找出最大者，为了使判别函数具有简单的形式，取对数得

$$\ln[q_jp_j(x)] = \ln q_j - \ln(2\pi)^p - |\Sigma_{(j)}| - x'\Sigma_{(j)}^{-1}x$$
$$-\mu'_{(j)}\Sigma_{(j)}^{-1}\mu_{(j)} + x'\Sigma_{(j)}^{-1}\mu_{(j)}$$

略去等式右边与 j 无关的项，记为：

$$Z(j/x) = \ln q_j - |\Sigma_{(j)}| - x'\Sigma_{(j)}^{-1}x - \mu'_{(j)}\Sigma_{(j)}^{-1}\mu_{(j)} + x'\Sigma_{(j)}^{-1}\mu_{(j)}$$

显然该函数是一个二次函数，其 Bayes 问题化为：

$$Z(j/x)\xrightarrow{j}\max$$

应用 Bayes 准则得，当 $Z(j/x) = \max\limits_{1\leqslant j\leqslant k}\{y(j/x)\}$ 时，判 x 来自第 j 总体。

(2)协方差阵相等情形。当 k 个总体的协方差阵相同，即 $\Sigma_{(1)} = \Sigma_{(2)} = \cdots = \Sigma_{(k)} = \Sigma$ 时，$Z(j/x)$ 中 $-|\Sigma_{(j)}|$ 和 $-x'\Sigma_{(j)}^{-1}x$ 与 j 无关，求最大值时可以去掉，这时的判别函数记为：

$$Y(j/x) = \ln q_j - \mu'_{(j)}\Sigma_{(j)}^{-1}\mu_{(j)} + x'\Sigma_{(j)}^{-1}\mu_{(j)}$$

该函数是一个线性函数，我们注意到，该函数与前面的线性判别函数只相差一个常数 $\ln q_j$，此时 Bayes 问题化为：

$$Y(j/x)\xrightarrow{j}\max$$

应用 Bayes 准则得，当 $Y(j/x) = \max\limits_{1\leqslant j\leqslant k}\{y(j/x)\}$ 时，判 x 来自第 j 总体。

该判别函数也可写成多项式形式：

$$Y(j/x) = \ln q_j + C_{0(j)} + C_{j(j)}x_i$$

当对 k 分类个样本，若各类总体都服从多元正态分布，并且各类总体的协方差矩阵相同，该式也可以表示为：

$$\begin{cases} Y_{(1)} = \ln q_1 + C_{01} + C_{11}x_1 + C_{21}x_2 + \cdots + C_{p1}x_p \\ Y_{(2)} = \ln q_2 + C_{02} + C_{12}x_1 + C_{22}x_2 + \cdots + C_{p2}x_p \\ \cdots \\ Y_{(k)} = \ln q_k + C_{0k} + C_{1k}x_1 + C_{2k}x_2 + \cdots + C_{pk}x_p \end{cases}$$

若有某观察对象，把实际测得的各指标 x 值代入上式，可求得各类的 Y 值，哪个 Y 值最大，就判断其归属于哪一类。

至于先验概率 q_j，如果没有更好的办法确定，可用样品频率 n_j/n 来代替，其中 n_j 是第 j 个分类的数目，且 $n_1 + n_1 + \cdots + n_k = n$。若取 $q_1 = q_2 = \cdots = q_k = 1/k$，则此时的 Bayes 判别等价于 Fisher 判别，只是相差一个常数而已。

【例 10.3】 针对例 10.1，采用贝叶斯判别进行分析。

统计软件 SPSS 同样给出了贝叶斯判别，输出结果如下：

表 10-5 各组变量的描述统计分析

V	Mean	Std. Deviation	Valid N (listwise)	
			Unweighted	Weighted
x_1	75.88	3.009	5	5.000
x_2	94.12	9.277	5	5.000
x_3	5343.40	56.981	5	5.000
x_1	70.44	4.659	5	5.000
x_2	91.74	6.868	5	5.000
x_3	3430.20	722.389	5	5.000
x_1	73.16	4.679	10	10.000
x_2	92.93	7.796	10	10.000
x_3	4386.80	1118.094	10	10.000

表 10-6 各组均值相等检验结果

V	Wilks´Lambda	F	df_1	df_2	Sig.
x_1	0.624	4.810	1	8	0.060
x_2	0.974	0.213	1	8	0.657
x_3	0.187	34.854	1	8	0.000

表 10-5 是各组变量的描述统计分析，表 10-6 是对各组均值是否相等的检验。由表 10-6 可以看出，在 0.05 的显著性水平上，我们接受变量 x_1 和 x_2 在两组均值相等的假设，但 x_3 在两组的均值有显著差异。

表 10-7 判别函数的特征值

Function	Eigenvalue	% of Variance	Cumulative %	Canonical Correlation
1	6.340	100.0	100.0	0.929

表 10-8 Wilks´Lambda 检验

Test of Function(s)	Wilks´Lambda	Chi-square	df	Sig.
1	0.136	12.957	3	0.005

输出结果表 10-7 和表 10-8 分析的是典型判别函数。表 10-7 反映判别函数的特征值、解释方差的比例和典型相关系数。表 10-8 是对第一个判别函数的显著性检验，由 Wilks´Lambda 检验，认为判别函数在 0.05 的显著性水平上是显著的。

表 10-9 标准化典型判别函数

V	Function
	1
x_1	0.567
x_2	0.024
x_3	0.994

表 10-10 判别载荷矩阵

V	Function
	1
x_3	0.829
x_1	0.308
x_2	0.065

表 10-11 判别函数在各组的重心

	Function
	1
1	2.252
2	-2.252

输出结果表 10-9 至表 10-11 显示的是判别函数、判别载荷和各组的重心。表 10-9 是标准化的判别函数，表示为：$y=0.567x_1^*+0.024x_2^*+0.994x_3^*$，这里 x_1^*，x_2^* 和 x_3^* 表示 x_1，x_2 和 x_3 的标准化变量；标准化变量的系数就是判别权重，表 10-10 是判别载荷，由判别权重和判别载荷可以看出 x_3 对判别函数的贡献最大，其次是 x_2，x_1 的贡献是最小的。表 10-11 反映判别函数在各组的重心，根据结果，判别函数在 $y=1$ 这组的重心为 2.252，在 $y=2$ 这组的重心为 -2.252，由于两组大小相同，可以得到临界分割点为 0。这样，我们就可以根据每个观测的判别得分将观测进行分类。

表 10-12 各组的先验概率

V	Prior	Cases Used in Analysis	
		Unweighted	Weighted
1	0.500	5	5.000
2	0.500	5	5.000
Total	1.000	10	10.000

表 10-13 费歇线性判别函数

	V_1	
	1	2
x_1	5.791	5.140
x_2	0.265	0.252
x_3	0.034	0.025
(Constant)	-323.909	-236.731

表 10-14 判别结果

	Case Number	Actual Group	Highest Group					Second Highest Group			Discriminant Scores
			Predicted Group	P(G=g) G=g		P(G=g) D=d	Squared Mahalanobis Distanceto Centroid	Group	P(G=g) D=d	Squared Mahalanobis Distanceto Centroid	Function 1
				p	df						
Original	1	1	1	0.927	1	1.000	0.008	2	0.000	21.119	2.343
	2	1	1	0.570	1	1.000	0.322	2	0.000	25.726	2.820
	3	1	1	0.707	1	1.000	0.142	2	0.000	23.820	2.628
	4	1	1	0.461	1	0.999	0.544	2	0.001	14.189	1.515
	5	1	1	0.766	1	1.000	0.088	2	0.000	17.699	1.955
	6	2	2	0.088	1	0.922	2.903	1	0.078	7.843	-0.548
	7	2	2	0.499	1	0.999	0.457	1	0.001	14.656	-1.576
	8	2	2	0.886	1	1.000	0.020	1	0.000	21.600	-2.395
	9	2	2	0.067	1	1.000	3.349	1	0.000	40.126	-4.082
	10	2	2	0.684	1	1.000	0.165	1	0.000	24.119	-2.659
	11	ungrouped	2	0.001	1	1.000	10.167	1	0.000	59.181	-5.441
	12	ungrouped	2	0.227	1	1.000	1.459	1	0.000	32.628	-3.460
	13	ungrouped	1	0.973	1	1.000	0.001	2	0.000	20.591	2.286
	14	ungrouped	1	0.186	1	0.985	1.746	2	0.015	10.131	0.931
Gross-validated(a)	1	1	1	0.971	3	1.000	1.044	2	0.000	19.251	
	2	1	1	0.680	3	1.000	1.509	2	0.000	25.013	
	3	1	1	0.872	3	1.000	0.704	2	0.000	21.831	
	4	1	1	0.157	3	0.989	5.206	2	0.011	14.219	
	5	1	2(**)	0.000	3	1.000	45.061	1	0.000	73.497	
	6	2	2	0.034	3	0.878	8.647	1	0.122	12.595	
	7	2	2	0.279	3	0.995	3.838	1	0.005	14.367	
	8	2	2	0.998	3	1.000	0.35	1	0.000	18.966	
	9	2	2	0.000	3	1.000	28.567	1	0.000	137.185	
	10	2	2	0.007	3	1.000	12.273	1	0.000	34.415	

表 10-15 交叉验证

		V_1	Predicted Group Membership		Total
			1	2	
Original	Count	1	5	0	5
		2	0	5	5
		Ungrouped cases	2	2	4
	%	1	100.0	0.0	100.0
		2	0.0	100.0	100.0
		Ungrouped cases	50.0	50.0	100.0

（续）

		V_1	Predicted Group Membership		Total
			1	2	
Cross-validated(a)	Count	1	4	1	5
		2	0	5	5
	%	1	80.0	20.0	100.0
		2	0.0	100.0	100.0

输出结果表 10-12 至表 10-15 显示的是分类的统计结果。表 10-12 表明各组的先验概率，我们事先假定所有组的先验概率都相等。表 10-13 给出了每组 Bayes 准则下的费歇线性判别函数系数，由表中的结果可以说明：与 $y=1$ 这一组对应的 Bayes 判别函数是：

$$f_1=-323.909+5.791x_1+0.265x_2+0.034x_3$$

与 $y=2$ 这一组对应的 Bayes 判别函数是：

$$f_2=-236.731+5.140x_1+0.252x_2+0.025x_3$$

利用这些判别式直接计算出每个观测属于各类的评分，然后将观测分类到较大的分类函数值中。表 10-14 是采用马氏距离给出的分类结果，Original 表示原始数据的所属组关系，Cross-validated 表示交叉数据的所属组关系，通过判别函数预测，10 个观测都是正确的，在交叉验证中，有 9 个观测都是正确的，仅有一个预测是错误的。表 10-15 为分类矩阵表，用以分析判对和判错的百分比。从表 10-14 可以得出以下结论：中国、罗马尼亚属于第二类，是中等发展水平国家；希腊、哥伦比亚属于第一类，是高发展水平国家，与距离判别、费歇判别相同。

第四节 逐步判别分析法

前面介绍的判别方法都是用已给的全部变量来建立判别式的，但这些变量在判别式中所起的作用，一般来说是不同的，也就是说各变量在判别式中判别能力不同，有些可能起重要作用，有些可能作用低微，如果将判别能力低微的变量保留在判别式中，不仅会增加计算量，而且会产生干扰影响判别效果，如果将其中重要变量忽略了，这时作出的判别效果也一定不好。因此，如何筛选出具有显著判别能力的变量就成为一个很重要的事情，一个变量的判别能力的判断方法有很多种，主要利用各种检验，例如 Wilks' Lambda、Rao's V、The Squared Mahalanobis Distance、Smallest F ratio 或 The Sum of Unexplained Variations 等检验，这些不同方法可由统计软件的各种选项来实现。凡具有筛选变量能力的判别方法统称为逐步判别法。和通常的判别分析一样，逐步判别也有许多不同的原则，从而产生各种方法。

1. 逐步判别的基本思想

逐步判别法与逐步回归法的基本思想类似，都是采用"有进有出"的算法，即逐步引入变量，每引入一个"最重要"的变量进入判别式，同时也考虑较早引入判别式的某些变量，如果其判别能力随新引入变量而变为不显著了（例如其作用被后引入的某几个变量的组合所代替），应及时从判别式中把它剔除去，直到判别式中没有不重要的变量需要剔除，而剩下来的变量也没有重要的变量可引入判别式时，逐步筛选结束。这个筛选过程实质就是作假设检验，通过检验找出显著性变量，剔除不显著变量。

2. 逐步判别的原则

(1)在 m 个自变量 x_1，x_2，…，x_m 中选取一个变量，它使 Wilks 统计量 $\Lambda_i(i=1,\cdots,m)$达到最小．为了方便叙述，假定挑选的变量次序是按自然的次序，即第 r 步正好选中 x_r，第一步选中 x_1，则有 $\Lambda_1=\min\limits_{1\leqslant i\leqslant m}\{\Lambda_i\}$并考察 Λ_1 是否落入接受区域，如不显著，则表明一个变量也没有选中，不能用判别分析；如显著，则进行下一步。

(2)在未选中的变量中，计算它们和已选中的变量 x_1 对应的 Λ 值。选择使 $\Lambda_{1i}(2\leqslant i\leqslant m)$达到最小的作为第二个变量，同理，如已选入了 r 个变量，不妨设是 x_1，x_2，…，x_r，则在未选中的变量中逐次选一个与它们配合，计算 $\Lambda_{1,2,\cdots,r,l}(r<l<m)$，选择使上式达到极小的变量作为第 $r+1$ 个变量，并检验新选的第 $r+1$ 个变量能否提供附加信息，如不能则进入(4)，否则进入(3)。

(3)在已选入的 r 个变量中，要考虑较早选中的变量中其重要性有没有较大变化，应及时把不能提供附加信息的变量剔除。剔除的方法同(2)，例如，在已进入的 r 个变量中要考察 $x_l(r<l<m)$是否需要剔除，就是要计算 $\Lambda_{1,\cdots l-1,l+1,\cdots,r}$选择达到极小或极大的 l，看是否显著，如不显著将该变量剔除，仍回到(3)，继续考察余下的变量是否需要剔除，如显著则回到(2)。

(4)进入本阶段，既不能选进新变量，又不能剔除已选出的变量，将已选中的变量建立判别函数。

顺便指出两点：①在逐步计算中，每步都是先考虑剔除，后考虑引入，但开头几步一般都是先引入，而后才开始有剔除，实际问题中引入后又剔除的情况不多，而剔除后再重新引入的情况更少见。②由算法中可知用逐步判别选出的 L 个变量，一般不是所有 L 个变量组合中最优的组合(因为每次引入都是在保留已引入变量基础上引入新变量)。但在 L 不大时，往往是最优的组合。

到此为止，我们对常用的判别分析方法做了相应的介绍，至于哪一种判别方法最好，难以评价，此处仅对 Bayes 判别法与 Fisher 判别法作比较。

(1)当 k 个总体的均值向量共线性程度较高时，Fisher 判别法可用较少的判别函数进行判别，因而比 Bayes 判别法简单。另外，Fisher 判别法未对总体的分布提出什么特定的要求。

(2)Fisher 判别法的不足是它不考虑各总体出现概率的大小，也给不出预报的后验概率及错判率的估计以及错判之后造成的损失。而这些不足恰是 Bayes 判别法的优点，但值得指出的是，如果给定的先验概率不符合客观实际时，Bayes 判别法也可能会导致错误的结论。

在上述判别法中，只要满足一些必要的条件，它们将是等价的。

(1)在正态等协差阵的条件下，Bayes 线性判别函数(在不考虑先验概率的影响)等价于距离判别准则。因此 Bayes 线性判别法与距离判别法是等价的。

(2)不加权的 Fisher 判别法等价于距离判别法，因此在等协差阵条件下，Bayes 线性判别法、Fisher 线性判别法与距离判别法三者是等价的(理论上可以说明 Bayes 线性判别函数在总体是非正态时也适用，只不过丧失正态性后，Bayes 判别法具有的平均错判率最小的性质就不一定存在了)。

判别分析和聚类分析的主要不同之处在于，判别分析是在已知研究对象分成若干类型(或组别)并已取得各种类型的一批已知样品的观测数据，在此基础上根据某些准则建立判别式，然后对未知类型的样品进行判别分类。对于聚类分析来说，一批给定样品要划分的类型事先并不知道，正需要通过聚类分析来确定类型的。正因为如此，判别分析和聚类分析往往联合起来使用，例如判别分析是要求先知道各类总体情况才能判断新样品的归类，当总体分类不清楚时，可先用聚类分析对原来的一批样品进行分类，然后再用判别分析建立判别式以对新样品进行判别。

【例 10.4】 针对例 10.1，采用逐步判别进行分析。

统计软件 SPSS 同样给出了逐步判别。从表 10-16 至表 10-19 可以看出逐步判别分析中仅纳入变量 x_3，其余变量均未通过检验。

表 10-16 进入或剔除的变量

Step	Entered	Wilks´Lambda							
		Statistic	df_1	df_2	df_3	Exact F			
						Statistic	df_1	df_2	Sig.
1	x_3	0. 187	1	1	8. 000	34. 854	1	8. 000	0. 000

表 10-17 进入分析的变量

Step		Tolerance	F to Remove
1	x_3	1. 000	34. 854

表 10-18 Wilks' Lambda 检验

Step	Number of Variables	Lambda	df_1	df_2	df_3	Exact F			
						Statistic	df_1	df_2	Sig.
1	1	0. 187	1	1	8	34. 854	1	8. 000	0. 000

表 10-19 判别函数特征值

Function	Eigenvalue	% of Variance	Cumulative %	Canonical Correlation
1	4. 357(a)	100. 0	100. 0	0. 902

表 10-20 Wilks' Lambda 检验

Test of Function(s)	Wilks´Lambda	Chi-square	df	Sig.
1	0. 187	12. 588	1	0. 000

表 10-20 是对第一个判别函数的显著性检验，由 Wilks' Lambda 检验，认为判别函数在 0. 05 的显著性水平上是显著的。

表 10-21 标准化典型判别函数

V	Function
	1
x_3	1. 000

表 10-22　判别载荷矩阵

V	Function
	1
x_3	1.000
x_2	-0.346
x_1	-0.277

表 10-26　未标准化典型判断函数

V	Function
	1
x_3	0.002
(Constant)	-8.561

表 10-23　判别函数在各组的重心

V	Function
	1
1	1.867
2	-1.867

输出结果表 10-21 至表 10-23 显示的是判别函数、判别载荷和各组的重心。表 10-24 是标准化的判别函数，表示为：$y = x_3^*$，这里 x_3^* 表示 x_3 的标准化变量；标准化变量的系数就是判别权重；表 10-25 是判别载荷，由判别权重和判别载荷可以看出 x_3 对判别函数的贡献最大；表 10-26 显示的是未经标准化处理的判别系数，判别函数为 $y = -8.561 + 0.002x_3$；表 10-27 反映判别函数在各组的重心，根据结果，判别函数在 $y = 1$ 这组的重心为 1.867，在 $y = 2$ 这组的重心为 -1.867，由于两组大小相同，可以得到临界分割点为 0。这样就可以根据每个观测的判别得分将观测进行分类。

表 10-24　费歇线性判别函数系数

	V_1	
	1	2
x_3	0.020	0.013
(Constant)	-55.068	-23.101

表 10-25 判别结果

	Case Number	Actual Group	Highest Group					Second Highest Groupp			Giscriminant Scores
			Predicted Group	P(D=d| G=g)		P(G=g| D=d)	Squared Mahalanobis Distance to Centroid	Group	P(G=| D=d)	Squared Mahalanobis Distance to Centroid	Function 1
				p	df						
Original	1	1	1	0.952	1	0.999	0.004	2	0.001	14.091	1.927
	2	1	1	0.976	1	0.999	0.001	2	0.001	14.170	1.897
	3	1	1	0.955	1	0.999	0.003	2	0.001	14.362	1.923
	4	1	1	0.843	1	0.999	0.039	2	0.002	12.503	1.669
	5	1	1	0.959	1	0.999	0.003	1	0.001	14.332	1.919
	6	2	2	0.110	1	0.730	2.560	1	0.270	4.554	-0.267
	7	2	2	0.972	1	0.999	0.001	1	0.001	14.208	-1.902
	8	2	2	0.937	1	0.999	0.006	1	0.001	14.534	-1.945
	9	2	2	0.027	1	1.000	4.865	1	0.000	35.279	-4.073
	10	2	2	0.472	1	0.986	0.518	1	0.014	9.085	-1.147
	11	ungrouped	2	0.004	1	1.000	8.345	1	0.000	43.860	-4.756
	12	ungrouped	2	0.249	1	1.000	1.327	1	0.000	23.870	-3.019
	13	ungrouped	1	0.829	1	0.998	0.046	2	0.002	12.379	1.651
	14	ungrouped	1	0.717	1	0.996	0.131	2	0.004	11.371	1.505
Cross-validated(a)	1	1	1	0.944	1	0.988	0.005	2	0.002	12.599	
	2	1	1	0.972	1	0.998	0.001	2	0.002	12.400	
	3	1	1	0.948	1	0.998	0.004	2	0.002	12.573	
	4	1	1	0.816	1	0.996	0.054	2	0.004	11.007	
	5	1	1	0.952	1	0.998	0.004	2	0.002	12.546	
	6	2	2	0.016	1	0.600	5.833	1	0.400	6.640	
	7	2	2	0.967	1	0.998	0.002	1	0.002	12.435	
	8	2	2	0.927	1	0.998	0.008	1	0.002	12.729	
	9	2	2	0.000	1	1.000	27.738	1	0.000	128.724	
	10	2	2	0.380	1	0.981	0.771	1	0.019	8.649	

表 10-26 交叉验证

		V_1	Predicted Group Membership		Total
			1	2	
Original	Count	1	5	0	5
		2	0	5	5
		Ungrouped cases	2	2	4
	%	1	100.0	0.0	100.0
		2	0.0	100.0	100.0
		Ungrouped cases	50.0	50.0	100.0
Cross-validated(a)	Count	1	5	0	5
		2	0	5	5
	%	1	100.0	0.0	100.0
		2	0.0	100.0	100.0

输出结果表 10-24 至表 10-26 显示的是分类的统计结果。表 10-24 给出了每组 Bayes 准则下的费歇线性判别函数系数，可以得到，与 $y=1$ 这一组对应的 Bayes 判别函数是：

$$f_1 = -55.068 + 0.02x_3$$

与 $y=2$ 这一组对应的 Bayes 判别函数是：

$$f_2 = -23.101 + 0.013x_3$$

利用这些判别式直接计算出每个观测属于各类的评分，然后将观测分类到较大的分类函数值中。表 10-25 是采用马氏距离给出的分类结果，Original 表示原始数据的所属组关系，Cross-validated 表示交叉数据的所属组关系，通过判别函数预测，10 个观测都是正确的，在交叉验证中，有 10 个观测都是正确的，优于 Bayes 判别、费歇判别。表 10-26 为分类矩阵表，用以分析判对和判错的百分比。从表 10-25 可以得出以下结论：中国、罗马尼亚属于第二类，是中等发展水平国家；希腊、哥伦比亚属于第一类，是高发展水平国家。

总之，从逐步判别法所得的结果可看出，尽管这里没有利用变量——成人识字率与出生时的预期寿命，但所得的判别结果与利用全部变量所得的判别结果完全一致，这充分说明了三个变量在判别式中所起的作用不同。

思考题

1. 应用判别分析应该具备怎么样的条件?
2. 试述贝叶斯判别方法的思想。
3. 试述费歇判别方法的思想。
4. 什么是逐步判别分析?
5. 简要叙述判别分析的方法步骤及流程。
6. 设两个二维总体有公共协方差阵，从两总体分别抽取了容量 $n_1=9$，$n_2=8$ 的样本，其数据如下表所示：

总体＼序号		1	2	3	4	5	6	7	8	9
π_1	x_1	20.0	28.5	24.6	26.5	29.0	36.7	36.0	27.6	25.0
	x_2	14.2	8.4	14.8	15.2	11.9	9.6	18.0	9.5	16.0
π_2	x_1	21.6	23.2	17.8	14.4	11.0	18.9	15.4	16.1	
	x_2	7.5	4.5	9.2	7.2	5.5	6.3	8.0	7.8	

(1) 试用最小距离法建立判别函数；

(2) 设 π_1 的先验概率为$\frac{2}{3}$，π_2 的先验概率为$\frac{1}{3}$，误判损失相等，二总体均为正态，求出贝叶斯判别区域；

(3) 比较上述两种判别结果。

7. 某城市的环保监测站于 1982 年在全市均匀地布置了 14 个监测点，每日三次定时抽取大气样品，测量大气中二氧化硫、氮氧化物和飘尘的含量。前后 5 天，每个抽样点(监测点)每种污染元素实测 15 次，取 15 次实测值的平均作为该取样点大气污染元素的含量(数据见下表)。表中最后一列给出的类号分别表示为第 1 类为严重污染地区，第 2 类为一般污染地区，第 3 类为基本没有污染地区。

	二氧化硫 (X_1)	氮氧化物 (X_2)	飘尘 (X_3)	类别
1	0.045	0.043	0.265	2
2	0.066	0.039	0.264	2
3	0.094	0.061	0.194	2
4	0.003	0.003	0.102	3
5	0.048	0.015	0.106	3
6	0.210	0.066	0.263	1
7	0.086	0.072	0.274	2
8	0.196	0.072	0.211	1
9	0.187	0.082	0.301	1
10	0.053	0.060	0.209	2
11	0.020	0.008	0.112	3
12	0.035	0.015	0.170	3
13	0.205	0.068	0.284	1
14	0.088	0.058	0.215	2
15	0.101	0.052	0.181	
16	0.045	0.005	0.122	

(1)求费歇判别函数和C;

(2)该城市另有两个单位在同一期间测定了所在单位大气中这三种污染物元素的含量(见上表最后两行),用费歇判别判断这两个单位的污染情况属于哪一类。

第十一章

主成分分析和因子分析

现实中的统计对象经常用多个指标来表示，比如人口普查，就可以有姓名、性别、出生年月日、籍贯、婚姻状况、民族、政治面貌、地区等，企业调查，可以有净资产、负债、盈利、职工人数、还贷情况等。多个指标(变量)可以分别进行分析，但是，我们往往希望综合使用这些指标，这时，有主成分分析、因子分析等方法可以把数据的维数降低，同时又尽量不损失数据中的信息。

第一节　主成分分析

在大部分实际问题中，变量之间是有一定相关性的，人们自然希望找到较少的几个彼此不相关的综合指标尽可能多地反映原来众多变量的信息。1933 年，Hotelling 提出的主成分分析(principal component analysis)方法正是实现这一目的的有效途径之一。何为主成分？简而言之，主成分实际上就是由原变量 $X_1 \sim X_m$ 线性组合出来的 m 个互不相关、且未丢失任何信息的新变量，也称为综合变量。多指标的主成分分析常被用来寻找判断某种事物或现象的综合指标，并给综合指标所蕴藏的信息以恰当解释，以便更深刻地揭示事物内在的规律。

主成分分析的目的是从原始的多个变量取若干线性组合，能尽可能多地保留原始变量中的信息。从原始变量到新变量是一个正交变换(坐标变换)。设有 $X=(X_1, \cdots, X_P)'$是一个 p 维随机变量，有二阶矩，记 $\mu=E(X)$，$\Sigma=\text{var}(X)$。考虑它的线性变换

$$\begin{cases} Y_1 = I'_1X = l_{11}X_1 + \cdots + l_{p1}X_p \\ \qquad \cdots \\ Y_P = I'_1 = l_{1p}X_1 + \cdots + l_{pp}X_p \end{cases}$$

易见

$$\begin{cases} \text{var}\ (Y_i) = I'_i \Sigma I_i \\ \text{cov}\ (Y_i,\ Y_j) = I'_i \Sigma I_j \end{cases} \qquad (i,\ j=1,\ 2,\ \cdots,\ p)$$

如果要用 Y_1 尽可能多地保留原始的 X 的信息，经典的办法是使 Y_1 的方差尽可能大，这需要对线性变换的系数 I_1 加限制，一般要求它是单位向量，即 $I'_1I_1=1$，如果要用 Y_1 尽可能多地保留原始的 X 的信息，经典的办法是使 Y_1 的方差尽可能大，这需要对线性变换的系数 I_1 加限制，一般要求它是单位向量，即 $I'_1I_1=1$。其他的各 Y_i 也希望尽可能多地保留 X 的信息，但前面的 Y_1，…，Y_{i-1}已保留的信息就不再保留，即要求 cov (Y_i，Y_j) =0，($j=1$，…，$i-1$)，同时对 I_i 也有 $I'_iI_i=1$ 的要求。其他的各 Y_i 也希望尽可能多地保留 X 的信息，但前面的 Y_1，…，Y_{i-1}已保留的信息就不再保留，即要求 cov (Y_i，Y_j) =0，($j=1$，…，$i-1$)，同时对 I_i 也有 $I'_iI_i=1$ 的要求，在这样的条件下使 var(Y_i)最大。设协方差阵Σ的特征

值为 $\lambda_i \geqslant \lambda_2 \geqslant \cdots \geqslant \lambda_p \geqslant 0$，相应的单位特征向量分别为 a_1，a_2，…，a_p（当特征根有重根时，单位特征向量不唯一）。这时 X 的第 i 个主成分为 $Y_i = a_i X$，$i=1$，…，p，且 $\mathrm{var}(Y_i)=\lambda_i$。

记 $A=(a_1, \cdots, a_p)$，$\Lambda = \begin{bmatrix} \lambda_1 & & \\ & \ddots & \\ & & \lambda_p \end{bmatrix}$，$Y=(Y_1, \cdots, Y_P)$，则 A 为正交阵，$Y=AX'$，

$\mathrm{var}(Y)=\Lambda$，且 $\sum_1^P \lambda_i = \sum_1^p \sigma_{ii}$，其中，$\sigma_{ii}$ 为 Σ 的主对角线元素。

主成分 Y_k 与原始变量 X_k 的相关系数 $\rho(Y_k, X_i)$ 称为因子负荷量（Factor loading），可以证明

$$\rho(Y_k, X_i) = \frac{\sqrt{\lambda_k} a_{ik}}{\sqrt{\sigma_{ii}}}, \quad (k, i=1, \cdots, p)$$

$$\sum_{i=1}^{p} \sigma_{ii} \rho^2 (Y_k, X_i) = \lambda_k, \quad \sum_{k=1}^{p} \rho^2 (Y_k, X_i) = \sum_{k=1}^{p} \lambda_k a_{ik}^2 / \sigma_{ii} = 1$$

为了减少变量的个数，希望前几个 Y_i 就可以代表 X 的大部分信息。定义 $\lambda_k / \sum_1^p \lambda_i$ 为主成分 Y_k 的贡献率，称 $\sum_{i=1}^{m} \lambda_i / \sum_1^p \lambda_i$ 为主成分 Y_1，…，Y_m 的累计贡献率。一般取 m 使得累计贡献率达到 70% ~80% 以上。累计贡献率表示 m 个主成分从 X_1，…，X_P 中提取了多少信息，但没有表达用它来恢复每一个 X_i 能恢复多少，为此定义 m 个主成分 Y_1，…，Y_m 对原始变量 X_i 的贡献率 ν_i，ν_i 为 X_i 对 Y_1，…，Y_m 的复相关系数平方，可以用公式 $\nu_i = \sum \lambda_k a_{ik}^2 / \sigma_{ii}$ 计算（注意 $m=p$ 时，$\nu_i \equiv 1$）。前 m 个主成分 $Y_{(m)} = (Y_1, \cdots, Y_m)'$ 在 X 的 m 个线性组合中能对 X 最好地线性逼近。

在上面的主成分计算方法中，方差越大的变量越被优先保留信息，实际中为了消除这种影响经常把变量标准化，即令

$$X_i^* = \frac{X_i - EX_i}{\sqrt{\mathrm{var}(X_i)}}, \quad i=1, \cdots, p$$

这时 $X^* = (X_1^*, \cdots, X_P^*)'$ 的协方差阵就是 X 的相关阵 R。这时，主成分的协方差阵是 $\Lambda^* = \mathrm{diag}(\lambda_1^*, \cdots, \lambda_p^*)$，其中 $\lambda_1^* \geqslant \cdots \geqslant \lambda_P^*$ 为 R 的特征根；$\sum_{i=1}^{p} \lambda_i^* = p$；$X_i^*$ 与主成分 Y_k^* 的相关系数（因子负荷量）为 $\rho(Y_k^*, X_i^*) = \sqrt{\lambda_k^*} a_{ik}^*$，其中 $a_k^* = (a_{1k}^*, \cdots, a_{Pk}^*)'$ 为 R 的对应 λ_k^* 的单位特征向量；$\sum_{i=1}^{p} \rho^2 (Y_k^*, X_i^*) = \lambda_k^*$；$\sum_{k=1}^{p} \rho^2 (Y_k^*, X_i^*) = 1$。

对于 X 的观测样本，设第 t 次观测为 $x_{(t)} = (x_{t1}, \cdots, x_{tp})'$，$t=1$，…，$n$，把数据写成矩阵形式为

$$\tilde{X} = \begin{bmatrix} x_{11} & x_{12} & \cdots & x_{1p} \\ x_{21} & x_{22} & \cdots & x_{2p} \\ \vdots & \vdots & \vdots & \vdots \\ x_{n1} & x_{n2} & \cdots & x_{np} \end{bmatrix}$$

由 $\tilde{X}$ 得协方差阵 Σ 的估计 $\hat{\Sigma}$ 和相关阵 R 的估计 $\hat{R}$,，从 $\hat{\Sigma}$ 或 $\hat{R}$ 可以得到主成分分解。计算特

征值和单位特征向量，仍记为 $\lambda_1 \geqslant \cdots \geqslant \lambda_p \geqslant 0$ 和 a_1，…，a_p，用 $Y_i = a'_i X$ 作为 X 的第 i 主成分，而 $Y_{(t)} = x_{(t)} A$ 称为第 t 个观测的主成分得分。结果得到的主成分得分矩阵为 $\tilde{Y} = XA$。可以把 $\tilde{Y}$ 的前几行作为维数压缩后的数据。

【例 11.1】 对全国 30 个省（自治区、直辖市）经济发展基本情况的八项指标做主成分分析，原始数据如下

表 11-1 全国 30 个省份按各种经济类型资产占总资产比重（%）

编号	地区	GDP x_1	居民消费水平 x_2	固定资产投资 x_3	职工平均工资 x_4	货物周转量 x_5	居民消费价格指数 x_6	商品零售价格指数 x_7	工业总产值 x_8
1	北京	1394.89	2505	519.01	8144	373.9	117.3	112.6	843.43
2	天津	920.11	2720	345.46	6501	342.8	115.2	110.6	582.51
3	河北	2849.52	1258	704.87	4839	2033.3	115.2	115.8	1234.85
4	山西	1092.48	1250	290.9	4721	717.3	116.9	115.8	697.25
5	内蒙古	832.88	1387	250.23	4134	781.7	117.5	116.8	419.39
6	辽宁	2793.37	2397	387.99	4911	1371.1	116.1	114	1840.55
7	吉林	1129.2	1872	320.45	4430	497.4	115.2	114.2	762.47
8	黑龙江	2014.53	2334	435.73	4145	824.8	116.1	114.3	1240.37
9	上海	2462.57	5343	996.48	9279	207.4	118.7	113	1642.95
10	江苏	5155.25	1926	1434.95	5943	1025.5	115.8	114.3	2026.64
11	浙江	3524.79	2249	1006.39	6619	754.4	116.6	113.5	916.59
12	安徽	2003.58	1254	474	4609	908.3	114.8	112.7	824.14
13	福建	2160.52	2320	553.97	5857	609.3	115.2	111.4	433.67
14	江西	1205.11	1182	282.84	4211	411.7	116.9	115.9	571.84
15	山东	5002.34	1527	1229.55	5145	1196.6	117.6	114.2	2207.69
16	河南	3002.74	1034	670.35	4344	1574.4	116.5	114.9	1367.92
17	湖北	2391.42	1527	571.68	4685	849	120	116.6	1220.72
18	湖南	2195.7	1408	422.61	4797	1011.8	119	115.5	843.83
19	广东	5381.72	2699	1639.83	8250	656.5	114	111.6	1396.35
20	广西	1606.15	1314	382.59	5105	556	118.4	116.4	554.97
21	海南	364.17	1814	198.35	5340	232.1	113.5	111.3	64.33
22	四川	3534	1261	822.54	4645	902.3	118.5	117	1431.81
23	贵州	630.07	942	150.84	4475	301.1	121.4	117.2	324.72
24	云南	1206.68	1261	334	5149	310.4	121.3	118.1	716.65
25	西藏	55.98	1110	17.87	7382	4.2	117.3	114.9	5.57
26	陕西	1000.03	1208	300.27	4396	500.9	119	117	600.98
27	甘肃	553.35	1007	114.81	5493	507	119.8	116.5	468.79
28	青海	165.31	1445	47.76	5753	61.6	118	116.3	105.8
29	宁夏	169.75	1355	61.98	5079	121.8	117.1	115.3	114.4
30	新疆	834.57	1469	376.95	5348	339	119.7	116.7	428.76

采用 SPSS 软件，输出结果如下：表 11-2 为特征值，可以看出，前三个特征值累计贡献率达到 89.742%，说明前三个主成分基本包含了全部指标具有的信息，我们取前三个特征

值，并计算出相应的特征向量。由于 SPSS 没有提供主成分分析的专用功能，只有因子分析的功能。但是因子分析和主成分分析有着密切的联系。因子分析的重要步骤——因子的提取最常用的方法就是“主成分法”。利用因子分析的结果，可以很容易地实现主成分分析。具体来讲，就是利用因子载荷阵(表 11-3)和相关系数矩阵的特征根(表 11-4)来计算特征向量。

表 11-2 特征根和方差贡献率

Component	Initial Eigenvalues			Extraction Sums of Squared Loadings		
	Total	% of Variance	Cumulative %	Total	% of Variance	Cumulative %
1	3. 908	48. 850	48. 850	3. 908	48. 850	48. 850
2	1. 988	24. 846	73. 696	1. 988	24. 846	73. 696
3	1. 284	16. 046	89. 742	1. 284	16. 046	89. 742
4	0. 415	5. 186	94. 928			
5	0. 213	2. 662	97. 590			
6	0. 105	1. 307	98. 897			
7	0. 077	0. 959	99. 857			

表 11-3 因子载荷阵

	Component		
	1	2	3
x_1	0. 904	0. 331	0. 134
x_2	0. 621	-0. 573	0. 271
x_3	0. 918	0. 119	0. 215
x_4	0. 488	-0. 713	0. 355
x_5	0. 499	0. 750	-0. 227
x_6	-0. 525	0. 183	0. 805
x_7	-0. 659	0. 499	0. 505
x_8	0. 816	0. 427	0. 256

表 11-4 特征向量矩阵

	Component		
	1	2	3
x_1	0. 457	0. 235	0. 118
x_2	0. 314	-0. 41	0. 239
x_3	0. 464	0. 084	0. 19
x_4	0. 247	-0. 51	0. 313
x_5	0. 252	0. 532	-0. 2
x_6	-0. 27	0. 13	0. 71
x_7	-0. 33	0. 354	0. 446
x_8	0. 413	0. 303	0. 226

根据表 11-4 可以得到主成分表达式：

$F_1=0.457X_1+0.314X_2+0.464X_3+0.247X_4+0.252X_5-0.27X_6-0.33X_7+0.414X_8$

$F_2=0.235X_1-0.410X_2+0.084X_3-0.51X_4+0.532X_5+0.13X_6+0.354X_7+0.303X_8$

$F_3=0.118X_1+0.239X_2+0.19X_3+0.313X_4-0.2X_5+0.71X_6+0.446X_7+0.226X_8$

在第一主成分中第一、三、八项指标的系数较大，这三个指标起主要作用，因此，我们将第一主成分看成是由 GDP、固定资产投资和工业总产值综合反映经济发展状况的综合指标。在第二主成分中第二、四、五、七项指标的系数较大，因此将其看成是由居民消费水平、职工平均工资、货物周转量和商品零售价格指数综合反映经济发展状况的综合指标。在第三主成分中第六项指标的系数较大，因此将其单独看成是由居民消费价格指数的影响。

第二节　因子分析

因子分析是主成分分析的推广，它和主成分分析的目的一致，但分析更精密、结果更有解释性。例如，学生的各科成绩受智力、计算能力、表达能力和灵活性等因子的影响，可以通过考试或检查等手段获得学生的各科成绩，但那些对各科成绩起支配作用的因子的状态不能直接测定到；又如，考虑 5 项生理指标：收缩压、舒张压、心跳间隔、呼吸间隔和舌下温度，从生理知识知道，这 5 项指标是受交感神经和副交感神经支配的，而这 2 种神经的状态也不能直接测定出来。因子分析(factor analysis)就是要找出某个问题中可直接测量的、具有一定相关性的诸指标，如何受少数几个在专业上有意义，不可直接测量到，且相对独立的因子支配的规律，从而可用诸指标的测定值来间接确定诸因子的状态。

1. 初始因子模型

设某问题中的测量指标有 X_1，X_2，…，X_m，其标准化指标为 $x_i=(X_i-\bar{X}_i)/S_i(i=1,2,\cdots,m)$，各指标均受 $p(p<m)$ 个公因子支配，同时，每个指标还受 1 个特殊因子的制约，于是，标准化变量 x_i 可用公因子 F 和特殊因子 U 线性表示，即：

$$\begin{cases} x_1=a_{11}F_1+\cdots+a_{1p}F_p+C_1U_1 \\ \cdots \\ x_m=a_{m1}F_1+\cdots+a_{mp}F_p+C_mU_m \end{cases} \tag{11-1}$$

式(11-1)中的 a_{ij} 称为因子负荷(或载荷、权数)。

此模型有两个特点，其一，模型不受量纲的影响；其二，因子负荷是不唯一的，通过因子的变换(即因子轴的旋转)，可使新的因子更具有鲜明的实际意义。

2. 旋转后的因子模型

当初始因子模型(11-1)求得后，一般来说，载荷矩阵 $A=(a_{ij})_{m\times p}$ 的结构比较复杂，倘若能进一步简化，用公因子来线性表达标准化指标时就更容易作出有实际意义的解释，即使得矩阵 A 中各列元素向 0 和 1 两极分化，但保持同一行中各元素平和(称为各指标的公因子方差)不变，实现这一目的的变换法叫因子轴的旋转。设从公因子 F 旋转到公因子 G，则式(8-1)变为：

$$x_i=\sum b_{ij}G_j+C_iU_i \quad (i=1,2,\cdots,m;\ j=1,2,\cdots,p;\ p<m) \tag{11-2}$$

式(11-2)中的 b_{ij} 仍称为因子载荷。

3. 因子得分模型

无论是初始因子模型还是旋转后的因子模型，都是将指标表示为公因子的线性组合，在因子分析中，还可以将公因子表示为指标的线性组合，这样就可以从指标的观测值估计各个公因子的值，这种值叫做因子得分。它对样品的分类有实际意义。

$$G_j = \sum d_{ij}x_i \quad (i=1,\ 2,\ \cdots,\ m;\ j=1,\ 2,\ \cdots,\ p;\ p<m) \qquad (11\text{-}3)$$

4. 模型的有关假设

(1)线性假设：即模型(11-1)为线性模型。

(2)独立性假设：即各特殊因子之间以及特殊因子与所有公因子之间均互相独立。

(3)公因子都是均数为0、方差为1的独立正态随机变量，其协方差矩阵为单位矩阵。

5. 初始因子模型中3种相关系数

在因子模型中可计算下列几种相关系数：$r_{x_iF_j}$——标准化变量(以下简称变量)与公因子之间的相关系数；$r_{x_iU_j}$——变量与特殊因子之间的相关系数；r_{ij}——第 i 个与第 j 个变量之间的相关系数，当 $i=j$ 时，$r_{ii}=r_{jj}=1$。它们与模型中的系数 a_{ij}、C_i 之间有如下的关系：用 F_j 乘以方程组(8-1)的第 i 式，取数学期望(即理论均数)并利用模型的有关假设，得：

$$r_{r_iF_j} = a_{ij},\ (i=1,\ 2,\ \cdots,\ m,\ j=1,\ 2,\ \cdots,\ p;\ p<m) \qquad (11\text{-}4)$$

此式说明因子负荷 a_{ij} 为第 i 个变量与第 j 个公因子之间的相关系数。同理，用 U_j 乘以方程组(11-1)的第 i 式，取数学期望并利用模型的有关假设，得：

$$r_{r_iU_i} = C_i,\ (i=1,\ 2,\ \cdots,\ m) \qquad (11\text{-}5)$$

此式说明 C_i 为第 i 个变量与第 i 个特殊因子之间的相关系数。

将方程组(11-1)的第 i 式与第 j 式两式相乘，取数学期望并利用模型的有关假设，得：

$$r_{ij} = a_{i1}a_{j1} + \cdots + a_{ip}a_{jp},\ (i \neq j) \qquad (11\text{-}6)$$

$$r_{ij} = a_{ii11}^{2}a_{j1} + \cdots + a_{iipp}a_{jp},\ (i=1,\ 2,\ \cdots,\ m) \qquad (11\text{-}7)$$

在式(11-7)中，C_i^2 被称为变量 x_i 的特殊因子方差，令：

$$h_i^2 = \sum_{j=1}^{p} a_{ij}^2,\ (i=1,\ 2,\ \cdots,\ m) \qquad (11\text{-}8)$$

$h_i^2(i=1,\ 2,\ \cdots,\ m)$称为变量 xi 的公因子方差(Common Variance)，或称共同度，它反映了全部公因子对 x_i 的影响或贡献，h_i^2 越接近1，公因子越能代表原变量的变化。在因子分析的结果中会给出各变量公因子方差 h_i^2 的最后估计值，因 $C_i^2=1-h_i^2$，也可获得各变量的特殊因子方差 C_i^2 的估计值。

另外，a_{ij}^2代表公因子 F_j 对变量 x_i 的总方差所作的贡献，令：

$$V_j = \sum_{i=1}^{m} a_{ij}^2,\ (j=1,\ 2,\ \cdots,\ p) \qquad (11\text{-}9)$$

则 V_j 反映了公因子 F_j 对全部变量的总影响或总贡献，故可用来衡量 F_j 的相对重要性。

【例11.2】 仍以例11.1为例进行因子分析。

采用SPSS软件，输出结果如下：表11-5为指标间的相关系数矩阵，表11-6给出了特征值，可以看出前三个特征值的贡献率已达到89.762%。

表 11-5 相关矩阵

		x_1	x_2	x_3	x_4	x_5	x_6	x_7	x_8
Correlation	x_1	1.000	0.267	0.951	0.191	0.617	-0.273	-0.260	0.874
	x_2	0.267	1.000	0.426	0.718	-0.151	-0.235	-0.597	0.363
	x_3	0.951	0.426	1.000	0.400	0.431	-0.280	-0.347	0.792
	x_4	0.191	0.718	0.400	1.000	-0.356	-0.135	-0.528	0.104
	x_5	0.617	-0.151	0.431	-0.356	1.000	-0.253	0.027	0.659
	x_6	-0.273	-0.235	-0.280	-0.135	-0.253	1.000	0.775	-0.125
	x_7	-0.260	-0.597	-0.347	-0.528	0.027	0.775	1.000	-0.145
	x_8	0.874	0.363	0.792	0.104	0.659	-0.125	-0.145	1.000

表 11-6 总方差分解表

Component	Initial Eigenvalues			Extraction Sums of Squared Loadings			Rotation Sums of Squared Loadings		
	Total	% of Variance	Cumulative %	Total	% of Variance	Cumulative %	Total	% of Variance	Cumulative %
1	3.738	46.728	46.728	3.738	46.728	46.728	3.208	40.095	40.095
2	2.211	27.636	74.363	2.211	27.636	74.363	2.207	27.587	67.683
3	1.232	15.399	89.762	1.232	15.399	89.762	1.766	22.080	89.762
4	0.402	5.024	94.787						
5	0.213	2.661	97.448						
6	0.111	1.391	98.839						
7	0.080	0.998	99.836						
8	0.013	0.164	100.000						

表 11-7 因子载荷矩阵

V	Component		
	1	2	3
x_1	0.887	0.381	0.110
x_2	0.608	-0.597	0.279
x_3	0.913	0.162	0.208
x_4	0.464	-0.715	0.384
x_5	0.488	0.732	-0.288
x_6	-0.510	0.266	0.791
x_7	-0.605	0.612	0.443
x_8	0.818	0.437	0.216

表 11-8　正交旋转后的因子载荷矩阵

V	Component		
	1	2	3
x_1	0. 954	0. 126	-0. 135
x_2	0. 217	0. 841	-0. 220
x_3	0. 871	0. 352	-0. 139
x_4	0. 053	0. 926	-0. 114
x_5	0. 752	-0. 506	-0. 187
x_6	-0. 139	-0. 006	0. 968
x_7	-0. 085	-0. 484	0. 834
x_8	0. 946	0. 108	0. 001

表 11-9 为因子载荷矩阵，表 11-10 为正交旋转后的因子载荷矩阵，可以看出旋转后因子载荷矩阵发生了很大的变化。第一公因子主要反映了 GDP、固定资产投资货物周转量和工业总产值，第二公因子主要反映了居民消费水平和职工平均工资，第三公因子主要反映了居民消费价格指数和商品零售价格指数。

通过上面的介绍可以看出，因子分析和主成分分析都依赖于原始变量，也只能反映原始变量的信息。所以原始变量的选择很重要，一定要符合进行分析所要达到的目标，不能夹杂毫不相关的变量。另外，如果原始变量基本上互相独立，那么降维就可能失败，这是因为很难把很多独立变量用少数综合的变量概括。数据越相关，降维效果就越好。由于那些选出的成分或因子代表了一些相关的信息(从相关性和线性组合的形式可以看出来)；根据这些信息可以帮助给这些成分或因子起合适的名字，但并不总是可以给出满意的名字。

思考题

1. 主成分分析和因子分析的基本思想是什么？
2. 由协方差阵出发和由相关阵出发求主成分有什么不同？
3. 因子分析和主成分分析有什么区别？
4. 因子载荷 a_{ij}的统计定义是什么？它在实际问题分析中的作用是什么？
5. 设 $X=(X_1, X_2)'$的协方差阵 $\sum = \begin{bmatrix} 1 & 4 \\ 4 & 100 \end{bmatrix}$，试从协方差阵$\sum$和相关阵 R 出发求总体主成分，并加以比较。
6. 设三元总体的协方差阵为 $\sum = \begin{bmatrix} 4 & 0 & 0 \\ 0 & 4 & 0 \\ 0 & 0 & 2 \end{bmatrix}$，试求总体主成分。
7. 设标准化变量 X_1，X_2，X_3的协差阵(即相关阵)为 $R=\begin{bmatrix} 1.00 & 0.63 & 0.45 \\ 0.63 & 1.00 & 0.35 \\ 0.45 & 0.35 & 1.00 \end{bmatrix}$，求 $m=1$ 的正交因子模型。
8. 我国山区某大型化工厂，在厂区及邻近地区挑选有代表性的 8 个大气取样点。每日 4 次同时抽取大气样品，测定其中包含的 6 种气体的浓度，前后共 4 天，每个样品每种气体实测 16 次，并计算出每个取样点每种气体的平均浓度，试用因子分析和主成分方法分析处理下表的数据。

	氯	硫化氢	SO_2	C_4	环氧氯丙烷	环己烷
1	0.056	0.084	0.031	0.038	0.0081	0.0220
2	0.049	0.055	0.100	0.110	0.0220	0.0073
3	0.038	0.130	0.079	0.170	0.0580	0.0430
4	0.034	0.095	0.058	0.160	0.2000	0.0290
5	0.084	0.066	0.029	0.320	0.0120	0.0410
6	0.064	0.072	0.100	0.210	0.0280	1.3800
7	0.048	0.089	0.062	0.260	0.0380	0.0360
8	0.069	0.087	0.027	0.050	0.0890	0.0210

第十二章

对应分析

主成分分析、因子分析、聚类分析都是研究变量之间的相互关系。有时，在某些实际问题中，既要研究变量之间的关系，还要研究样品之间的关系。不仅如此，人们往往还希望能在同一个直角坐标系内同时表达出变量与样品两者之间的相互关系。实现这一目的的方法，称为对应分析(correspondence analysis)，也称相应分析，它是列联表资料的加权主成分分析，用它去寻求列联表的行列变量之间联系的低维图示法。

第一节 列联表和列联表分析

在讨论对应分析之前，我们先简要回顾一下列联表及列联表分析的有关内容。列联表(contingency table)是由两个及两个以上变量进行交叉分类的频数分布表。其中横向变量的划分类别用 R 表示，纵向变量的划分类别用 C 表示，则可以把每一个具体的列联表称为 $R\times C$ 列联表。表 12-1 就是一个列联表，它描述了一个集团公司内四个不同区域的分公司的职工对某项改革的看法。表的横行是态度变量，这里划分为两类：赞成改革方案或反对改革方案。表的纵栏是单位变量，这里划分为四类：即四个分公司。因此，表 12-1 可称为一个 2×4 列联表。表中的每个数据，都反映着来自于态度和单位两个方面的信息。

表 12-1 关于改革方案的调查结果 单位：人

	一分公司	二分公司	三分公司	四分公司	合计
赞成该方案	68	75	57	79	279
反对该方案	32	45	33	31	141
合计	100	120	90	110	420

一、列联表的分布

列联表所表现的是在变量 X 条件下变量 Y 的分布，或是在变量 Y 条件下变量 X 的分布，其中行观察值合计数的分布及列观察值合计数的分布都称为边缘分布(marginal distribution)，给定变量 X 或变量 Y 下所有观察值的分布称为条件分布(conditional distribution)，每个具体的观察值就是条件频数(conditional frequency)。R 行 C 列的列联表见表 12-2。

表 12-2　*R* 行 *C* 列的列联表

	$j=1$	$j=2$	…	$j=C$	合计
$i=1$	f_{11}	f_{12}	…	f_{1C}	r_1
$i=2$	f_{21}	f_{22}	…	f_{2C}	r_2
…	…	…	…	…	…
$i=R$	f_{R1}	f_{R2}	…	f_{RC}	r_R
合计	c_1	c_2	…	c_C	n

其中，f_{ij}表示行变量第 i 类、列变量第 j 类交叉单元中的频数(条件频数)；r_i 表示行边缘分布中第 i 行的观察值合计数(行边缘频数)；c_j 表示列边缘分布中第 j 列的观察值合计数(列边缘频数)。

(一)观察值的分布

上例表 12-1 中的最右边显示，赞成改革方案的共有 279 人，反对改革方案的共有 141 人，这就是列联表的行边缘分布频数。而表的下边显示四个分公司接受调查的人数分别为 100，120，90，110，这些为列边缘分布频数，而一公司赞成改革方案的职工有 68 人就是一个条件频数。条件频数虽然反映了数据的分布，但是不适合于进行对比。例如，四公司赞成该方案的有 79 人，三公司有 57 人，然而，仅据此还不能说四公司比三公司更赞成该方案，因为四公司接受调查的人数比三公司接受调查的人数多，对比的基数不同。为了能在相同的基数上比较，使列联表中的数据提供更多的信息，可以计算相应的百分比。列联表中，行百分比是行的每一个观察值除以相应的行合计数(行边缘分布频数)，即 f_{ij}/r_i；列百分比是列的每一个观察值除以相应的列合计数(列边缘分布频数)，即 f_{ij}/c_j；总百分比是每一个观察值除以观察值的总个数，即 f_{ij}/n 。表 12-3 就是一个包含百分比的列联表。

表 12-3　包含百分比的 2×4 列联表

	一分公司	二分公司	三分公司	四分公司	合计
赞成该方案(人)	68	75	57	79	279
(行百分数)%	24.4	26.9	20.4	28.3	66.4
(列百分数)%	68.0	62.5	63.3	71.8	—
(总百分数)%	16.2	17.8	13.6	18.8	—
反对该方案(人)	32	45	33	31	141
(行百分数)%	22.7	31.9	23.4	22.0	33.6
(列百分数)%	32.0	37.5	36.7	28.2	—
(总百分数)%	7.6	10.7	7.9	7.4	—
合计	100	120	90	110	420
%	23.8	28.6	21.4	26.2	100.0

表 12-3 中主栏的每个单元中有 4 个数据，各数据的含义分别为：条件频数、行百分数、列百分数、总百分数。以第一个单元(即一分公司赞成该方案)为例，第一个数字 68 为观察值(条件频数)；第二个数字 24.4 为行百分数，即(68/279)×100% =24.4%；第三个数字

68.0 为列百分数，即(68/100)×100% =68%；第四个数字为总百分数，即(68/420)×100% =16.2%。

在最右边和最下边的合计栏中各有两行数据，第一行是边缘频数，第二行是边缘频数的百分数。如最右边的栏中 279 为行边缘频数，66.4 为行边缘频数占总数的百分数，即 66.4% =(279/420)×100%。最下边的栏中 100 为列边缘频数，23.8 为列边缘频数占总数的百分数，即 23.8% =(100/420)×100%。

包含百分数的列联表能使我们对变量的联合分布的关系看得更清楚一些。但是，仅仅依赖于这样的表还难以展开深入的分析，为此需要引入期望分布的概念。

(二)期望值的分布

在前例中我们已经知道，在全部 420 个样本中，赞成改革方案的有 279 个，占到总数的 66.4%，即从总体上看，有 2/3 的调查对象对改革方案表示赞同。但我们希望进一步了解各分公司对这项改革方案的看法是否存在着差异。从逻辑上讲，如果各分公司对这项改革方案的看法相同，那么对第一分公司来说，赞成该方案的人数应当为：0.664×100=66 人，第二分公司赞成的人数应当为：0.664×120=80 人，这 66 人和 80 人就是本例中的期望值。列联表中，假定行变量和列变量是独立的，则一个实际频数 f_{ij} 的期望频数 e_{ij} 为观察值总数 n 乘以该实际频数 f_{ij} 落入第 i 行和第 j 列的概率，即：

$$e_{ij} = n\left(\frac{r_i}{n}\right)\left(\frac{c_j}{n}\right) = r_i\left(\frac{c_j}{n}\right) = c_j\left(\frac{r_i}{n}\right) \tag{12-1}$$

其中，f_{ij} 落入第 i 行的概率为 r_i/n，落入第 j 列的概率为 c_j/n，又行列变量之间独立，因此 f_{ij} 落入第 i 行第 j 列的概率为 $(r_1/n)(c_1/n)$。

以表 9-1 中一分公司赞成改革方案的人数为例：$f_{11}=68$，它落在第 1 行的概率估计值，即赞成改革方案的人的比例为 $r_1/n=279/420=66.4\%$；落在第 1 列的概率的估计值，即属于一分公司的人的比例为 $c_1/n=100/420=23.8\%$。则 f_{11} 落在第 1 行和第 1 列的概率应为：$(r_1/n)(c_1/n)=(279/420)(100/420)$。因此 f_{11} 的期望频数 $e_{11}=420\times(279/420)(100/420)=66.4$，这就是本例中的一个期望值。

另外，在已知各百分比的情况下可以直接利用行百分数和列百分数进行计算(见表 12-4)。例中第一行百分数为 0.664，即 $r_1/n=66.4\%$，则由 $e_{11}=c_1\times(r_1/n)=100\times 66.4\%=66.4$ 也可直接得到期望值。表 12-1 所有期望值的分布计算如下：

表 12-4 期望值分布表 单位：人

	一分公司	二分公司	三分公司	四分公司
赞成改革方案期望值	0.664 ×100 66	0.664 ×120 80	0.664 × 90 60	0.664 ×110 73
反对改革方案期望值	0.336 ×100 34	0.336 ×120 40	0.336 × 90 30	0.336 ×110 37

我们将表 12-1 和表 12-4 结合起来，便可以得到观察值和期望值频数对比分布表 12-5。

表 12-5　观察值和期望值频数对比分布表

	一分公司	二分公司	三分公司	四分公司
赞成改革方案				
观察值	68	75	57	79
期望值	66	80	60	73
反对改革方案				
观察值	32	45	33	31
期望值	34	40	30	37

我们知道，如果各个分公司对改革方案的看法相同，即分公司赞成改革方案的比例相同，就应有 $P_1 = P_2 = P_3 = P_4$，其中 P_i 为第 i 个分公司赞成改革方案的百分比（即表 12-4 中赞成改革方案一行的列百分数，$P_1 = 68.0\%$，$P_2 = 62.5\%$，$P_3 = 63.3\%$，$P_4 = 71.8\%$）。相应地，表 12-5 中观察值和期望值就应当非常接近。

因此，为了检验各个分公司对改革方案看法是否相同，我们可以以 $P_1 = P_2 = P_3 = P_4$ 为假设，采用 χ^2 分布进行检验。而利用观察值的有关信息计算期望值的分布，就是进行 χ^2 检验的第一步，关于 χ^2 检验的内容将在下一节介绍。

二、χ^2 分布与 χ^2 检验

（一）χ^2 统计量

χ^2 统计量常用于列联表中变量之间是否相关的检验，尤其适合于两个定类变量之间是否相关的检验。若用 f_o 表示观察值频数（observed frequency），用 f_e 表示期望值频数（expected frequency），则 χ^2 统计量可以写为：

$$\chi^2 = \sum \frac{(f_o - f_e)^2}{f_e} \tag{12-2}$$

由式（12-2）可以看出计算 χ^2 统计量的步骤：

步骤一：用观察值 f_o 减去期望值 f_e；

步骤二：将 f_o 与 f_e 之差平方；

步骤三：将 $(f_o - f_e)^2$ 结果除以 f_e；

步骤四：将步骤三的结果加总。

现根据表 12-5，将统计量的计算过程列表 12-6。

表 12-6　χ^2 统计量计算表

实际频数 f_o	期望频数 f_e	步骤一 $f_o - f_e$	步骤二 $(f_o - f_e)^2$	步骤三 $(f_o - f_e)^2/f_e$	步骤四 $\chi^2 = \sum \frac{(f_o - f_e)^2}{f_e}$
68	66	2	4	0.0606	
75	80	−5	25	0.3125	
57	60	−3	9	0.1500	
79	73	6	36	0.4932	
32	34	−2	4	0.1176	
45	40	5	25	0.6250	
33	30	3	9	0.3000	
31	37	−6	36	0.9730	3.0319

χ^2统计量有这样几个特征：

(1)$\chi^2 \geqslant 0$，因为它是对平方值结果的汇总。

(2)χ^2值的大小与观察值和期望值的配对数、即$R \times C$的多少有关。$R \times C$越多，在不改变分布的情况下，χ^2值越大。因此，χ^2统计量的分布与自由度有关。

(3)χ^2统计量描述了观察值与期望值的接近程度。如果两者越接近，即$f_o - f_e$的绝对值越小，计算出的χ^2值越小；反之，如果$f_o - f_e$的绝对值越大，计算出的χ^2值也越大。χ^2检验正是运用χ^2的计算结果与χ^2分布中的临界进行比较，作出对原假设接受拒绝与否的统计决策。

(二)χ^2 分布自由度的确定

如同t分布一样，在不同自由度条件下，χ^2分布也不同。因此，运用χ^2 分布进行假设检验时，需要确定χ^2分布的自由度。根据前面列联表的知识，χ^2 分布自由度的计算公式为：

$$\begin{aligned} \text{自由度} &= (\text{行数}-1)(\text{列数}-1) \\ &= (R-1)(C-1) \end{aligned} \tag{12-3}$$

例如，表12-1是一个2×4列联表，自由度的个数为3，即

自由度 = $(R-1)(C-1) = (2-1)(4-1) = 3$

(三)χ^2检验

χ^2 检验有不同的类型，它既可以用于检验列联表中变量之间是否存在显著性差异，也可以用于检验变量之间是否独立。

1. 一致性检验

在假设检验中曾讨论过对两个比例是否相等进行的检验。若要对多个比例是否相等进行检验，就需要利用χ^2 检验的方法。如果样本是从总体的不同类别中分别抽取，研究目的是对不同类别的目标变量之间是否存在显著性差异进行检验，我们就把它称为一致性检验。

前面所举的某集团公司下属四个分公司对改革态度就是一致性检验的例子。如果四个分公司赞成改革方案的比例一样，则表明四个分公司对改革方案的态度是一致的；反之，则表明不同的分公司对改革的态度存在显著的差异。

一致性检验的步骤如下：

(1)提出假设。

$H_0: P_1 = P_2 = P_3 = \cdots = P_j$ （目标变量的各个比例一致）

$H_1: P_1, P_2, P_3, \cdots, P$ 不全相等 （目标变量各个比例不一致）

(2)计算检验的χ^2统计量。

$$\chi^2 = \sum \frac{(f_o - f_e)^2}{f_e}$$

(3)进行决策。根据给定的显著性水平α和自由度$(R-1)(C-1)$，从χ^2分布表中查出临界值χ^2_α。若$\chi^2 \geqslant \chi^2_\alpha$，则拒绝$H_0$，即认为各个比例之间存在显著差异；若$\chi^2 < \chi^2_\alpha$，则无法拒绝$H_0$，即各个比例之间没有显著差别。例9-1中，$\chi^2$统计量的结果为：

$$\chi^2 = \sum \frac{(f_o - f_e)^2}{f_e} = 3.0319$$

自由度$=(R-1)(C-1)=(2-1)(4-1)=3$，又$\alpha = 0.1$，由χ^2 分布表查得$\chi^2_{0.1}(3) =$

6.251，由于$\chi^2<\chi^2_\alpha$，故无法拒绝原假设，说明四个分公司对改革方案的赞成比例是一致的，调查数据中的差异是由抽样的随机性造成的。

2. 独立性检验

在研究问题时经常会遇到要求判断两个变量之间是否存在联系的问题。例如，人们的收入水平是否与受教育程度有关；对父母的孝敬程度是否与孩子的性别有关等。在这种情况下可以使用χ^2检验，判断两组或多组的资料是否相互关联。如果不相互关联，就称为独立。所以把这类问题称为独立性检验。

独立性检验在列联表中就是检验行变量和列变量之间是否独立，其步骤如下：

(1)提出假设。

H_0：行变量与列变量独立

H_1：行变量与列变量不独立

(2)计算检验的χ^2统计量。

$$\chi^2=\sum\frac{(f_o-f_e)^2}{f_e}$$

(3)进行决策。根据给定的显著性水平α和自由度$(R-1)(C-1)$，从χ^2分布表中查出临界值χ^2_α。若$\chi^2\geqslant\chi^2_\alpha$，则拒绝$H_0$，认为行变量与列变量不独立；若$\chi^2<\chi^2_\alpha$，则无法拒绝$H_0$，即两个变量独立。

3. 一致性检验和独立性检验

从表面上看，一致性检验和独立性检验不论在列表的形式，还是在计算χ^2的公式上都是相同的，所以也有人对此并不进行严格的区分，把它们统称为χ^2检验。但是，两种检验还是有区别的。首先，两种检验抽取样本的方法不同。如果抽取样本是在各类别中分别进行，是一致性检验。如果抽取样本时并未事先分类，抽取样本后根据研究内容，把入选单位按两变量进行分类，形成列联表的形式是独立性检验。其次，在计算频数的期望值时，如果是一致性检验，则假定几个类别中具有某种特征的单位数的比例相同，当假设成立时，各类的期望频数通常是依据整个样本总数的比例来计算的。如果是独立性检验，则假设按两个变量的分类是独立的，因而两个水平的联合概率是两个单独概率的乘积。

通过上面的方法，就可以判断两个定类变量是否独立，而当拒绝原假设后，我们进一步想了解两个定类变量及定类变量各个状态之间的相关关系，用对应分析可以解决这一问题。

第二节 对应分析

对应分析(correspondence analysis)，也称相应分析，它是列联表资料的加权主成分分析，用它去寻求列联表的行列变量之间联系的低维图示法。处理列联表的问题仅仅是对应分析的一个特例。一般地，对应分析常规地处理连续变量的数据矩阵；这些数据具有如在主成分分析、因子分析、聚类分析等时所处理的数据形式。

一、对应分析的计算步骤

设有p个变量的n个样本观测数据矩阵X，

$$X=\begin{bmatrix} x_{11} & x_{12} & \cdots & x_{1p} \\ \vdots & \vdots & \vdots & \vdots \\ x_{21} & x_{22} & \cdots & x_{2p} \\ x_{n1} & x_{n2} & \cdots & x_{np} \end{bmatrix}$$

其中 $x_{ij}>0$。对数据矩阵 X 作对应分析的具体步骤如下：

(1)由数据矩阵 X，计算规格化的概率矩阵 $P=(p_{ij})_{n\times p}$，其中 $p_{ij}=x_{ij}/T$，$T=x_{..}=\sum_i\sum_j x_{ij}$。

(2)计算矩阵 $Z=(Z_{ij})_{n\times p}=(\frac{p_{ij}-p_{i.}p_{.j}}{\sqrt{p_{i.}p_{.j}}})_{n\times p}=(\frac{x_{ij}-x_{i.}x_{.j}/T}{\sqrt{x_{i.}x_{.j}}})_{n\times p}$，其中 $x_{i.}=\sum_j x_{ij}$，$x_{.j}=\sum_i x_{ij}$。

(3)进行因子分析：①R 型因子分析：计算 $A=Z'Z$ 的特征根 λ_1，λ_2，…，λ_p，按照累积百分比 $\sum_i^m\lambda_i/\sum_i^p\lambda_i\geqslant85$，取前 m 个特征根 λ_1，λ_2，…，λ_m，并计算相应的单位特征向量 u_1，u_2，…，u_m，得到因子载荷矩阵：

$$F=\begin{pmatrix} u_{11}\sqrt{\lambda_1} & u_{12}\sqrt{\lambda_2} & \cdots & u_{1m}\sqrt{\lambda_m} \\ u_{21}\sqrt{\lambda_1} & u_{22}\sqrt{\lambda_2} & \cdots & u_{2m}\sqrt{\lambda_m} \\ \vdots & \vdots & \vdots & \vdots \\ u_{p1}\sqrt{\lambda_1} & u_{p2}\sqrt{\lambda_2} & \cdots & u_{pm}\sqrt{\lambda_m} \end{pmatrix}$$

②Q 型因子分析：由上述求得的特征根，计算 B 所对应的单位特征向量 $Zu_i=v_i$，得到因子载荷矩阵：

$$F=\begin{pmatrix} v_{11}\sqrt{\lambda_1} & v_{12}\sqrt{\lambda_2} & \cdots & v_{1m}\sqrt{\lambda_m} \\ v_{21}\sqrt{\lambda_1} & v_{22}\sqrt{\lambda_2} & \cdots & v_{2m}\sqrt{\lambda_m} \\ \vdots & \vdots & \vdots & \vdots \\ v_{n1}\sqrt{\lambda_1} & v_{n2}\sqrt{\lambda_2} & \cdots & v_{nm}\sqrt{\lambda_m} \end{pmatrix}$$

(4)作变量点图与样本点图。分析 F_1-F_2 上的变量之间的关系；分析 G_1-G_2 上的样品之间的关系；同时可综合分析变量和样品之间的关系。

在对应分析中，根据各行变量的因子载荷和各列变量的因子载荷之间的关系，行因子载荷和列因子载荷之间可以两两配对。如果对每组变量选择前两列因子载荷，那么两组变量就可以画出两个因子载荷的散点图。由于这两个图所表示的载荷可以配对，于是就可以把这两个因子载荷的两个散点图重叠地画到同一张图中，并以此来直观地显示各行变量和各列变量之间的关系。

由于列联表数据形式和一般的连续变量的数据形式类似，所以也可以用对应分析的数学方法来研究行变量各个水平和列变量各个水平之间的关系；虽然对不同数据类型所产生结果的解释有所不同，数学的原理是一样的。

【例 12.1】 收入与职业满意度的调查分析：将一个由 1090 人组成的样本按五个收入类别和四个职业满意度进行交叉分类，下面是采用 SPSS 对调查结果进行的对应分析：

表 12-7 收入类别与职业满意度的列联表

收入情况	满意程度				
	很不满意	有些不满	比较满意	很满意	Active Margin
<1 万	42	82	67	56	246
1 万~3 万	35	62	165	118	380
3 万~5 万	13	28	92	81	214
5 万~10 万	7	18	54	75	154
>10 万	3	7	32	54	96
Active Margin	100	197	410	383	1090

表 12-8 相关计算汇总

Dimension	Singular Value	Inertia	Chi Square	Sig.	Proportion of Inertia		Confidence Singular Value	
					Accounted for	Cumulative	Standard Deviation	Correlation
								2
1	0. 307	0. 094			0. 868	0. 868	0. 030	0. 129
2	0. 119	0. 014			0. 130	0. 998	0. 030	
3	0. 013	0. 000			0. 002	1. 000		
Total		0. 108	118. 096	0. 000(a)	1. 000	1. 000		

表 12-9 行状态相关信息汇总

收入情况	Mass	Score in Dimension		Inertia	Contribution				
					Of Point to Inertia of Dimension		Of Dimension to Inertia of Point		
		1	2		1	2	1	2	Total
<1 万	0. 226	-0. 927	0. 262	0. 061	0. 633	0. 131	0. 970	0. 030	1. 000
1 万~3 万	0. 349	0. 016	-0. 358	0. 005	0. 000	0. 376	0. 005	0. 988	0. 993
3 万~5 万	0. 196	0. 307	-0. 201	0. 007	0. 060	0. 067	0. 848	0. 141	0. 990
5 万~10 万	0. 141	0. 520	0. 378	0. 014	0. 124	0. 170	0. 829	0. 170	0. 999
>10 万	0. 088	0. 796	0. 588	0. 021	0. 182	0. 256	0. 823	0. 174	0. 998
Active Total	1. 000			0. 108	1. 000	1. 000			

表 12-10 列状态相关信息汇总

满意情况	Mass	Score in Dimension		Inertia	Contribution				
					Of Point to Inertia of Dimension		Of Dimension to Inertia of Point		
		1	2		1	2	1	2	Total
很不满意	0. 092	-0. 925	0. 023	0. 024	0. 256	0. 000	0. 995	0. 000	0. 995
有些不满	0. 181	-0. 853	0. 196	0. 041	0. 429	0. 058	0. 979	0. 020	0. 999
比较满意	0. 376	0. 177	-0. 427	0. 012	0. 038	0. 578	0. 307	0. 693	1. 000
很满意	0. 351	0. 491	0. 351	0. 031	0. 276	0. 364	0. 835	0. 165	1. 000
Active Total	1. 000			0. 108	1. 000	1. 000			

其中输出的表 12-7 是由原始数据按收入和满意程度分类的列联表；表 12-8 给出了总惯量、卡方及每一公因子所解释的总惯量的百分比信息，从该表可以看出列联表的行与列之间有较强的相关性，Proportion of Inertia 部分是公因子解释总惯量的比例及累计百分比，类似于因子分析中公因子解释能力的说明。

表 12-9 与表 12-10 是对列联表行与列各状态有关信息的概括，其中 Mass 部分分别指列联表中行与列的边缘概率，Score in Dimension 是各公因子的分值，也就是行与列各状态在二维图中的坐标值。Inertia 是惯量，是每一行(列)与其重心的加权距离的平方，并且有行剖面的总惯量等于列剖面的总惯量，均为 0. 108。Contribution 部分是指行(列)的每一状态对每一公因子特征值的贡献及每一公因子对行(列) 各个状态的特征值的贡献，如收入低于 1 万对应的数值最大为 0. 633，说明收入低于 1 万这一状态对第一公因子的贡献最大。在表的最后部分公因子对各状态特征值的贡献部分，看到除收入 1 万 ~3 万外，其余各收入的特征值的分布大部分都集中在第一公因子上，说明第一公因子反映了收入中各个状态大部分的差异，这实际上相当于因子分析中对共同度的分解。

输出的最后一部分是收入各个状态与满意程度的各状态同时在一张二维图上的投影，即因子平面图(如图 12-1)，根据因子平面图可将样本点和变量分为三组：

第一组：变量：<1 万，样品：有些不满、很不满意；

第二组：变量：1 万 ~3 万、3 万 ~5 万，样品：比较满意；

第三组：变量：5 万 ~10 万、 >10 万，样品：很满意；

上述分类情况与实际情况基本符合。

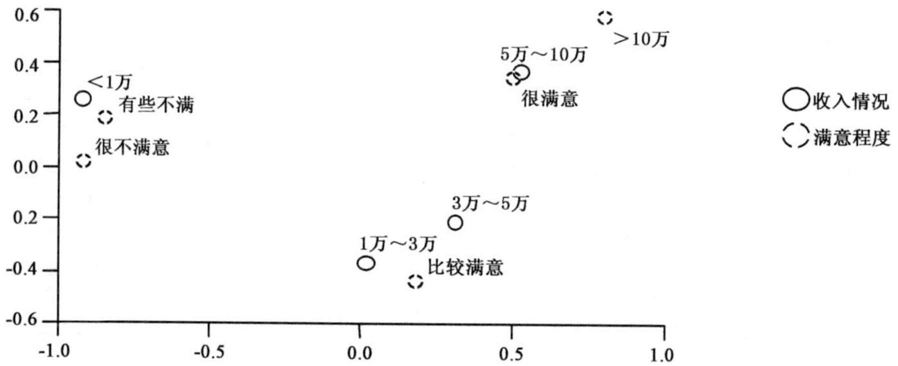

图 12-1 因子平面图

思考题

1. 简述对应分析的基本思想。
2. 在进行对应分析时，应注意哪些问题?
3. 下表是美国十个城市之间的飞行距离(英里)。试对其进行相应分析。

	亚特兰大	芝加哥	丹佛	休斯顿	洛杉矶	迈阿密	纽约	旧金山	西雅图
芝加哥	587	0							
丹佛	1212	920	0						
休斯顿	701	940	879	0					
洛杉矶	1936	1745	831	1374	0				
迈阿密	604	1188	1726	968	2339	0			
纽约	748	713	1631	1420	2451	1092	0		
旧金山	2139	1858	949	1645	347	2594	2571	0	
西雅图	2182	1737	1021	1891	959	2734	2408	678	0
华盛顿	543	597	1494	1220	2300	923	205	2442	2329

4. 试用相应分析法对一实际问题进行分析。

第十三章 指数分析

指数(index number)是在研究社会经济现象数量关系，分析其在不同时间、空间、条件下数量变动情况，测定有关因素影响的方向、程度过程中产生的。最早可追溯到1650年英国人沃汉(R. Voughan)所编制的物价指数上，随着社会经济活动的深入和发展，指数的应用也越发广泛。指数反映一种动态比较关系，其概念有广义和狭义之分，从广义上来讲，指数是指反映社会经济现象变动的任意两个数值对比形成的相对数；从狭义上来讲是指由多个不能直接加总的个体所组成的社会经济现象的数量变化与对比关系的特殊相对数。我们实际应用中使用的主要是狭义的指数。

第一节　统计指数的作用及分类

一、统计指数的作用

指数具有相对性、综合性和平均性的特点，统计指数广泛应用于社会经济活动的各个领域，其作用主要有以下几方面：

(1)综合反映复杂现象总体数量的变动方向和程度。这是总指数最基本的作用。在社会经济现象中，我们不仅要研究个体的变动方向和程度，也需要研究大量总体的变动方向和程度。而大量复杂总体是不可直接加总、直接对比的，就需要我们运用统计指数法，编制统计指数加以反映。统计指数很多时候用百分数表示，大于或小于100%可以反映社会经济现象数量上的变动方向；比100%大多少或小多少，可以反映社会经济现象变化的程度。

(2)分析各个因素变动对现象总体变动的影响方向和程度。指数体系理论可通过编制因素指数，对复杂社会经济现象中的各个因素的影响方向和程度进行分析、测定并对其进行反映和评定。任何一个复杂社会经济现象的总体一般都由多个因素构成，诸多因素变动的综合结果影响总体的变动。如编制产品的产量指数、销售量指数、成本指数和销售价格指数等并对其分别进行分析，根据各因素变动方向和程度，可综合评价利润的变动情况。

(3)研究总体水平因素和结构因素变动对总体平均指标指数变动的影响。在对现象总体进行分组的条件下，现象总体平均水平受总体本身水平的影响，也受总体内部结构因素的影响，可通过编制平均指标指数对这两个因素对平均水平的影响情况进行研究分析。如职工平均工资的高低，受各组工资水平高低的影响，也受各组工人人数在全体职工中所占比例的大小影响。

(4)分析预测复杂社会经济现象总体的长期变动趋势。利用针对现象总体和各个影响因素的变动的分析研究，对社会经济现象的长期发展趋势进行研究和预测。如根据2001—

2011 年 10 年 CPI 指数进行分析，揭示我国入世以来物价和通胀的变动趋势。

(5)对社会经济现象进行综合测定、对比和评价。在分析社会经济现象本身的变动、各因素和社会经济现象内部结构的影响程度以及社会经济现象总体的变动趋势的基础上，对社会经济现象进行综合评定。如股票市场价格指数、房地产价格指数等一些龙头行业经济指数都可以对社会经济某些领域进行综合评价。

(6)反映计划的综合执行情况。在检查工作计划完成情况、执行进度的过程中，面对很多不能直接加总、对比的复杂社会经济现象，需要利用统计指数将他们在不同的时间、空间进行对比分析。

二、统计指数的分类

统计指数按不同的研究目的和要求，不同的角度，可以分为多种类型，主要有以下几种分类：

(1)按所反映现象的性质的不同，分为数量指标指数和质量指标指数。数量指标指数反映现象总体的规模和水平的变动状况，是数量指标变动程度的相对数。如产品产量指标指数、销售量指标指数、出生人口指标指数等。质量指标指数是用以反映现象总体内涵质量的变动，是现象质量指标变动程度的相对数。如商品物价指数、单位成本指数、职工平均工资指数等。

但是如商品的销售额指数、产品总产值指数等多反映的是数量指标的变动，但具有价值总额的形式，我们可以将其单独列为一类，称为"总值指数"。

(2)按所反映的对象的范围大小不同，分为个体指数和总指数。个体指数是对社会经济现象个别事物变动情况的反映，是单个项目或简单现象总体数量变动的相对数。如某类商品的价格指数、个别产品的成本指数等。总指数是对社会经济现象总体变动情况的反映，由多个项目组成的复杂现象总体变动情况的相对数。如工业产品指数、居民消费价格指数等。

在个体指数和总指数之间还有组指数(类指数)，即把总指数的内容进行分类，按类编制统计指数，反映总体中某一组或某一类现象变动的相对数。如商品零售价格指数中的百货类零售价格指数。

(3)按采用基期的不同，分为定基指数和环比指数。定基指数是以某一固定时期做对比基准，反映社会经济现象的报告期数量与该基准期数量的对比相对数。如以 1978 年为基期计算的 1978～2010 年的工业生产总值指数就是定基指数。环比指数是以前一期水平做对比基准，反映社会经济现象的报告期数量与前一期数量的对比相对数。如以每年的上一年作为基期计算的 1978～2010 的工业生产总值指数就属于环比指数。定基指数反映了现象的长期变化与发展过程，环比指数反映了现象逐期变化和发展的情况。

(4)按所反映的时间状态不同，分为动态指数和静态指数。动态指数又称为时间指数，是不同时期或时点的变量对比的相对数，表明同类现象的数量在不同时间变动的情况，反映社会经济现象发展变化的程度。如股票价格指数、农副产品产量指数等。静态指数是同一时间条件下，对变量不同数值对比的相对数。静态指数包括空间指数和计划完成情况指数两类。空间指数是指在同一时间下，对不同空间的同类现象水平对比的结果，反映现象在不同空间的差异和发展程度。计划完成情况指数是指某类现象的实际水平与其计划水平进行对比得到的结果，反映计划的进程和完成情况。如地区经济综合评价指数、产销价格指数等。

(5)按编制方法不同，分为综合指数和平均数指数。将两个不同时期不能同度量的现象指标过渡为能够同度量的指标，并加以计算得出的指数既为综合指数，它是总指数编制的基本形式。平均指数则为通过对个体指数进行加权平均，计算而编制的指数形式。平均指数又可分为算术平均数指数、调和平均数指数和几何平均数指数。

第二节 指数的编制

指数的编制主要是针对总指数的编制，个体指数编制较为简单，可根据总指数的编制加以参考。除部分简单指数，总指数的编制都要涉及权数。指数编制的基本方法可分为简单指数法和加权指数法；同时统计指数按编制方法的不同，可分为综合指数和平均数指数，这里我们就分别介绍简单指数法和加权指数法中的综合指数、平均数指数两大类指数编制方法。

一、简单指数法

简单指数法即不需要利用权数编制总指数的方法，其实质是所研究的现象总体可以直接加总、对比，不需要选择合适的同度量因素进行过渡。简单指数法主要有：简单比较法、简单算术平均法、简单调和平均法、简单中位数法和简单众数法。

1. 简单比较法

简单比较法是指指数化因素报告期取值与基期取值之比；进一步为指数化因素报告期取值的总和，与其基期取值的综合之比。其计算公式为：

$$K = \frac{P_1}{P_0};K = \frac{\sum P_1}{\sum P_0} \tag{13-1}$$

该方法简单易行，但本身存在着明显缺陷：

(1)计算结果易受计量单位影响。

(2)用于计算商品价格指数时，由于各类商品价值不等，计算结果易受高价值物品影响。

2. 简单算术平均法

简单算术平均法是视各指标权数为1，对指数加总平均。其计算公式为：

$$K = \frac{1}{N} \times \sum \frac{P_1}{P_0} \tag{13-2}$$

其中：N为指标的个数。

简单算术平均法虽然以相对数进行计算，克服了简单比较法的一些缺点，但仍与商品的重要性和价格变动的实际情况不符。

3. 简单调和平均法

简单调和平均法是对指数化因素的个体指数计算调和平均数，即各个体指数倒数的平均算术平均数的倒数。计算公式为：

$$K = \frac{1}{\frac{1}{N}\sum \frac{1}{\frac{P_1}{P_0}}} = \frac{N}{\sum \frac{P_0}{P_1}} \tag{13-3}$$

简单调和平均法经济寓意不清，从理论上讲仍需保留，但实践上很少采用。

4. 简单几何平均法

简单几何平均法是对个体指数计算简单几何平均数。计算公式如下：

$$K = \sqrt[n]{\prod \frac{P_1}{P_0}} \tag{13-4}$$

5. 简单中位数法和简单众数法

简单中位数法就是以指数化因素个体指数数列中的中位数为总指数的方法。简单众数法是选取指数化因素个体指数数列中的众数作为总指数的方法。这两类方法在实际应用中都较少采用。

综上所述，我们可以看到虽然简单指数法存在一定的缺陷，但在实际应用中，当资料数据有限时，仍是非常有价值的一种方法。但必须明确，利用简单指数法编制的指数较为粗略，对于现象的深入研究需要更精确的方法。

二、加权指数法

加权指数法是指利用指数化因素之间的变动关系，测定各指数化因素的影响程度并予以加权，影响程度越大权数愈高，然后将各因素的指数与权属相乘并合计的一种指数编制方法。与简单指数法最大的区别是涉及了权数在指数编制中的应用。

在编制总指数时对同度量因素（权数）首先需要考虑三个问题：①将复杂社会经济现象进行分解，并判别各因素的数量、质量性质，确定同度量因素的选择；②选择合适的同度量因素，使得不能直接相加、对比的现象加以过渡；③确定同度量因素的所属时期，实践中一般的原则为：编制数量总指数，以基期的质量因素作为同度量因素；编制质量总指数，以报告期的数量因素作为同度量因素。

1. 综合指数法

复杂社会经济现象变动中，由于商品使用价值、计量单位等的不同，其数量表现形式不可直接相加，这就需要我们把不同度量现象过渡为可直接相加，综合对比；其中的关键是找到一种因素，把商品的使用价值形态还原为价值形态，这类方法就称为综合指数法。同度量因素固定在不同时期会得出不同的结果，在编制指数时，我们一般遵循如上所述的原则编制数量总指数，以基期的质量因素作为同度量因素，即拉氏公式；编制质量总指数，以报告期的数量因素作为同度量因素，即派、

（1）基期加权综合法。将同度量因素固定在基期水平上编制质量和数量总指数的方法称为基期加权综合法。这种编制的综合指数也称为拉式指数。具体计算公式如下：

$$\text{质量指数：}\overline{K_p} = \frac{\sum p_1 q_0}{\sum p_0 q_0} \tag{13-5}$$

$$\text{数量指数：}\overline{K_q} = \frac{\sum p_0 q_1}{\sum p_0 q_0} \tag{13-6}$$

【例 13.1】 以下是某百货商店的部分个体指数和销售额的计算表格，我们可以据此进行销售量总指数和价格总指数的计算。

商品名称	计量单位	商品销售量 q		商品价格(元) p		k(%)	k(%)	销售额(元)			
		q_0	q_1	p_1	p_1			p_0q_1	p_1q_1	p_1q_0	p_0q_1
皮鞋	双	400	450	200	260	130. 00	112. 50	80000	117000	104000	90000
毛巾	条	1500	1600	5	6	120. 00	106. 67	7500	9600	9000	8000
脸盆	个	300	280	22	30	136. 36	93. 33	6600	8400	9000	6160
食盐	袋	1000	900	1	1	100. 00	90. 00	1000	900	1000	900
服装	件	2000	3000	230	200	86. 96	150. 00	460000	600000	400000	690000
牙刷	把	1500	2000	2	3	150. 00	133. 33	3000	6000	4500	4000
合计	–	–	–	–	–	–	–	558100	741900	527500	799060

解：

$$\overline{K_q} = \frac{\sum p_0q_1}{\sum p_0q_0} = \frac{799060}{558100} = 143.18\%$$

$$\sum p_0q_1 - \sum p_0q_0 = 799060 - 558100 = 240960$$

$$\overline{K_p} = \frac{\sum p_1q_0}{\sum p_0q_0} = \frac{527500}{558100} = 94.52\%$$

$$\sum p_1q_0 - \sum p_0q_0 = 527500 - 558100 = -30600$$

从计算结果中我们可以看出，六种商品的销售量报告期比基期平均上涨了 43. 18%，其价格报告期比基期下跌了 5. 48%；同时，我们可以看到，销售量的增加使得销售额增加了 240960 元，而销售价格下降则使得销售额减少了 30600 元。总的来说，其销售额还是有大幅增加的。

(2)报告期加权综合法。将同度量因素固定在报告期编制质量和数量总指数的方法称为报告期加权综合法，利用这种方法编制的总指数也称为派氏指数。

质量指数：$$\overline{K_p} = \frac{\sum p_1q_1}{\sum p_0q_1} \tag{13-7}$$

数量指数：$$\overline{K_q} = \frac{\sum p_1q_1}{\sum p_1q_0} \tag{13-8}$$

以以上例子的数据为例，用报告期加权法计算销售量总指数和价格总指数。具体计算如下所示：

解：

$$\overline{K_q} = \frac{\sum p_1q_1}{\sum p_1q_0} = \frac{741900}{527500} = 140.64\%$$

$$\sum p_1q_1 - \sum p_1q_0 = 741900 - 527500 = 214400$$

$$\overline{K_p} = \frac{\sum p_1q_1}{\sum p_0q_1} = \frac{741900}{799060} = 92.85\%$$

$$\sum p_1q_1 - \sum p_0q_1 = 741900 - 799060 = -57160$$

从计算结果我们可以看到，该商店六种商品的销售量报告期比基期平均上涨 40.64%，商品价格报告期比基期下跌了 7.15%；而销售量的上涨使销售额增加了 214400 元，销售价格的下跌使销售额减少了 57160 元。

(3)交叉加权综合法。顾名思义，其同度量因素为基期加权综合指数和报告期加权综合指数中权数的平均值。具体计算公式为：

$$\text{质量指数：}\overline{K_q} = \frac{\sum q_1\left(\frac{p_0+p_1}{2}\right)}{\sum q_0\left(\frac{p_0+p_1}{2}\right)} = \frac{\sum q_1(p_0+p_1)}{\sum q_0(p_0+p_1)} = \frac{\sum(q_1p_0+q_1p_1)}{\sum(q_0p_0+q_0p_1)} \quad (13\text{-}9)$$

$$\text{数量指数：}\overline{K_p} = \frac{\sum p_1\left(\frac{q_0+q_1}{2}\right)}{\sum p_0\left(\frac{q_0+q_1}{2}\right)} = \frac{\sum p_1(q_0+q_1)}{\sum p_0(q_0+q_1)} = \frac{\sum(p_1q_0+p_1q_1)}{\sum(p_0q_0+p_0q_1)} \quad (13\text{-}10)$$

同理，根据以上例子，利用交叉加权综合法同样可以计算销售量总指数和价格总指数。

2. 平均指数法

平均数指数是从指数化因素的个体指数出发，对个体指数进行加权平均计算得到总指数的一种指数编制方法。平均指数法在原始资料不齐备的情况下，可以利用某一指数的个体指标或报告期/基期的总值编制指数。平均数指数计算较为简便，具体有：加权算术平均数指数、加权调和平均数指数和固定权数加权平均数指数。

(1)加权算术平均数指数。加权算术平均数是以个体指数为变量值，以一定时期的总值指标为权数，其计算公式为：

$$\text{质量指数：}\overline{K_p} = \frac{\sum \frac{p_1}{p_0}p_0q_1}{\sum p_0q_1} = \frac{\sum k_pp_0q_1}{\sum p_0q_1} \quad (13\text{-}11)$$

$$\text{数量指数：}\overline{K_q} = \frac{\sum \frac{q_1}{q_0}q_0p_0}{\sum q_0p_0} = \frac{\sum k_qq_0p_0}{\sum q_0p_0} \quad (13\text{-}12)$$

(2)加权调和平均数指数。加权调和平均数是对个体指数以加权调和平均数方式进行平均计算，并仍作为变量值，权数为一定时期内的总值指标，其计算公式为：

$$\text{质量指数：}\overline{K_p} = \frac{\sum p_1q_1}{\sum \frac{p_0}{p_1}p_1q_1} = \frac{\sum p_1q_1}{\sum \frac{1}{k_p}p_1q_1} \quad (13\text{-}13)$$

$$\text{数量指数：}\overline{K_q} = \frac{\sum q_1p_0}{\sum \frac{q_0}{q_1}q_1p_0} = \frac{\sum q_1p_0}{\sum \frac{1}{k_q}q_1p_0} \quad (13\text{-}14)$$

(3)固定权数加权平均数指数。固定权数加权平均数指数是以指数化因素的个体指数为基础，使用固定的权数对个体指数、类指数进行加权平均编制总指数的方法。从理论上讲，固定权数加权平均数指数应分为固定权数加权算术平均数指数和固定权数加权调和平均数指数两类，但在实际应用中后者极少涉及，这里介绍固定权数加权算术平均数指数的计算公式为：

$$\text{质量指数：}\overline{K_q}=\frac{\sum \frac{q_1}{q_0}\times w}{\sum w} \tag{13-15}$$

$$\text{数量指数：}\overline{K_p}=\frac{\sum \frac{p_1}{p_0}\times w}{\sum w} \tag{13-16}$$

其中，k 是个体(类)指数；w 是固定权数。

从以上的分析中，我们可以看出，综合指数和平均指数之间既有联系也有明显的区别。它们两者的联系主要有两个方面：

(1)两者在理论上有依存关系。从以上的介绍中，我们不难看出，从纯数学理论出发，平均数指数是恒等于综合指数的，是从综合指数变形而来的。而在实际指数编制中采用何种方法，主要依据于原始资料的掌握程度和编制指数的具体目的。

(2)在资料口径等完全一致时，平均数指数与综合指数的计算结果、所包含的经济含义是完全相同的。

两者也存在明显区别，主要有以下两点：

(1)出发点不同。平均数指数是从个体指数出发，对个体指数进行不同的加权平均，避免了总体内各要素之间不存在同度量因素的问题。而综合指数是从总量的因素分解出发，确定同度量因素以解决总体内部各要素之间不能直接加总对比的问题。

(2)对资料掌握要求和经济内涵的不同。平均数指数不一定需要全面的资料，代表性资料、抽样资料等也能加以应用，易操作，灵活简便，但所得结果只是表示对象基本变动方向和程度，不够精确。综合指数要求有全面的原始资料，其所得结果具有明显的经济意义，综合全面。

3. 其他指数

对于实际社会经济发展研究的需要，人们不断提出新的指数计算方式，在这里我们简单介绍几类较常见的指数形式。

(1)阿瑟·杨格指数。由英国经济学家杨格(A. Young)提出，其同度量因素既不固定在报告期也不固定在基期，而是固定在一个特定水平上，有利于观察现象的长期发展趋势。杨格指数的计算公式为：

$$\text{质量指数：}K_q=\frac{\sum q_1p_n}{\sum q_0p_n}$$

$$\text{数量指数：}K_p=\frac{\sum p_1q_n}{\sum p_0q_n}$$

其中，p_n为 n 个时期的数量指数化因素的算术平均数，q_n为 n 个时期的质量指数化因素的算术平均数。

(2)费暄指数。1921 年美国经济学家沃尔什提出了拉式和派氏公式的几何平均公式，1927 年美国统计学家费暄提出了对指数优劣的三种检验方式，唯有该指数通过了检验，所以也称为“理想公式”。该指数是对拉式和派氏的一种折中处理。其具体公式如下：

$$质量指数：K_q = \sqrt{\frac{\sum p_1q_0}{\sum p_0q_0} \times \frac{\sum p_1q_1}{\sum p_0q_1}} \tag{13-17}$$

$$数量指数：K_p = \sqrt{\frac{\sum q_1p_0}{\sum q_0p_0} \times \frac{\sum q_1p_1}{\sum q_0p_1}} \tag{13-18}$$

(3)马歇尔—艾奇沃斯指数。1887 年由英国经济学家马歇尔(Alfred Marshall)提出，被英国统计学家艾奇沃斯(Francis Ysydro Edgewcrth)所推广的指数公式，故被称为马歇尔—艾奇沃斯公式。该公式所采用的同度量因素是拉氏权数和派氏权数的平均值。同样是对拉式和派氏的一种折中处理，但失去了其原本的经济学意义。具体计算公式如下：

$$质量指数：K_q = \frac{\sum p_1(q_0 + q_1)/2}{\sum p_0(q_0 + q_1)/2} \tag{13-19}$$

$$数量指数：K_p = \frac{\sum q_1(p_0 + p_1)/2}{\sum q_0(p_0 + p_1)/2} \tag{13-20}$$

第三节 常用指数

从上面的介绍中，我们明确了指数用以反映复杂社会经济现象多种要素在质量、数量上的综合变动情况的重要作用。我们日常的生产生活中，经常会接触到有关指数的信息，这里我们简单介绍几种在不同领域使用较多的指数。

一、常用物价指数

物价指数是在一定时期内，一组商品的平均价格如何变化的一组指数，即用于全面测量生活费用随时间变动的情况的相对数。这类指数依赖于各种生活用品的价格变动，包括食品、住房、交通运输和医疗保健等。

物价指数最简单的形式就是给定一个商品项目报告期的单价和基期的单价的简单对比，也称为价比，用公式表示为：

$$t\text{期的价比} = \frac{t\text{期的价格}}{\text{基期的价格}} \times 100$$

价比只能用于解释单个商品项目的价格随时间的变动情况，想要全面测量生活费用随时间变动的情况，即反映多个商品项目整体上的综合变动的指数为综合物价指数，综合物价指数可以根据价比计算而得。以下我们介绍几类常见的物价指数。

1. 居民消费价格指数

居民消费价格指数(consumer price Index，CPI)是反映一定时期内城乡居民所购买的生活消费品和服务项目价格的变动趋势和程度的一类相对数。该指数可以研究实际收入和实际购买力水平的变动情况，可以反映一国通胀情况。我国的居民消费价格指数是采用固定加权算术平均指数方法来编制的。我国的 CPI 主要编制过程如下：

(1)将各种居民消费划分为八大类，包括食品、衣着、家庭设备及用品、医疗保健、交通和通讯工具、文教娱乐用品、居住项目及服务项目等，然后下面再划分若干个中类和小类。

(2)从以上各类中选定325种有代表性的商品项目(含服务项目)入编指数，利用有关基期的资料分别计算个体价格指数。

(3)依据有关时期内各种商品的销售额构成确定代表品的比重权数，不仅包含代表品本身的权数，还包含该代表品所属的那一类商品中其他项目所具有的权数，这样可以提高入编项目对于所有消费品的一般代表性。

(4)采用固定加权算术平均公式，按小类、种类、总类的顺序从低到高依次编制消费价格指数。

2. 生产者物价指数

与CPI不同，生产者物价指数(producer price index，PPI)主要是对企业购买的一篮子物品和劳务的总费用的计量，也可以衡量企业产品出厂价格变动趋势和变动程度。企业通过生产和出售其产品，它们的费用最终会以更高的消费价格形式转移给消费者，所以，生产物价指数的变动能一定程度上预测消费物价指数的变动。我国的PPI指数是由国家统计局统一编制的全国和省级生产价格指数。如下：

(1)确定产品调查目录，主要包括8大类商品，燃料动力类、黑色金属类、有色金属材料类、化工原料类、木材及纸浆类、建材类：钢材、木材和水泥、农副产品类、纺织原料类。

(2)在编制指数时还需要选取生产稳定、正常的，同时具有代表性的企业作为代表企业；并确定各类调查产品权数。

(3)收集基础数据，对比基期5年调整一次，每月编制一次，分别编制生产者出厂价格指数和生产者购进价格指数。

3. 商品零售价格指数

商品零售价格指数(retail price index，RPI)是指反映一定时期内商品零售价格变动趋势和程度的相对数。商品零售价格指数分为食品、饮料烟酒、服装鞋帽、纺织品、中西药品、化妆品、书报杂志、文化体育用品、日用品、家用电器、首饰、燃料、建筑装潢材料和机电产品等十四个大类。我国商品零售价格指数的基本编制思路如下：

(1)将所有零售商品区分为不同类别，在每一类中选择部分商品作为代表品。

(2)选择部分地区作为代表区域，就所选定的代表品收集价格数据，采集价格资料时，应区分不同市场选择若干个价格调查点。目前在全国共抽选出226个市县作为国家编制零售物价指数的价格调查点，其中城市146个，县80个。

(3)在所采集价格资料基础上，先计算该品种的平均价格，而后按选中市县、省、全国的顺序分级编制计算各单项商品的零售价格指数和类别指数。

(4)综合计算出零售商品价格总指数。运用加权算术平均法综合计算。

商品零售价格指数是反映城乡商品零售价格变动趋势的一种经济指数。计算零售物价指数可以从一个侧面对上述经济活动进行观察和分析，同时还可以在此基础上编制其他各种派生的价格指数。

4. 农副产品收购价格指数

农副产品收购价格指数是衡量收购价格变化对农业生产者收入和商业部门支出的影响。

可以反映农副产品收购价格的综合变动情况和影响因素。其主要编制方法是：从11类农副产品中选择276种主要产品，以其各自计算期收购额作为权数，利用加权调和平均法得到各类别的农副产品收购价格指数和农副产品收购价格总指数。

5. 股票价格指数

股票价格有广义和狭义之分，广义的股票价格是包括票面价格、发行价格、账面价格、清算价格、内在价格和市场价格等。狭义的股票价格是市场价格，即股票发行的市价。股票价格指数是经过精心选择的具有代表性和敏感性的样本股票在某一时点上平均市场价格计算的动态相对数。编制股票价格指数时，通常以某一年份为基期，将这一基期股票价格平均数定位100或1000，以后各期的股价平均数与基期相比得出百分数，即为各期的股票价格指数。

二、常用物量指数

用于测定物量随时间的推移而发生的变动情况的指数称为物量指数(quantity index)。下面我们介绍几种常见的物量指数。

1. 工业产品(生产)指数

这之中工业产品指数是最著名的物量指数。工业产品指数(index of industrial production)是用加权算术平均数编制的工业产品实物量指数，是西方国家普遍用来计算和反映工业发展速度的指标，也是景气分析的首选指标。

我国工业产品指数也被称为工业生产指数，工业生产指数是以代表产品的生产量为基础，用报告期除以基期取得产品产量的个体指数，以工业增加值计算权数来加权计算总指数的。因此，在工业生产指数的计算中，产品增加值的计算是权数计算的关键。

以美国为例，工业生产指数由美国联邦储备委员会(Federal Reserve Board)搜集资料，其引用数据是确实生产数据，绝大部分是估计数据(因资料搜集不易)。样本为250家个别企业，代表27种不同的工业，以1987年为基期。内容有三种不同类别：所有工业；市场分类：包括最终产品、中产品和原料市场；工业类别：包括制造业(耐久财与非耐久财)、矿业及公用事业。

2. 零售销售指数

凡以现金或信用卡方式付账的商品交易均是零售业的业务范围(不包括服务业)，以此范围进行调查和编制的一系列指数为零售销售指数(retail sales index)。美国商务部统计局每个月进行一次全国性零售业抽样调查，其调查对象为各种形态和规模的零售业(均为商务部登记有案的公司)。因为零售业范围太广，所以基本采用随机抽样方式，以求取较具代表性的数据资料。耐久财商品方面的零售商包括汽车零售商、超级市场、药品和酒类经销商等。由于服务业的资料很难搜集、计算，所以将其排除在外，对于服务业的统计可以从个人消费支出(包括商品零售和服务)中查看出。

3. 人口指数

为了定量的研究人口问题，常需要一些如：出生率、死亡率、自然增长率、人口总数、劳动力总数和平均期望寿命等人口数值特征量，这些特征量成为人口指数。我国国家统计局每年的统计年鉴中都有专门的关于人口的一系列指数，我国人口普查基本每10年一次，利用有关人口指数全面系统的了解和掌握我国目前的人口情况。

三、其他指数

除了以上我们常用的物价和物量指数外，随着社会经济的发展，人民生活水平的提高，对于社会经济生活的各个方面都提出了更多的要求，各类型指数也应运而生。我们主要简单介绍一下几种指数。

1. 美元指数

美元指数(USDX)是综合反映美元在国际外汇市场的汇率情况的指标，用以反映美元对一揽子货币的汇率变化情况。美元指数上涨，说明美元升值；反之，说明美元贬值。USDX是参照1973年3月份6种货币对美元汇率变化的集合加权平均值来计算的，并以100点为基准来衡量其价值。在1999年1月1日欧元推出以后，美元期货合约的标的物进行了调整，从10个国家减少到了6个国家，欧元也成为最重要、权重最大的货币，主要币种的权重如下所示：欧元57.6；日元13.6；英镑11.9；加拿大元9.1；瑞典克朗4.2；瑞士法郎3.6。美元指数涨跌受美国联邦基金利率、贴现率、长期债券、经济数据、股市、商品价格、欧元汇率的影响。

2. 国房景气指数

我国房地产业的发展对于宏观经济和百姓生活都有举足轻重的影响，从1997年开始国家统计局开始编制国房景气指数，国房景气指数是全国房地产开发业综合景气指数的简称，是对房地产业发展变化趋 势和变化程度的综合量化反映。国房景气指数根据经济周期波动理论和景气指数原理进行编制。

用于计算国房景气指数的指标有：土地出让收入指数、本年完成开发土地面积指数、房地产开发投资指数、本年资金来源指数、商品房销售价格指数、新开工面积指数、房屋竣工面积指数、空置面积指数。而用于分析报告用的指数指标分为四个方面14个指标。

3. 人类发展指数

人类发展指数简称HDI，是由联合国开发计划署(UNDP)在《1990年人文发展报告》中提出的，用以衡量联合国各成员国经济社会发展水平的指标，是对传统的GNP指标挑战的结果。人类发展指数由三个指标构成：预期寿命、成人识字率和人均GDP的对数。这三个指标分别反映了人的长寿水平、知识水平和生活水平。

人类发展指数用较易获得的数据，认为对一个国家福利的全面评价应着眼于人类发展而不仅仅是经济状况，计算较容易，比较方法简单。同时，人类发展指数适用于不同的群体，可通过调整反映收入分配、性别差异、地域分布、少数民族之间的差异。但是，它也存在一些局限性，如：它只选择了预期寿命、成人识字率和实际人均GDP三个指标进行评价，在计算方法上也存在一定技术问题，同时计算结果容易受极大值极小值的影响。

4. 幸福感指数

幸福感是人的一种心理感觉，是人们对自身所处生活客观条件和状态的一种事实和价值判断。幸福感指数的概念早有提出，几年来，发达国家都开始了幸福感指数的研究，并创建了不同的编制方式和模式。

美国经济学家萨缪尔森就提出过一个幸福方程式：效用/欲望=幸福指数。

诸多研究表明，人的性格不同(外向和神经质)、地区经济发展程度不同(发达与落后)、受教育水平不同，对于幸福感知度是不同的，主要指标分为三类：

A 类指标：涉及认知范畴的生活满意程度，包括生存状况满意度（如就业、收入、社会保障等），生活质量满意度（如居住状况、医疗状况、教育状况等）

B 类指标：涉及情感范畴的心态和情绪愉悦程度，包括精神紧张程度、心态等。

C 类指标：指人际以及个体与社会的和谐。

5. 巨无霸指数

巨无霸指数由《经济学家》杂志发明，是一种描述购买力平价如何发挥作用的方法。汇率的真实价值不一定是货币在外汇市场的价值，而是该国居民使用本国货币能够购买商品的价值。这就称为货币的购买力平价，这是经济学家们长期以来认可的定义一国货币真实价值的另一种方法。

《经济学家》的巨无霸指数假设巨无霸无论在哪个国家销售的时候价格应该是相等的。将本国货币的巨无霸价格按照标准汇率折算成美元，然后与其美元价格相比较，我们就可以看出该国货币的市场价值高于还是低于其购买力平价。一个巨无霸的当地价格除以其美元价格就得到以巨无霸为基础的购买力平价汇率，然后把它与实际汇率进行比较。

思考题

1. 什么叫统计指数，它的作用是什么？
2. 什么是综合指数，什么是平均数指数，两者的联系和区别？
3. 什么叫同度量因素，其作用是什么？
4. 报告期和基期购买等量的商品，报告期比基期多支付 20% 的货币，物价变动否，是如何变动的？
5. 根据下列资料计算产量指数和价格指数：

产品	计量单位	产量		出厂价格（元）	
		2010 年	2011 年	2010 年	2011 年
甲	件	100	100	500	600
乙	台	20	25	3000	3000
丙	米	1000	2000	6	5

6. 某企业 2000～2001 年生产三类产品单位成本及产量资料如下：

产品名称	单位成本（元）			产量（万件）		
	2000 年	2001 年		2000 年	2001 年	
		计划	实际		计划	实际
甲	8	7	6	40	50	52
乙	10	8	8	10	12	14
丙	6	15	14	8	10	10

要求：（1）计算以实际产量为同度量因素的成本计划完成指数；

（2）计算 2001 年和 2000 年对比的成本指数和由于成本降低带来的节约金额。

7. 某企业资料如下表示：

商品名称	总产值(万元)		报告期出厂价格比基期增长(%)
	基期	报告期	
甲	145	168	12
乙	220	276	15
丙	350	378	5

要求：(1)计算出厂价格指数和由于受到价格变化而增加的总产值；

(2)计算总产值指数和产品产量指数；

(3)试从相对数和绝对数两个方面简要分析总产值变动所受的因素影响。

8. 某企业有关资料如下：

企业名称	工人数(人)		劳动生产率(元)	
	基期	报告期	基期	报告期
甲	6000	6400	5000	6000
乙	3000	6000	4000	5000
丙	1000	3600	2500	3000

要求：计算劳动生产率的加权算术平均数指数、加权调和平均数指数和固定权数加权平均数指数；并从相对数和绝对数上对劳动生产率的变动原因进行简要分析。

参考文献

1. 白仲林，张晓峒．面板数据的计量经济分析，天津：南开大学出版社，2008.
2. 白仲林．面板数据的计量经济分析．北京：机械工业出版社，2010.
3. 彼得．坦普[英]．神奇的指数——走进经济指数．北京：经济科学出版社，2003.
4. David C Hoaglin. 探索性数据分析．北京：中国统计出版社，1998.
5. Elisa T Lee. 生存数据分析统计方法．北京：中国统计出版社，1998.
6. 高惠璇．应用多元统计分析．北京：北京大学出版社，2005.
7. 冯文泉．经济预测与决策技术．武汉：武汉大学出版社，2002.
8. 何晓群．现代统计分析方法与应用．北京：中国人民大学出版社，1998.
9. 何晓群．多元统计分析．北京：中国人民大学出版社，2004.
10. 何晓群．回归分析与经济数据建模．北京：中国人民大学出版社，1997.
11. 胡永宏，贺思辉．综合评价方法．北京：科学出版社，2000.
12. J F Lawless. 寿命数据中的统计模型与方法．北京：中国统计出版社，1998.
13. 贾俊平，等．统计学．北京：中国人民大学出版社，2004.
14. 金勇进，杜子芳，等．抽样技术(第二版)．北京：中国人民大学出版社，2009.
15. 李保仁．经济预测理论、方法与应用．北京：经济管理出版社，2005.
16. 李朝鲜．社会经济统计学．北京：经济科学出版社，2002.
17. 李连友．商务与经济活动中的统计学．北京：中国财政经济出版社，2005.
18. 李卫东．应用多元统计分析．北京：北京大学出版社，2008.
19. 黎自任，等．经济多元分析．北京：中国统计出版社，1995.
20. 卢纹岱，等．SPSS FOR WINDOWS 统计分析．北京：中国统计出版社，2000.
21. 茆诗松．概率论与数理统计．北京：中国统计出版社，2000.
22. 茆诗松，王静龙，濮晓龙．高等数理统计．北京：高等教育出版社，1998.
23. 孙慧均．指数理论研究．北京：东北财经大学出版社，1998.
24. 陶用之．官方统计数据质量评估与控制．北京：新华出版社，2002.
25. 王振龙．时间序列分析．北京：中国统计出版社，2000.
26. 吴传义．异常数据的统计发现．数理统计与管理，2004.
27. 毋红军，刘章．统计数据的异常值检验．华北水利水电学院学报，2003.
29. 吴喜之．统计学——从数据到结论．北京：中国统计出版社，2005.
29. 萧政(美)，Panel Data Analysis(2nd Edition)．北京：北京大学出版社，2005.
30. 徐国祥．统计指数理论及应用．北京：中国统计出版社，2004.
31. 严和生．异常值的甄别与剔除．气动实验与测量控制，1991.
32. 杨健．股票市场技术分析．北京：中国宇航出版社，2006.
33. 余锦华，杨维权．多元统计分析与应用．广州：中山大学出版社，2005.
34. 于秀林，任雪松．多元统计分析．北京：中国统计出版社，1999.
35. 袁卫．统计学．北京：中国统计出版社，2002.
36. 袁卫，庞皓，曾五一，等．统计学(第二版)．北京：高等教育出版社，2009.
37. 岳朝龙，等．SAS 系统与经济统计分析．合肥：中国科技大学出版社，2003.

38. 张波．应用随机过程．北京：中国人民大学出版社，2001.
39. 张德然．统计数据中异常值的检验方法．统计研究 2003，5.
40. 张晓峒．EViews 使用指南与案例．北京：机械工业出版社，2007.
41. 张文彤，等．SPSS11 统计分析教程(高级篇)．北京：北京希望电子出版社，2002.
42. 赵彦云．金融统计分析．北京：中国金融出版社，2000.